北京市哲学社会科学规划项目
北京市教育委员会社科计划重点项目

北京市率先形成消费拉动型经济发展模式研究

——基于居民消费的视角

魏中龙 等◎著

中国财富出版社

图书在版编目（CIP）数据

北京市率先形成消费拉动型经济发展模式研究：基于居民消费的视角／魏中龙等著.—北京：中国财富出版社，2018.6

ISBN 978－7－5047－6646－5

Ⅰ.①北…　Ⅱ.①魏…　Ⅲ.①居民消费－影响－经济增长－研究－北京
Ⅳ.①F127.1

中国版本图书馆CIP数据核字（2018）第099847号

策划编辑　寇俊玲　　　责任编辑　戴海林　栗　源
责任印制　尚立业　　　责任校对　孙会香　卓闪闪　　　责任发行　王新业

出版发行　中国财富出版社
社　　址　北京市丰台区南四环西路188号5区20楼　　　邮政编码　100070
电　　话　010－52227588转2048/2028（发行部）　010－52227588转321（总编室）
　　　　　010－68589540（读者服务部）　010－52227588转305（质检部）
网　　址　http://www.cfpress.com.cn
经　　销　新华书店
印　　刷　北京九州迅驰传媒文化有限公司
书　　号　ISBN 978－7－5047－6646－5/F・2883
开　　本　710mm×1000mm　1/16　　　版　　次　2018年10月第1版
印　　张　16.75　　　印　　次　2018年10月第1次印刷
字　　数　292千字　　　定　　价　48.00元

前 言

消费是经济增长的重要动力，是我国经济与社会发展的巨大潜力所在。目前，我国正处在由生存型向发展型消费升级、由物质型向服务型消费升级、由传统型向新型消费升级的时期。生存型消费占社会整体消费比重不断下降，以医疗健康、休闲娱乐以及交通通信为代表的现代消费比重不断上升。我国已进入消费需求持续增长、消费结构加快升级、消费拉动经济作用明显增强的重要时期。在“十二五”时期，我国消费拉动型经济格局初现端倪。“十三五”期间，我国正处在形成加快转变经济发展方式、以消费促进经济增长与转型、消费主导经济增长新格局的关键节点。

第一，消费将更好地满足居民消费需求、提高人民生活质量。当前，我国进入全面建成小康社会的关键时期，经济社会发展呈现出要更多依靠消费引领的新特征。随着居民收入水平提高、人口结构调整和科学技术进步，我国城乡居民的消费内容和消费模式都在发生变化，对消费质量和消费环境提出更高要求。只有紧紧围绕居民消费升级，着力解决供给、需求、质量方面存在的突出矛盾和问题，才能增进人民福祉、更好地满足人民群众日益增长的物质文化需要，使经济社会发展成果更多地体现在人民生活质量的提高和国民福利的改善上。

第二，消费将进一步推动我国经济可持续增长。目前，我国经济发展进入增长速度换档期、结构调整阵痛期和前期刺激政策消化期“三期叠加”的新常态时期，亟须构建经济循环新体系、增长动力新机制。经济“新常态”直接的和表面的原因是投资不振，但内在的原因则是消费疲软。因为从中长期来看，投资必须有效地转化为消费，才能形成真正的增长动力；从短期来看，由于国内外经济持续深度调整，我国投资和出口增速放缓，而消费保持平稳较快增长，特别是由于消费升级，新的消费需求成为经济稳定运行的关键因素，消费对经济增长的贡献明显加大。根据国家发展改革委的报告，2015 年，我国社会消费品零售总额达到30.1 万亿元，同比增长10.7%，消费对社会经济增长的贡献率达到66.4%，比2014 年提高了15.4 个百分点[①]，比2013 年提高18.2 个百分点，比2001 年至2012 年平均贡献率高出16.0 个百分点[②]，我国经济增长从由投资和外贸拉动为主向由内需特别是消费拉动为主的重大转型正在形成[③]。消费结构升级和消费需求持续增长将激发市场活力和创造力，使我国经济良性循环体系更加畅通，实现潜在需求向现实增长动力的有效转换，构建经济稳定增长长效机制。

第三，消费升级有助于加快供给侧改革，加快产业结构升级。2015 年11 月10 日，国家主席习近平在中央财经领导小组第十一次会议上指出，“在适度扩大总需求的同时，着力加强供给侧结构性改革，着力提高供给体系质量和效率，增强经济持续增长动力”。2015 年11 月15 日，习近平总书记在G20 安塔利亚峰会上强调要“重视供给端和需求端协同发力”。2015 年11 月17 日，国务院总理李克强在“十三五”《规划纲要》编制工作会议上也指出，“要在供给侧和需求侧两端发力，促进产业迈向中高端”。2015 年12 月召开的中央经济工作会议对供给侧结构性改革做出重点部署，明确了2016 年经济工作的五大任务：去产能、去库存、去杠杆、降成本、补短板。“供给侧”跟“需求侧”并不矛盾，而是相互补充的关系。供给侧结构性改革，就是从供给、生产端入手，减少无效供给，扩大有效供给，矫正供需结构错配和要素配置扭曲，解决供给不适应市场需求变化的问题，使供需在更高水平上实现新的平衡。供给侧改革，短期上是为应对经济形势，长期上是为解决供需矛盾，以及消费和投资失衡的问题。因为目前“供给跟不上需求”正成为我国经济增长的重大障碍，导致消费潜能释放受到抑制，消费外流现象严重。因此，目前我国消费正在由低端向高端升级，从注重量的满足向追求质的提升、从有形物质产品向更多服务消费、从模仿型排浪式消费向个性化多样化消费转变，这为供给侧改革、产业转型升级、实现经济提质增效指明了改革方向。只有围绕我国消费市场的新变化和新趋势进行投资、创新和生产，才能进一

① 发展与改革委员会.2015 年中国消费总额首超30 万亿元，中高收入阶层不断形成［EB/OL］. http：//www.sdpc.gov.cn/fzgggz/jyysr/zhdt/201602/t20160229_ 790946.html.

② 宁吉喆．以消费升级加快推进供给侧改革［N］．经济日报，2016-03-30.

③ 发展与改革委员会.2015 年中国消费总额首超30 万亿元，中高收入阶层不断形成［EB/OL］. http：//www.sdpc.gov.cn/fzgggz/jyysr/zhdt/201602/t20160229_ 790946.html.

步释放消费潜力，最大限度地优化产业结构，实现更有质量和效益的增长。

党和国家高度重视消费结构升级对引领消费供给与促进以服务业为主导的产业结构调整的重要作用。2014 年 10 月，国务院部署推进消费扩大和升级战略，并划定六大消费领域：扩大移动互联网、物联网等信息消费；促进绿色消费；稳定住房消费；升级旅游休闲消费；提升教育文体消费；鼓励养老健康家政消费。2015 年 10 月，党的十八届五中全会通过的《中共中央关于制定国民经济和社会发展第十三个五年规划的建议》（以下简称《建议》）指出，到 2020 年，消费对经济增长贡献明显加大，成为全面建成小康社会新的目标要求之一，《建议》提出，要“发挥消费对增长的基础作用，着力扩大居民消费，引导消费朝着智能、绿色、健康、安全方向转变，以扩大服务消费为重点带动消费结构升级，促进流通信息化、标准化、集约化”①。

2015 年 11 月，国务院连续发文提振“新消费”。11 月 22 日，国务院发布《关于加快发展生活性服务业促进消费结构升级的指导意见》（以下简称《意见》），提出增加服务有效供给，扩大服务消费需求，加快发展生活性服务业，要求以“增进人民福祉、满足人民群众日益增长的生活性服务需要为主线，大力倡导崇尚绿色环保、讲求质量品质、注重文化内涵的生活消费理念，创新政策支持，积极培育生活性服务新业态新模式，全面提升生活性服务业的质量和效益，为经济发展新常态下扩大消费需求、拉动经济增长、转变发展方式、促进社会和谐提供有力支撑和持续动力”。《意见》指出，要“坚持消费引领，强化市场主导。努力适应居民消费升级的新形势新要求，充分发挥市场配置资源的决定性作用，更好地发挥政府规划、政策引导和市场监管的作用，挖掘消费潜力，增添市场活力”，并部署了“重点发展贴近服务人民群众生活、需求潜力大、带动作用强的生活性服务领域，推动生活消费方式由生存型、传统型、物质型向发展型、现代型、服务型转变，促进和带动其他生活性服务业领域发展”的工作任务。2015 年 11 月 23 日，国务院发布《关于积极发挥新消费引领作用加快培育形成新供给新动力的指导意见》，提出了消费升级的六大重点领域，即服务消费、信息消费、绿色消费、时尚消费、品质消费、农村消费，要求以消费新热点、消费新模式为主要内容的消费升级引领相关产业、基础设施和公共服务投资迅速成长，并通过制度创新、

① 人民网．中国共产党第十八届中央委员会第五次全体会议公报［EB/OL］．http：//politics．people．com．cn/n/2015/1103/c1001－27772701．html．

技术创新、产品创新来增加新供给，创造新消费，形成新动力。

2016年3月，两会通过的《中华人民共和国国民经济和社会发展第十三个五年规划纲要》提出，“适应消费加快升级，以消费环境改善释放消费潜力，以供给改善和创新更好地满足、创造消费需求，不断增强消费拉动经济的基础作用。增强消费能力，改善大众消费预期，挖掘农村消费潜力，着力扩大居民消费。以扩大服务消费为重点带动消费结构升级，支持信息、绿色、时尚、品质等新型消费，稳步促进住房、汽车和健康养老等大宗消费。推动线上线下融合等消费新模式发展。实施消费品质量提升工程，强化消费者权益保护，充分发挥消费者协会作用，营造放心便利的消费环境。积极引导海外消费回流。以重要旅游目的地城市为依托，优化免税店布局，培育发展国际消费中心”①。

北京“十三五”发展规划指出，要“发挥消费促进增长的基础作用，通过优化服务供给刺激消费需求，以消费升级引领有效投资，释放内需潜能，促进消费与投资良性互动，推动经济增长动力转换。适应居民消费升级新需要，实施健康、养老、信息、旅游休闲、绿色、住房、教育文体等领域促消费行动，着力培育消费热点。培育新型服务消费，促进互联网消费、跨境电子商务等新业态健康快速发展，发挥首都优势引导境外消费回流。加强消费金融创新，有针对性地鼓励和扩大消费信贷。建立多元参与的消费者权益保障和社会监督机制，营造安全放心、诚信友好的社会消费环境”②。

近年来，北京市以扩大居民消费需求为着力点，大力增强消费对经济发展的推动力，努力构建消费拉动型经济发展模式，居民消费水平不断提高，居民消费结构实现了跨越式发展，居民消费在促进经济持续快速增长方面发挥了积极作用，根据北京市统计局与国家统计局北京调查总队联合发布的数据显示，2015年北京市社会消费品零售总额达到10338亿元，连续第8年保持全国最大消费城市地位。作为拉动经济增长的三驾马车之一，消费对北京经济增长的贡献率已经超过70%，北京消费市场正在由生存型消费向发展型和享受型消费转变，发展潜力巨大。③

---

① 新华网．中华人民共和国国民经济和社会发展第十三个五年规划纲要［EB/OL］．http：//news.xinhuanet.com/politics/2016lh/2016-03/17/c_1118366322.htm.

② 首都之窗．北京市国民经济和社会发展第十三个五年规划纲要［EB/OL］．http：//zhengwu.beijing.gov.cn/ghxx/sswgh/t1429796.htm.

③ 北京新闻．北京连续第8年成全国最大消费城市［EB/OL］．http：//www.bj.xinhuanet.com/jzzg/2016-01/31/c_1117948158.htm.

与国家“十三五”发展规划、北京“十三五”发展规划所提出的要求相比，北京市消费拉动型经济模式的建设尽管已经取得一定成就，但还存在着一定差距。北京要落实首都城市战略定位、加快建设国际一流的和谐宜居之都，建设中国特色世界城市、国际商贸中心和国际消费中心，要发挥首都经济对全国经济的示范作用，就必须优化“十三五”时期北京的产业结构和功能布局，适应北京居民生活方式和消费方式的发展趋势，使消费向智能、绿色、健康、安全转型升级，在全国率先建设成消费拉动型经济发展模式。居民消费是最终消费的主要构成部分，提高居民消费率是未来经济增长的基本出发点。因此，本书基于北京市居民消费的视角，全面、系统地分析北京市消费经济发展水平和存在的问题，规划北京消费拉动型经济模式发展的基本思路，明确消费拉动型经济发展模式的重点和路径，以期为北京加快经济转变方式、促进经济又好又快发展提供理论依据和切实可行的政策建议。

“十三五”期间，我国将基本实现由工业主导向服务业主导的经济转型，这也会释放巨大的消费潜力和增长潜力。随着我国“十三五”发展规划的实施，促进国内需求特别是居民消费需求转型升级成为推动国民经济稳健发展的基本立足点和长期战略方针。北京“十三五”发展规划的实施，使居民消费在北京经济发展中的作用日益增强，稳定居民消费预期、增强居民消费能力、持续扩大消费，将会促进北京经济稳定较快发展。因此，本课题研究对于北京市在居民消费基础上，率先形成消费拉动型经济模式，推动北京经济发展方式转变，促进北京经济又好又快发展，发挥首都经济对全国经济的示范作用具有重要意义。

本书通过对北京市居民消费需求现状和变化趋势的深入分析，从消费总量和消费结构两个方面系统研究北京居民消费支出对经济增长的作用机理，进而分析北京市居民消费率偏低的影响因素及其作用机理，剖析制约北京市居民消费增长的因素，探讨与总结北京市在居民消费基础上，率先形成消费拉动型经济模式的规律，为北京市经济的可持续发展提供理论依据和评价标准，从而进一步丰富和完善我国区域消费经济理论与区域经济增长理论。

本书是我主持完成的北京市哲学社会科学规划项目、北京市教育委员会社科计划重点项目“北京市率先形成消费拉动型经济发展模式研究——基于居民消费的视角”的研究成果。我负责项目研究的组织协调、方案制订、研究思路与体系结构设计，并负责全书的统一修改和定稿工作。本书撰写各章的具体分工如下：第 1 章，张伟、魏中龙；第 2 章，张伟；第 3 章，曹正进；

第4章、第6章，尹玉良；第5章，赵峰；第7章，郭馨梅；第8章，龚晓菊；第9章，刘文刚、郭馨梅、魏中龙；第10章，魏中龙。

本书在写作出版的过程中，得到了有关专家、学者的热心指导和大力帮助；中国财富出版社寇俊玲、本书责任编辑对本书的出版倾注了大量的心血。此外，作者还参考、借鉴了国内外专家、学者以及同行的大量研究成果，在此一并致以最诚挚的谢意。

对北京市消费拉动型经济发展模式的研究是一个不断深化的过程，涉及面很广，其矛盾本身是在不断变化、发展的。由于作者水平所限，并受时间、资料等因素的制约，书中难免有疏漏、不妥乃至错误之处，敬请广大读者、专家、同行批评指正，多提宝贵意见和建议。

魏中龙

2018年1月

目　录

1　理论基础与文献综述

1.1　理论基础

1.1.1　马克思的消费理论

消费理论是马克思主义经济学的重要组成部分。马克思不是就消费研究消费，而是把整个社会经济活动概括为由生产、分配、交换、消费四个环节组成的社会再生产过程，把消费放在更大的经济体系中进行研究。马克思在《〈政治经济学批判〉导言》和《资本论》中，对四个环节的一般关系作了十分精辟的阐述，形成了马克思主义经济学的消费理论。

首先，生产和消费是对立统一的。马克思在《〈政治经济学批判〉序言》中指出，“生产直接也是消费”“消费直接也是生产”“没有生产就没有消费”，同时，“没有消费，也就没有生产”。从生产来看，生产是人们物质资料的生产过程，这一过程一方面要消耗劳动者一定的体力和脑力，另一方面也是原料、燃料等生产资料消费的过程。因此，“生产不仅为主体生产对象，也为对象生产主体，生产行为本身就它一切要素来说也是消费行为”。从消费来看，生产的最终目的是为了满足消费，人们通过消费满足自己的需求，又不断产生新的需求，从而为生产提出了方向，因此，“没有消费，也就没有生产，因为如果没有消费，生产就没有目的”“消费的需要决定着生产”（《马克思、恩格斯选集》，1950）。

其次，消费在生产、交换、分配、消费的全过程中发挥着重要作用。生产、交换、分配和消费构成了社会再生产过程。在这个过程中，生产的发展水平决定着消费水平，生产的结构和模式决定着消费的结构和模式。不管是消费的对象还是消费的模式，都是由生产实践决定的，因此“生产创造了消费者”（《马克思、恩格斯选集》，1950）。同时，消费也起着重要的作用。一方面，消费是实现整个社会再生产循环过程的关键。消费是一个生产过程的终点，又是下一个生产过程的起点，消费能产生新的社会需求，为生产开拓广阔的市场，从而推动生产的不断发展。马克思指出："当市场扩大，即交换范围扩大时，生产的规模也就增大，生产也就分得更细。"另一方面，消费是产品最后完成并成为现实意义上的产品的关键。"产品不同于单纯的自然对象，它在消费中才证实自己是产品，才成为产品。消费是在把产品消灭的时候才使产品最后完成"。(《马克思恩格斯全集》，1962)

1.1.2 西方消费理论

1. 古典消费理论

古典消费理论是古典经济学的重要组成部分。英国古典政治经济学的创始人威廉·配第（1978）的消费思想的核心是进行节俭型消费，以保证资本和财富的积累，他以是否有利于生产发展为标准把消费区分为生产性消费和生活性消费，主张利用赋税来调节积累和消费的比例关系。古典经济学的主要代表亚当·斯密（1972）把是否有利于增加社会资本和社会财富，是否有利于社会物质资料的生产者和非生产者作为衡量消费"好"与"坏"的标准，区分了目前消费与未来消费、生产性消费与非生产性消费，他认为目前消费只能满足人们当下的享受，不能积累资本和进行再生产，而未来消费不但可以鼓励人民节俭，还能生产出价值与利润，他主张要促进生产性消费，抑制非生产性消费，从而扩大社会再生产的规模，增加国民财富。亚当·斯密首次提出，生产的唯一目的是为了消费，"消费是一切生产的唯一目的，而生产者的利益，只在能促进消费者的利益时，才应当加以注意。这原则完全是自明的"。他还指出，消费受个人可支配收入来源难易程度的支配。古典政治经济学的集大成者大卫·李嘉图（1980）同样强调资本及财富的积累，认为要扩大生产，必须使生产超过消费，他主张节制非生产性消费，尽量增加积累。法国古典经济学的主要代表、重农主义思想体系的创建者弗朗斯瓦·魁奈（1979）强调消费对财富增长、经济发展和社会繁荣的影响作用，认为消费是再生产的不可缺少的条件，"如果不去消费和使用，那么，产品就会失去作用。正是消费使它成为商品……产生收入并促进国民财富的每年增长"，他把消费水平的提高看成是一国繁荣昌盛的保证，在其经济思想中，魁奈涉及了生产消费和个人消费之间的关系问题，提出了在国民经济中生产和消费按比例发展的思想。法国古典政治经济学家西斯蒙第（1964）形成了较为完整的消费经济思想，他认为消费是生产的动力，"绝对的消费决定着相等的或扩大的再生产”，同时消费又是生产的目的，任何积累、技术进步与生产增加，都要以增加收入、增加消费需求为前提。他认为造成资本主义经济危机不可避免的根本原因是消费不足，最终导致生产过剩。西斯蒙第主张国家干预收入分配，保证人们的消费能力。西方古典消费理论强调生产的决定性作用，主张限制非生产性消费，促进资本积累和国民财富的增加，但是对消费的重视程度是逐渐提高的。这些思想和理论都为现代西方消费经济理论的形成、发展和完善奠定了基础（王玉霞，2013）。

2. 绝对收入假说

绝对收入假说是著名经济学家约翰·梅纳德·凯恩斯（John Maynard Keynes，1936）提出的一个重要的消费理论。凯恩斯在《就业、利息、货币通论》（凯恩斯，1936）中讨论了有关消费的问题，他把消费提到了一个极高的地位。在他看来，“消费乃是一切经济活动之唯一目的、唯一对象”“资本不能离开消费而独立存在，反之，如果消费倾向一经减低，便成为永久习惯，则不仅消费需求将减少，资本需求亦将减少”。绝对收入假说的线性函数表达式是：

$$C = a + bY$$

Y 表示当期总收入，a 和 b 为参数，a 代表必不可少的自发消费部分，b 称为边际消费倾向，其值介于 0 与 1 之间。凯恩斯认为，当期可支配收入是决定消费支出的最重要变量，就二者之间的关系，存在一条基本心理规律：随着收入的增加，消费也会增加，但是消费的增加不及收入增加多，“当社会之真实所得增减时，其消费量亦随之增减，但后者之增减常小于前者”。消费和收入的这种关系被称作边际消费倾向递减。由于是以当期可支配收入来解释消费，故凯恩斯的这个消费函数被称为绝对收入假说。

3. 相对收入假说

美国经济学家詹姆斯·杜森贝利在《收入、储蓄和消费者行为理论》（Dusenberry，1949）中提出了相对收入假说。这一理论认为，消费者的消费支出不仅取决于本人当期收入，还受自己过去已经形成的消费习惯（本人历史最高消费水平）以及周围其他人消费水平的影响，从而是被相对地决定的。他提出相对收入假说的两大效应：一是“示范效应”，即指消费者的行为不仅受现期收入、过去消费和收入水平的影响，还会受周围人们消费水平的影响，消费者会因为攀比心理、提高社会相对地位等愿望而提高自己的消费水平；二是“棘轮效应”，即随着收入的提高，消费者会增加消费，这是比较容易的，但当收入减少时，消费者的消费习惯会使得消费具有惯性，不容易把较高的消费水平降下来，消费者会继续原有的消费水平，因此消费具有不可逆性。由于这两个效应的存在，使得收入减少对消费减少作用不大，而收入增加对消费增加作用较大，因此提高消费的根本是要稳定地提高收入。

4. 生命周期消费理论

生命周期消费理论是由诺贝尔经济学奖获得者、美国经济学家弗朗科·莫迪利安尼于1954年提出的。这一理论强调了消费与个人生命周期阶段的关系，该理论假定消费者是理性的，能以合理的方式使用自己的收入进行消费，将根据效用最大化的原则使用一生的收入和财产，配置其一生消费行为与储蓄行为，使一生的收入与消费相等。因此，消费不是取决于现期收入，而是取决于消费者一生所预期获得的收入，人们是根据其一生的收入水平来安排最佳的消费和储蓄。根据边际效用递减规律，要使效用达到极大，消费者必须均匀地消费其一生的财富。人的生命周期可以分为两个时期，收入大于消费的时期和收入小于消费的时期。在年轻时期，收入水平低，但由于未来收入会增加，因此消费者会把家庭收入的绝大部分用于消费，甚至进行负债消费，在这种情况下一般消费大于收入。在中年阶段，收入水平增加，但一方面要偿还年轻时期的负债，另一方面要把一部分收入储蓄起来用于防老，消费在收入中所占的比例降低，收入大于消费。在退休的老年阶段，人们收入水平下降，消费会超过收入形成所谓的负储蓄。根据生命周期消费理论，一个社会如果人口构成没有发生重大变化，从长期来看，边际消费倾向是稳定的。但是，如果年轻人和老年人占人口比例较大，则整个社会消费倾向较高，如果中年人的比例增大，则整个社会消费倾向会降低。

5. 持久收入消费理论

美国经济学家米尔顿·弗里德曼（Milton Friedman，1957）在《消费函数理论》中提出了持久收入假说（Permanent Income Hypothesis，PIH）。这一理论认为，消费者的消费支出不仅取决于其现期收入，还取决于其持久收入。弗里德曼把居民收入从总体上划分成持久收入（包括劳动收入和财产收入）与暂时收入两部分，持久收入是预期长期收入，暂时性收入是指收入中不可预见的、带有偶然性的收入。与此相对应，居民消费也被划分为持久消费与居民消费两个部分。为实现效应最大化，理性的消费者会根据可支配收入和预期的长期持久收入做出消费决策，而不是根据现期的暂时收入来决定消费，因此持久消费是持久收入的函数。从长期来看，持久收入是稳定的，所以消费函数是稳定的。暂时收入变动通过对持久性收入变动的影响而影响消费，所以短期中暂时收入的变动会引起消费波动，但长期来看，暂时收入的变化引起消费的变化很小。只有长期收入提高，消费者才会把消费支出调整到与持久性收入相一致的水平。

6. 消费的随机游走假说

生命周期消费理论和持久收入消费理论都存在一个缺陷，即不能合理解释未来的不确定因素冲击对人们消费—储蓄行为的影响。罗伯特·霍尔（Hall，1978）把理性预期方法应用于消费行为理论，在生命周期假说、持久收入理论和理性预期理论相融合的基础上，提出随机游走假说。随机游走假说认为，如果财富或永久性收入的估计和今后的消费都以理性预期为基础，由消费或收入在过去的变化反映出来的过时信息对现期的消费变化没有任何影响。当消费者决定现期消费时，如果没有关于未来收入的新信息，则消费者的消费将是永久性消费，如有未来收入的新信息，消费者的消费决策就会随之改变，消费将会偏离永久性消费。因此，消费者的消费支出沿长期趋势呈现出随机行走的特征，不能根据收入的变化来预测消费变化。

7. 预防性储蓄理论和缓冲存货储蓄理论

预防性储蓄理论把不确定性引入消费者的跨期优化选择，指出当存在风险的时候，消费者在决定消费时不仅要考虑永久性收入的多少，还要考虑预期未来收入的不确定性。里兰德（Leland，1968）提出了预防性储蓄假说，认为当未来的收入变得不确定时，消费者就会变得非常谨慎，会增加储蓄来防范这种风险。扎德斯（Zeldes，1989）发现，消费者特别是金融资产少、劳动收入不稳定的消费者群体有明显的预防性储蓄动机。卡贝里罗（Caballero，1990）认为，风险主要是指劳动收入的变化，如果消费者不考虑风险，那么他会根据永久性收入的变化来决定消费，但是如果消费者考虑到风险，他就会进行预防性储蓄以规避风险。卡罗尔等人（Carroll，1996）则提出缓冲存货储蓄模型，即假定消费者具有预防性储蓄动机，且未来收入具有确定性，当消费者的财富对持久收入的比率高于目标比率，消费者的不耐心就会战胜预防性储蓄动机，消费者会选择大于当前收入的消费，即进行负储蓄，反之则加大储蓄，在这里，储蓄相当于一种缓冲存货，消费者持有储蓄以便在收入水平差时维持自己的正常消费，或在收入水平高时增加自己的消费。

8. 流动性约束消费理论

流动性约束又称信贷约束，即居民从金融机构以及非金融机构和个人手中取得贷款以满足消费需求时所受到的限制。弗莱明（1973）、托宾（1971）、迪顿（1991）、泽尔德斯（1989）等人研究了流动性约束问题（许永兵，2007）。流动性约束理论认为，流动性约束在现实中是普遍存在的，体现在如下几个方面：一是消费者没有财富来变现或者将其用作抵押获得贷款；二是由于信贷市场的信息不对称导致的道德风险和逆向选择，使消费者面临较高的信贷利率；三是信贷市场本身不发达，消费信贷的规模和种类不多；四是政府对破产程序和取消贷款抵押回赎权的严格规定，使得放贷者谨慎、严格地审查借款人资格。与不存在流动性约束时相比，存在流动性约束的消费者的消费水平比较低，因为在当期存在消费信贷约束的情况下，人们会降低当期消费，而在预期未来存在消费信贷约束时，为了保证未来收入水平下降时消费水平不会大幅下降，消费者也会降低当前的消费，增加储蓄。因此，流动性约束的存在会导致消费者增加储蓄，减少消费。

9. 消费决策影响收入假说

一般认为，消费者在做出决策时，会根据收入来决定消费。但美国著名消费经济学家詹姆斯·摩尔根在对美国居民消费的实证分析基础上，提出了“消费决策影响收入假说”。这一假说认为，一个人或一个家庭的现期收入和未来收入中包含着不确定的部分。这一部分可以通过两种途径变为确定的部分：一是在社会经济迅速发展的背景下，人们有了较多的赚取收入的机会；二是消费信贷的发展。消费者在做出消费决策后，可以根据消费支出的需要，通过努力使不确定收入变为确定收入，从而使收入增加。因此，在一个特定的时期内，家庭的消费支出可以超过已有的现期收入。

1.2 文献综述

1.2.1 国外研究

1. 对现代消费函数的研究

消费函数理论是基于对消费者行为的分析，建立消费支出与决定消费的各种因素之间的关系函数，用以研究消费者在预算约束条件下如何确定消费数量以实现效用最大化。

凯恩斯（1936）提出绝对收入假说，认为消费和收入之间存在稳定的函数关系，消费支出主要取决于可支配收入，并提出“边际消费倾向递减”规律。库兹涅茨（1942）对1869—1938年美国的居民收入以及与个体的消费数据进行研究，证明了美国居民的消费与收入成固定比例，平均消费倾向是长期稳定的，且平均消费倾向与边际消费倾向基本相等。杜森贝利（1949）和莫迪利安尼（1949）提出了相对收入假说，认为消费者在既定期间的收入水平变动、消费者所属社会阶层其他人的支出以及消费者本人收入“高峰”时期形成的消费习惯，是决定消费者消费支出的最重要因素。弗里德曼（1957）提出持久收入假说，将可支配收入分为持久收入和暂时收入，认为消费者的消费支出不是由现期收入决定的，而是由持久收入决定的，消费占持久收入的比例是一个常数。莫迪利安尼与布伦贝（1954）提出消费与储蓄的生命周期假说，认为个人现期消费是个人现期收入、预期收入、当期个人拥有的资产和个人年龄大小的函数。在较长的一个时期，持久收入假说和生命周期假说是研究消费支出行为的主要理论基础。20世纪70年代以来，随机游走假说（Hall，1978）、流动性约束理论、预防性储蓄（Zeldes，1989；Caballero，1990；Carroll，1992）等研究成果的出现，将消费函数研究进一步推向深入。

2. 消费率问题

消费率又称最终消费率，指一个国家或地区在一定时期内的最终消费（总消费）占国内生产总值（GDP）的比重，对消费率问题的研究是建立在消费函数理论基础之上的。华尔特·惠特曼·罗斯托（1960）认为，在不同的经济成长阶段，消费率和投资率呈现出不同的特征：在传统社会阶段，消费率较高，储蓄率较低；在经济准备起飞阶段，消费率有所下降，储蓄率迅速上升；在经济起飞阶段，投资率和储蓄率提高到国民收入的10%以上；在经济走向成熟阶段，投资率稳定在国民收入的10%～20%，消费率也较高；之后，经济进入高度发达的工业社会，也是高额大众消费阶段，主要的经济部门转到耐用消费品生产方面，奢侈品消费向上攀升，人们在休闲、教育、保健的花费增加；后来，他又提出了第六阶段，即在追求生活质量阶段，经济主导部门成为了服务业与环境改造事业。埃德蒙·费尔普斯（1961）在索洛的新古典经济增长理论基础上，提出了著名的资本积累的黄金定律，作为判断宏观经济最优增长的标准，即当经济的资本存量达到这样一个水平，使得资本的边际生产率恰好等于劳动力增长率加上技术进步率时，经济就处于最优的增长路径上。黄金定律所指的人均资本存量是指人均消费达到最大时的人均资本存量，这一资本存量能够保证每代人消费水平相同，此时的最优储蓄率等于资本收入与国民收入之比。费尔普斯认为，经济增长的最终目的是人民生活水平不断提高，而当资本积累即社会储蓄率超过最优水平时，就会导致“经济动态失效”，降低人们的长期福祉。钱纳里和赛尔昆（1975）研究了101个国家在1950—1970年工业化发展的基本经验，得出了不同收入水平对应的消费率，他们发现随着人均国民生产总值的提高，消费率呈现出动态的“倒马鞍形”变化：在人均GNP（国民生产总值）低于100美元（以1964年的美元来衡量，中值为75美元）时为贫困型高消费阶段，消费率最高，为89.8%，其中居民消费率达77.9%；在人均GNP从100美元以下提高到1000美元的过程中，消费率逐渐下降至76.5%，其中居民消费率降至61.7%；当人均GNP超过1000美元以后，居民消费率出现转折，再度上升至62.4%。

3. 居民消费结构研究

爱德华·迪格佩蒂·阿格兹在19世纪末提出了消费结构的概念，他基于收集的各个社会阶层和不同收入水平家庭的消费结构资料，首次提出了家庭消费结构支出的分类方法。德国统计学家恩格尔（1857）根据统计资料，针对消费结构的变化提出了著名的恩格尔定律：一个家庭的收入越少，家庭收入中（或总支出中）用来购买食物的支出在总支出中所占的比例就越大，随着家庭收入的增加，家庭收入中（或总支出中）用来购买食物的支出所占比重则会下降。反映这一定律的系数被称为恩格尔系数，其公式为：

恩格尔系数（%）＝食品支出总额/家庭或个人消费支出总额×100%

恩格尔定律主要表述的是食品支出占总消费支出的比例随收入变化而变化的趋势，用食品支出占消费总支出的比例来说明经济发展、收入增加对生活消费的影响程度。美国经济学家萨缪尔森（1848）在其经典著作《经济学》中指出，要考虑到储蓄因素对消费结构的影响，即食物在收入中的比例随着收入增长而下降。同时储蓄的值则从低收入的小于零提升到相当高的水平。萨缪尔森定义了萨氏恩格尔系数，萨氏恩格尔系数＝食品支出/（食品支出＋储蓄）。20世纪初，马歇尔从微观经济分析的角度，把消费结构的变动对经济的影响引入整个经济理论体系。20世纪30年代，凯恩斯学派从消费总量、消费函数理论出发，研究消费结构的构成，进一步阐述了消费结构与产业结构的关系。20世纪50年代以后，西方消费经济学理论由宏观消费总量的研究转向对家庭消费结构的分析，如家庭消费与投资关系、家庭生命周期、家庭消费支出功能等。钱纳里和赛尔昆（1975）指出，人均 GNP 超过 1000 美元以后，居民消费结构升级明显加快，食品和衣着等生存型消费比重下降，而发展享受型消费比重迅速上升。Elsevier（2008）研究发现，非线性恩格尔曲线对应的消费需求会导致持续性的结构变化，消费的商品会从最初的高需求弹性的奢侈品，转变为后来的低需求弹性的必需品。

4. 消费与经济增长的关系

早在《资本论》及《政治经济学批判》中，马克思就指出，消费与生产、分配、交换密切相关，是社会再生产过程中的重要步骤。但传统的西方经济理论往往忽视消费对增长的作用，如威廉·配第（1976）提出应节制消费，保证资本积累，亚当·斯密（1776）继承了配第的消费观点，指出人们会通过节俭（减少消费）积累资本的结果自然促进经济增长。大卫·李嘉图（1817）进一步提出要扩大生产，使生产超过消费、压缩非生产性消费。西斯蒙第较早提出应当把满足消费者的需要看作生产的目的。从凯恩斯开始，消费开始成为经济学者研究经济增长关注的核心问题，凯恩斯（1936）指出，在封闭经济中，有效需求由消费需求和投资需求构成。由于边际消费倾向递减，社会消费需求总量小于社会供给总量，会导致消费与生产脱节，从而导致生产过剩的经济危机。由于消费倾向是由社会习惯等因素决定的，在短期内很难改变，所以为了避免消费不足带来的危机，需要通过国家干预，以赋税制度、利率涨落及其他手段来施加引导作用，刺激消费，从而带动经济的增长。英国经济学家哈罗德（Harrod，1939）和美国经济学家多马（Doma，1946）提出的哈罗德－多马模型将影响经济增长的长期因素引入凯恩斯的短期理论分析中，研究了储蓄率、资本产出率、产出增长率三者的关系，指出只有储蓄率与资本产出率之比等于产出增长率的情况下，一个国家才能实现经济的均衡增长。由于储蓄率和消费率存在一定的联系，因此哈罗德－多马模型认为，要实现经济较快的增长必须在一定程度上抑制居民消费支出。诺贝尔经济学奖得主、美国经济学家罗伯特·索洛（Solow，1956）以柯布－道格拉斯生产函数理论为基础，修正了哈罗德－多马经济增长模型的假设条件，以储蓄率、人口增长率、技术进步率为外生变量，以投资为内生变量，提出了索洛经济增长模型，说明了储蓄（消费）、人口增长、技术进步和经济增长之间的关系。费尔普斯（1961）提出的资本积累的黄金定律间接反映了人均消费与经济增长的内在联系：如果人均资本大于黄金率水平，则可以通过消费掉一部分经济中所积存的资本使人均资本降到黄金率水平上，这样能提高人均消费水平；反之，则缩减消费，增加储蓄，使人均资本达到黄金率水平。罗斯托（1960）、钱纳里和赛尔昆（1975）基于发展中国家的现实，强调消费与经济增长是一种动态的阶段性相互推进关系。

1.2.2 国内研究

1. 对消费函数理论的研究

我国学者运用中国有关情况和数据对西方消费函数理论进行了检验，并对我国居民的消费行为进行了解释。

臧旭恒（1994）建立了4个消费函数模型，以1952—1978年、1978—1991年为研究窗口，对全国、城镇和农村居民的收入、消费、物价和资产指数等经济变量分别进行滞后一期、二期和四期的最小二乘法（OLS）线性回归，结果表明：绝对收入假说可以较好的解释1952—1978年我国城镇和农村居民的消费行为。但在1978—1991年，由于改革开放以后市场经济中居民收入的不确定性增强，不再符合绝对收入假说的前提，绝对收入假说对居民消费的解释力下降；而杜森贝里的相对收入假说、弗里德曼的持久收入假说和莫迪利安尼的生命周期假说对中国现实情况的解释适用性逐渐加强，有关全国居民和城镇居民的系数基本上拒绝了随机游走假说；有关农村居民的系数对于随机游走假说的验证结论不太明确。

贺菊煌（1998）基于莫迪利安尼的生命周期假说，通过数值模拟进行研究发现，居民消费行为确实具有前瞻性：如果消费者不能预料未来收入增长，社会储蓄率将随收入增长率的提高而提高；反之，则一般不随收入增长率的提高而提高。

余永定和李军（2001）总结了中国居民消费行为的两个主要特点：一是消费支出具有显著的阶段性，并不以一生为时间跨度来寻求效用最大化，二是由于私人消费信贷市场尚不发达，消费者生命的不同阶段中存在一个特定的消费高峰和一个相应的储蓄目标。他们认为西方传统的消费理论无法说明中国消费者的行为特征。

国家统计局《居民消费增长因素分析》课题组（2004）进行宏观实证研究，提出以下结论：①城乡居民消费增长短期波动的原因99%可以归因于收入水平、收入分配、人口结构、收入预期因素的变动；②对于城镇居民和农村居民来说，当期收入是影响消费的最重要因素；对于前者，次要因素是改革预期、收入分配差距和人口结构等；对于后者，次要因素依次为人口结构、收入分配和改革预期。影响因素重要程度的差异决定了其消费行为的不同。

张继海和藏旭恒（2005）研究指出，我国城镇居民家庭实际消费和实际收入之间存在长期协整关系，当期收入和长期均衡对居民消费具有较强的制约作用，收入增长是长期中消费增长的重要制约因素。

袁霓（2005）基于协整理论，分析检验城镇居民可支配收入与消费需求之间的关系，发现城镇居民可支配收入只能在较少的时间内刺激消费，并没有为社会总消费带来预期的效果。

臧旭恒和裴春霞（2007）基于预防性储蓄和流动性约束假说，利用动态建模方法比较分析转轨时期我国城乡居民消费行为特征，指出城镇居民受流动性约束者的比重大于农村居民，农村居民对不确定性及实际利率变动的反应更为敏感，农民长期收入弹性系数高于城镇居民。

田检（2008）基于绝对收入假说、生命周期假说等，分析了家庭当期收入、平均可支配收入、持久收入等因素对我国城镇、农村居民消费的影响，发现前者的当期消费基本由当期收入决定，后者的当期消费主要由当期收入和个人资产决定。

王健宇和徐会奇（2010）认为，因受到收入性质差异的影响，我国农村居民消费表现出了明显的不同的消费行为特征，其中收入的增长性和永久性对农村居民消费具有正向影响，收入的不确定性具有负向影响。

刘灵芝和马小辉（2010）分析农村居民收入分配结构对总消费的影响，认为平均消费倾向随收入等级的上升而递减。

艾春荣和汪伟（2010）将农户的非农就业决策引入持久收入假说，分析指出，如果不受流动性约束，或当受到流动性约束而且临时收入变化不大时，当期消费由持久收入决定。

袁志刚（2011）建立 ELES 模型（Extend Linear Expencliture System，扩展线性支出系统模型）分析城乡居民消费的收入效应和价格效应，并建立 AIDS 模型（Almost Ideal Demand System，近似理想需求系统）分析城乡居民消费结构变迁中的收入差距效应，结果表明：消费行为的差异不仅存在于传统的城镇居民和农村居民之间，也存在于包括很多外来人口的“常住居民”和以本地户籍人口为主的“调查居民”之间，其中城镇居民的平均消费倾向低于农村居民，而常住人口的消费水平要高于调查居民。

李腊生等（2011）在生命周期持久收入理论基础上，构建了具有中国财富代际转移特色的中国消费跨期替代模型，并运用广义矩估计方法进行分析，证明了我国城乡居民消费需求的差异性。

吴石磊等（2013）利用2002—2007年的相关数据，对我国592个国家扶贫重点县所在的20个省的农村居民食物消费对农村贫困的影响进行分析，并建立门槛面板回归模型，考察农村居民消费在受到第三方因素的制约下对农村贫困影响的区间效应。

2. 消费结构

尹世杰（1983）针对居民消费需求，分析了影响消费结构的各种因素，并对促进消费结构升级、满足居民消费数量和质量需求提出了对策建议；尹世杰（1988）又进一步分析消费结构与生产结构的内在联系，探讨了影响消费结构变动的各种因素、发展趋势以及消费结构的合理变动。林白鹏（1987）从消费结构、需求结构、产业结构三者之间的关系出发，分析了当时中国居民消费特点。刘颐权（2005）从收入层级、地区、行业和所有制出发分析了城镇居民消费主体结构，从食品、衣着等八个类别出发，分析了消费客体结构。詹锦华（2009）利用聚类分析的方法，对1990—2006年农村居民消费结构按四个阶段进行了恩格尔系数分析，并在节点年份用聚类分析对我国30多个省份的农村居民消费进行分类和对比分析，从而得出农村居民消费结构的变化特点。陈文玲（2008）认为，收入水平、城乡二元结构、地区差异、消费群体需求偏好不同造成了我国居民消费层次不同。尹宗成等（2009）按照收入将全国省份分为高、中、低三类，基于2000—2006年的面板数据，运用固定效应模型分析影响农村居民消费支出的因素，发现人均可支配收入和上一期消费对当期消费的增加有明显效果，但程度因地区收入而异，而交通基础设施、商业和教育情况对当期消费的影响不如前两者明显。张增臣、吴新元（2014）利用时间序列数据建立了河北城镇居民的人均收入和各项消费支出的ELES估计模型，定量分析了河北省城镇居民的消费支出结构变动，并相应提出扩大消费的建议。

关于消费结构影响因素的研究主要包括以下几个方面。

（1）收入差距对消费结构的影响。

卢方元、鲁敏（2009）在持久收入假说理论基础上建立了我国农民消费结构的面板数据模型，分析发现不同收入组的衣着消费差异显著，其他七类消费差异则不很明显；黎红霞（2011）对农村居民的收入、消费观念、消费环境、国家政策扶持等因素进行分析，发现收入因素是影响消费结构的最显著的影响因素，其余各项因素影响力度均不如收入因素；刘灵芝、陈正飞

(2012) 按照收入把 2002—2008 年农村居民人均八类生活消费支出分成五组，分析发现不同收入组的农民在食品、衣着、家庭设备和医疗保健方面的自发消费不同，且边际消费倾向差异较大，在居住、交通通信、教育文化娱乐服务方面自发消费水平也存在差异。

(2) 地区差异对消费结构的影响。

梁俊伟（2006）对 1999—2003 年福建省九个地市的七大类农村居民消费进行 AIDS 模型分析发现，地区收入水平的不同导致居民在饮食和交通通信等方面的支出存在较大差异，但科教文娱消费的差距较小，而衣着等方面的交叉价格弹性多数是正的；王选选（2007）利用 1994—2004 年我国 24 个省份农村居民恩格尔系数建立面板模型进行分析，发现恩格尔系数与人均纯收入成正比；经济发展落后地区的教育对食品支出挤占较大，教育和粮食价格变动是导致不同地区农村居民恩格尔系数差异性的重要原因；牛华（2012）运用因子分析法从食品、衣着等八大指标对河北省农民消费结构和东部沿海省份及地区的差异进行分析，发现在经济发展水平、地域位置和消费观等原因导致沿海地区农村居民消费结构为“享受型”的同时，河北省农村居民的消费结构还处于“生存性”阶段；刘艺容、蔡伟（2014）运用因子分析和聚类分析法把我国 31 个地区的城镇居民消费结构分为经济发达、经济中上等、经济中等偏下、经济欠发达四类，并针对不同地区消费结构的问题提出了对策建议。

(3) 城镇化对消费结构的影响。

蔡昉和都阳（1999）指出，城市化与消费需求存在互为内生的关系，不同区域的消费需求变化会引致城市化，而城市化进程会引起消费水平和消费结构的变化。闫新华（2010）利用 1994—2007 年我国 26 个省份的农村居民消费数据，研究发现，内部习惯对消费支出的影响尤为显著，在各种不确定因素的影响下，农村居民更谨慎，更倾向于节俭，在交通通信、医疗保健和教育文化娱乐服务三类生产性消费上，城镇居民消费的示范效应更明显。蒋南平等（2011）认为，我国的城镇化过程显著地促进了城乡居民消费的增长，从而改变居民的消费结构，而且城镇化对城镇居民消费增长的促进作用大于农村居民。

(4) 社会保障对消费结构的影响。

戴卫东（2006）认为，社会保障制度的不完善性，直接阻碍了消费结构的优化进程。杨辉、李翠霞（2014）研究表明，农村社会保障对农村居民消费结构的影响较为显著。

（5）税收政策对消费结构的影响。

张秀敏（2004）认为，税收政策对消费结构有重要影响，从而提出了促进消费结构优化的税收政策建议。汪伟、艾春荣和曹晖（2013）利用 2000—2009 年我国 31 个省级行政区的 12 个指标数据，用连续型双重差分估计法，分析税费改革政策对农村消费水平和规模的影响，发现在税费减免阶段，税费改革对农村居民消费的增加有拉升效应，同时这种效应能够持续体现。

（6）收入对消费结构的影响。

蔡跃洲（2009）分析了影响农民消费的各种因素，指出农民经营性收入、工资性收入及国家财政农村救济费支出对农民消费具有显著影响。文晓巍（2011）分析认为，完善的农村流通体系有利于促进农民增收，提高农村居民消费水平。

李时华（2012）认为，农村居民收入低、农村消费环境不理想及农村居民文化素质偏低是影响农村居民消费结构的主要原因。

（7）人口因素对消费结构的影响。

刘雯（2009）研究发现，湖南儿童抚养系数与居民消费率正相关，老年抚养系数变化与居民消费率负相关，总抚养系数与居民消费率正相关，而人口年龄结构的特点是导致省内现阶段消费率过低的原因之一。陈冲（2011）在生命周期假说理论基础上，利用 1993—2008 年我国 29 个省份农村居民变动和消费的面板数据，研究人口结构变动对农村居民消费的影响作用，发现少儿抚养系数和老年抚养系数对农村居民消费有负面影响。李春琦、张杰平（2009）利用 1978—2007 年我国宏观年度数据建立包括遗产因素的世代交替效用模型，研究我国人口老龄化对农村居民消费的影响，发现我国人口老龄化和居民的传统消费观念和习惯是农村居民消费率持续较低的原因。

3. 关于我国消费率的研究

刘国光（2002）研究认为，与世界其他国家和地区相比，我国消费率不仅过低，而且呈现出长期下降的趋势，主要原因是消费需求不足。尹世杰（2004）指出，我国消费率比世界平均水平低 10 多个百分点，最终消费率偏低。朱锡平和唐英（2004）将我国消费率与钱纳里－塞尔昆标准进行比较，基于改革开放以来我国总供求的均衡性与消费率的关系，认为在不考虑净出口及其正负效应的情况下，我国合理的消费率应在 61%～65%。乔为国等（2005）基于哈罗德－多马模型，构建了以充分就业为目标的合理投资率模型，认为我国合理消费率不应低于67.6%。贺铿（2006）比较分析了我国和国际上投资消费比例关系的变动趋势，认为我国消费率偏低，并提出在较高经济增速下的供需总量、结构平衡和居民收入与经济同步增长的前提下，我国合理的消费率应在60%~65%。田卫民（2008）通过分析消费总额和经济增长之间的关系，提出我国的最优消费率为66.4%。吴先满、蔡笑和徐春铭（2007）将我国历年消费率与世界平均水平、钱纳里－塞尔昆一般标准进行比较，认为我国最终消费率和居民消费率远低于“标准模式”。江林等（2009）将我国最终消费率和世界各国最终消费率进行比较，分析认为我国最终消费率长期偏低并持续走低。金三林（2009）考察了我国改革开放以来投资、消费和储蓄增长的主要特点与特征，分析世界各国工业化过程中的投资消费结构变动趋势，指出我国当时较好的消费率不应低于60%，他做出预测，2015年之前，消费率可能处于49%~51%，到2020年可能上升到60%以上。吴忠群（2002和2009）比较分析了主要发达国家和典型发展中国家消费率，阐释了我国消费率的变化趋势，指出我国合理的消费率区间应在61%~65%。丁俊发（2010）指出，消费率特别是居民消费率过低会加剧社会经济矛盾，并建议我国最终消费率和居民消费率应提高到65%以上和50%左右。

部分学者研究指出了我国消费率偏低的原因。

龚志民（2002）认为，我国居民消费率过低是导致整体最终消费过低的原因。尹世杰（2003）认为，居民收入差距扩大和消费环境不好是影响消费需求的重要因素。郭振宗（2004）基于凯恩斯消费函数理论，分析指出居民可支配收入水平低、增长慢和居民边际消费倾向偏低是导致我国居民消费需求不足的原因。李姝（2002）、毛盛勇（2007）认为，居民收入不足直接制约了居民消费水平，从而导致了总消费率的低下。朱锡平和唐英（2004）将我国消费率与钱纳里－塞尔昆标准进行比较，指出我国偏低的消费率是与我国经济发展阶段、发展水平及其后发性相适应的，具有一定的客观必然性。吴晓明等（2007）利用1985—2004年城镇居民消费和收入等数据进行分析，发现城镇居民收入分配差距扩大导致居民平均消费倾向的下降，且长期影响显著。陈通和侯立坤（2005）认为，居民收入增速缓慢以及收入增长与经济增长的不协调导致消费力不足，城乡发展不均衡造成城乡居民收入差距过大，从而使得居民消费率低下。潘成夫（2006）认为，经济发展状况、人口年龄结构以及文化背景等是影响消费率的主要因素，其中特别应该注意的是收入分配对消费需求的影响。卢嘉瑞（2007）认为，造成我国居民消费率低且持续下滑的主要原因包括居民收入水平低，收入增长落后于 GDP 的增长、收入占 GDP 的比重下降、社会保障水平低、覆盖面窄，城乡贫困人口和低收入人口还有相当数量等。丁俊发（2010）认为，我国消费率低于钱纳里－塞尔昆标准，原因在于我国处在工业化中期、城市化加速、市场经济体制改革尚未完成的阶段，并且面临着全球金融危机的冲击。

邢志平（2011）分析认为，人口老龄化和养老保险制度是消费率过低的主要原因。王文晶（2010）发现，随着公共卫生支出的增加，居民消费率呈先升后降趋势；社会保障等公共支出也有类似状况。王雪峰、荆林波（2011）分析认为，多年来"扩大内需、刺激消费"的政策效果并不明显，同时具有明显的通胀压力负效应，因此我国消费率并不是简单的高低问题，论证"消费率偏低"观点的方法存在适用性缺陷，他们认为消费率处于低位是长期波动（持续）下降的结果。

4. 居民消费与经济增长

尹世杰（2004）指出，市场经济是需求导向型经济，消费需求是首要的市场需求，消费需求的扩大可以促使消费水平和质量不断提高，从而促进消费结构和产业结构优化、升级，形成新的经济增长点，因此消费需求对经济增长具有导向作用和拉动作用。朱锡平和唐英（2004）认为，消费是生产的目的和经济增长的原动力，因此要实现国民经济持续健康较快发展，必须有合理的消费率和消费增长率。徐永兵（2006）分析指出，在 1979—2003 年，消费增加 1%，GDP 增加 0.265%，消费需求与经济增长成正相关关系，而且消费能在一定程度上平抑经济波动。马成文等（2007）分析发现，无论从短期还是长期来看，城镇居民消费和农村居民消费都会对经济增长产生正向影响，但是后者的影响程度小于前者。田卫民（2008）指出，以限制消费为代价的经济增长无法实现社会福利最大化、居民效用最大化和经济可持续性发展，消费不足和消费过度都不利于经济增长。从日玉（2010）分析发现，长期内的投资、消费和经济增长同方向变动，较之消费，要达到相同的增长效果，需要更大规模的投资，因此，消费对经济增长的影响更大。张雪玲（2010）研究发现，我国居民消费和经济增长存在双向的格兰杰因果关系，王怡和李树民（2012）利用我国东部十省市 1985—2008 年的面板数据进行分析，认为城镇居民消费与经济增长之间存在双向互动关系，城镇居民消费结构的升级可促进经济增长，而经济稳定的增长将刺激城镇居民消费结构不断优化升级。阙澄宇和马斌（2010）利用1978—2008年全国经济数据分析发现，农村居民消费在短期内对经济增长的拉动作用较为明显，城镇居民消费支出在长期内对经济增长具有更明显的促进作用。陆芳（2009）利用湖北省1980—2008年的数据，分析发现湖北省居民消费与GDP的增长呈同步变动，但是消费对经济增长的贡献率却逐年下降。她还认为，应该集中关注中产阶层居民的消费。陈亮等（2010）运用格兰杰因果检验方法，考察我国农村居民消费与经济增长的关系，并利用1985—2008年的数据分析了我国农村居民消费的需求弹性和消费拉动系数的变动趋势，研究结果表明，1995年以前农村居民消费对经济增长的拉动作用较为显著，但之后拉动作用明显降低。李洪英（2010）利用面板协整模型分析农村居民消费对经济增长的影响，研究结果表明，农村消费水平的提高、农村消费结构的改善与升级都会促进经济增长，但这种影响表现出明显的省际差异和不稳定性，此外，相比消费水平来说，消费结构对经济增长的影响存在很大的不稳定性，且波动性较大。徐小鹰（2011）利用1999—2008年我国31个省级行政区的面板数据分析城乡居民消费和政府消费对经济增长的影响，结果表明，城镇居民消费对经济增长的拉动作用更为明显，特别是东中部地区，而且各区域之间又表现出不同的差异性，西部地区的经济增长更多依靠农村居民消费；政府消费也是促进经济增长的因素之一，但不及城乡消费作用明显。张晓峒和徐菲菲（2011）利用可变参数模型测度我国改革开放以后不同经济发展阶段经济增长对消费和投资敏感性的动态变化，认为消费需求将成为拉动我国经济增长的核心动力。

林白鹏（1993）、范剑平（2000）和尹世杰（2001）采用扩展线性支出模型或投入产出模型定量分析了消费结构对产业结构的影响，提出以消费为导向促进产业结构的调整升级。吴瑾和张红伟（2010）分析认为，消费结构的调整会通过消费需求、产业结构、收入分配三大影响机制作用于经济增长。胡丹丹（2012）研究认为，消费需求决定消费结构，消费结构又决定产业结构，产业结构的变动提升经济增长质量。陈玉和、崔鸿雁等（2011）分析认为，我国居民消费结构与产业结构中第二产业存在双向因果关系，对第三产业的影响明显。孟范昆和刘东皇（2012）针对我国居民消费结构和产业结构升级的关系进行省际面板分析，发现我国居民消费结构和产业结构升级存在相互促进的关系。刘海云（2011）通过多变量VAR模型分析1980—2009年间我国城乡居民消费结构、产业升级和经济增长三者之间的关系，发现我国的经济增长会促进城乡居民消费结构的改善和升级，但由于我国第二、第三产业内部结构不合理等因素的影响，利用产业升级来促进消费结构升级优化的设想未能按照预期目标实现，基于此，他提出加快服务业发展、提升居民消费能力的政策建议。王双和余孝军（2014）运用分位数回归法分析认为，我国居民消费结构和产业结构之间存在相互促进和相互优化的关系。

5. 如何扩大居民消费需求的研究

尹世杰（2004）指出，优化消费结构可以通过提高消费率、提高居民收入、坚持可持续发展战略、加速产业结构优化调整等来进行。臧旭恒、张继海（2005）基于持久收入假说进行研究，提出在市场经济的基础上，合理分配收入，减小收入差距，使中等收入群体变为消费的主力军。李明峰（2005）指出，充分的就业是收入和消费的物质保障与心理保障，因此要提高不充分就业人员的就业水平，从而促进消费。刘晓路（2007）提出，要不断增加居民收入，完善社会保障体系和福利制度，使得居民有钱可花、有钱敢花。公茂刚和王学真（2012）针对山东农村居民的收入结构、收入性质与消费的关系进行面板数据模型分析，发现促进农村居民消费结构升级主要靠增加农村居民的财产性收入，特别是要不断提高农村居民收入的持久性。周发明、杨婧（2010）运用扩展线性支出系统（ELES）模型研究指出，导致城乡居民消费结构差异的主要因素是城乡居民收入分配差距的扩大，并提出增加农村居民的收入，缩小城乡收入差距，进而优化农村居民消费结构的建议。曹颖琦、史岩（2011）研究认为，经济发展不会自动减小城乡消费结构差异，而缩小城乡收入差距可以减小城乡消费结构差异。陈少强（2011）认为，要建立扩大国内消费需求的长效机制，应着力推动制度创新，完善土地财产权保护、政府考评、财税、消费监管和社会保障等管理体制。李键（2011）提出，要建立健全扩大消费需求长效机制，就要积极稳妥推进城镇化，增加就业创业机会，完善收入分配制度，完善社会保障体系和基本公共服务体系，加强市场流通体系建设，促进消费结构升级和消费环境的改善。赵萍（2011）认为，应从建立居民收入提升机制与改善消费环境两个方面着手建立扩大消费需求的长效机制。徐永新（2011）认为，扩大消费需求，就要促进居民收入持续稳定增长、完善公共服务、优化消费环境。于慎澄（2012）提出，建立扩大消费的长效机制需要正确处理投资与消费之间的关系、合理调整分配制度、切实解决农民增收问题、加快完善社会保障体系、继续实施鼓励消费的相关政策等。赵振华（2013）提出，扩大消费需求的长效机制主要包括要形成收入稳定增长机制、改善供给拉动消费的机制、改善预期让消费者敢于消费的机制。

从现有的研究看，国外学者从宏观或微观视角出发对消费理论进行了广泛的探索。这些理论为我们从多个角度对我国消费经济进行全面分析具有一定的借鉴作用。但是应该注意，每一种理论的产生都是以特定的经济社会发展状况为研究背景的，并且是为特定时期的经济政策服务的，都有一定的时空局限性。国内学者多是在传统的西方消费和经济增长理论的基础上，分别从不同角度进行实证检验。此外，国内外学者多从居民收入、流动性、消费环境、消费行为、消费结构、消费率、消费政策等方面分别对居民消费开展研究，全面的、系统的研究比较少；分析居民消费对经济增长的影响的研究较多，研究居民消费结构变动对经济增长影响的文献较少；对城镇或农村居民消费独立研究的文献较多，综合研究较少。这种情况为本项目的研究和创新提供了空间。

1.3 研究内容和研究方法

本课题以国家和北京“十二五”“十三五”发展规划为背景，对北京市居民消费进行深入系统的研究，全面分析北京市居民消费的现状、变化趋势、影响因素，利用北京市居民消费数据，建立计量经济模型，并利用现代计量经济方法，从消费总量和消费结构两个方面系统研究北京居民消费与经济增长之间的关系，进而分析北京市居民消费率偏低的影响因素及其作用机理。通过对影响北京市居民消费需求制约因素的实证研究，构建北京形成居民消费拉动型经济发展的模型，提出北京市率先形成消费拉动型经济发展模式的对策与建议。

1.3.1 研究内容

本课题的研究内容及拟解决的关键问题如下。

第 1 章为理论基础与文献综述。指出课题研究的理论基础，明确课题研究的目的和意义，分析国内外研究现状并对相关文献进行评述，确定采用的研究方法、技术路线，明确研究内容。

第 2 章研究北京市率先形成消费拉动型经济模式的必要性和可能性。首先，分析消费拉动型经济发展模式的内涵与特征，研究消费拉动型经济模式对于北京加快转变经济发展方式、促进经济增长的意义；从居民消费的视角，深入分析北京在全国率先形成消费拉动型经济发展模式，对于北京建设中国特色世界城市和国际商贸中心、发挥首都经济对全国经济的示范作用、优化产业结构和功能布局，建设宜居城市，提高居民生活质量的重要作用。其次，从居民消费水平、居民消费结构、居民消费率、消费市场发展、消费经济格局、商业业态结构和商业组织化水平、消费政策支持等方面，分析北京在全国率先形成消费拉动型经济发展模式的可能性。

第3章研究北京市居民消费总量、结构和消费率的现状与变动。主要运用大量数据进行分析，并通过分别比较纵向时间序列数据和横向国际面板数据进行评价。其中，对消费率的分析包括最终消费率、居民消费率、政府消费率及消费对GDP的贡献率，除了纵向对比和国际横向对比外，还采用钱纳里－塞尔昆的一般标准模式来评价北京市居民消费率的现状。

第4章研究北京市居民消费总量在拉动经济增长中的作用。一方面对居民消费与经济增长（GDP）之间的关系进行一般研究，包括界定概念和阐述两者之间存在的关系；另一方面采用1978—2013年北京市居民消费总量与全市生产总值的数据，通过计量分析方法进行实证分析，主要包括：①运用单位根检验和协整检验研究北京居民消费总量与经济增长之间的长期关系；在此基础上，进一步进行格兰杰因果关系检验。②建立向量自回归（VAR）模型，验证居民消费总量与GDP关系的稳定性，在此基础上，运用脉冲响应函数和方差分解来研究两者的动态与短期相互影响关系。③将国民收入和消费的长期均衡与短期波动共同引入模型建立向量误差修正模型，对短期波动和长期均衡进行直接描述。

第5章研究北京市居民消费结构在拉动经济增长中的作用。首先，阐释居民消费结构、产业结构的基本定义，以及居民消费结构变动影响产业结构，进而影响经济增长的理论；其次，采用1995—2013年的数据，运用单位根检验、协整检验、格兰杰因果检验、VAR模型、脉冲响应函数、方差分解和误差修正模型分析北京市居民消费结构与产业结构、经济增长的关系。

第6章揭示北京市居民消费需求不足的微观形成机制。首先，通过对居民消费率、消费倾向的横向和纵向比较，指出北京市居民消费需求不足的现状；其次，通过构建一个包含不确定性和流动性约束在内的居民消费决策行为模型，从微观角度考察北京市消费决策的约束因素；最后，运用误差调整修正模型，选择1995—2013年的宏观经济数据，采用工具变量法对北京市居民消费函数进行实证研究，分析收入、不确定性、流动性约束以及收入差距这四个因素对北京居民消费的影响。

第7章分析北京市居民消费不足的影响因素。从北京市居民收入增长和收入分配政策、社会保障和公共服务、支持消费的财政和金融政策、服务产业发展、消费结构升级和消费环境等方面，分析导致北京市居民消费需求不足的宏观影响因素和微观影响因素。

第 8 章研究北京市增强消费、建立扩大消费需求长效机制的对策。从分析北京建立扩大消费需求长效机制的必要性入手，提出北京建立扩大消费需求长效机制的原则，论述扩大消费需求长效机制的内容，指出北京建立扩大消费需求长效机制的路径。

第 9 章研究北京市供给侧改革促进新消费拉动经济发展的对策建议。分析北京市供给侧改革促进新消费拉动经济发展的总体思路和基本原则，研究北京市供给侧改革促进新消费以形成消费拉动型经济发展模式的对策建议。

1.3.2　研究方法

本文将运用经济学、管理学、系统科学等有关理论和方法，设计课题的总体框架，采用理论分析与实证分析相结合、定性分析与定量分析相结合、数学模型与系统分析相结合的方法，在已有研究成果的基础上，基于居民消费的视角对北京率先形成消费拉动型经济发展模式问题进行深入探讨与重点研究。通过科学的研究方法，力争在消费经济理论研究上有新建树，在北京率先形成消费拉动型经济发展模式实践研究上有新思路。

课题研究的技术路线如图 1－1 所示。

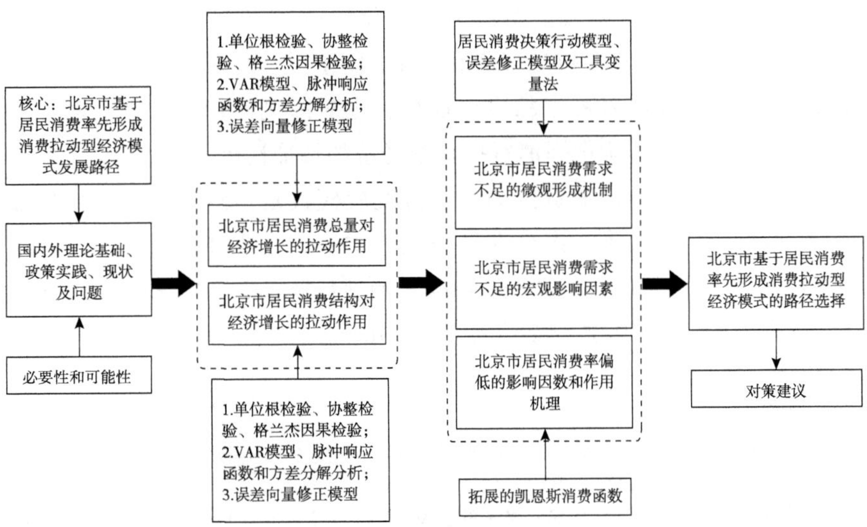

图 1－1　课题研究的技术路线

2　北京市率先形成消费拉动型经济模式的必要性和可能性

2.1　消费拉动型经济模式的内涵、特征

2009 年 12 月中央经济工作会议提出，“扩大居民消费需求，增强消费对经济增长的拉动作用。要加大国民收入分配调整力度，增强居民特别是低收入居民的消费能力”。党的十七届五中全会提出，要建立扩大消费需求的长效机制，加快形成消费、投资、出口协调拉动经济增长的新局面，消费被置于经济增长拉动因素的“首要位置”。国家“十二五”发展规划再次强调构建扩大内需长效机制，促进经济增长向依靠消费、投资、出口协调拉动转变。党的十八届五中全会提出，到 2020 年，要使消费对经济增长贡献明显加大，要“发挥消费对增长的基础作用，着力扩大居民消费……以扩大服务消费为重点带动消费结构升级。”① 国家“十三五”发展规划提出，“适应消费加快升级，以消费环境改善释放消费潜力，以供给改善和创新更好满足、创造消费需求，不断增强消费拉动经济的基础作用”②。党和国家从战略和宏观上指出消费在未来经济发展中的主导地位，也对深刻认识扩大消费对拉动经济增长的科学内涵，正确把握消费拉动型经济的特征提出了要求。

相对于投资拉动型，消费拉动型经济发展模式是指经济增长主要依靠消费拉动的增长模式，投资、出口在经济增长中所占比重相对较小，要求满足“消费对 GDP 贡献率高、消费水平较高、消费结构合理和消费环境良好等”条件（孙豪，2015）。其主要特征包括如下几个。

---

① 人民网．中国共产党第十八届中央委员会第五次全体会议公报［EB/OL］．http：//politics. people. com. cn/n/2015/1103/c1001 －27772701. html.

② 新华网．中华人民共和国国民经济和社会发展第十三个五年规划纲要［EB/OL］．http：//news. xinhuanet. com/politics/2016lh/2016 －03/17/c_ 1118366322 . htm.

（1）消费水平对GDP贡献率高，对经济的拉动作用明显。消费、投资、出口是拉动经济的三大动力。在不同的经济发展模式下和在经济发展的不同阶段内，拉动经济增长的这三驾马车所发挥的作用是不同的。消费拉动型经济发展模式对于消费有着较高的要求。首先，消费需求是社会总需求的重要组成部分，在社会总需求（消费、投资、出口）中，消费是主要需求，因此，消费拉动型经济发展模式要求消费率较高，投资率较低，对外贸易依存度较低。其次，从拉动经济的三驾马车对经济增长的贡献率角度，要求消费支出对GDP增长的贡献率较高，成为经济增长的首要引擎。最后，消费拉动型经济的扩大是以国内需求和供应能力为基础，更多地依赖国内消费市场，商品与服务品进口只能是国内总需求和总供给的一个补充，从而会减少经济的对外依存度，降低外部波动对本国经济的冲击。

（2）消费率较高。消费是国民生产总值的重要部分，其变动必然会引起GDP的变动。消费率（又称为最终消费率）是一个国家或地区在一定时期内（通常为1年）的最终消费（居民个人消费和社会消费总额）占当年GDP的比率，它反映了一个国家生产的产品用于最终消费的比重，是衡量国民经济中消费比重的重要指标，对经济增长率有明显的影响。社会消费总额决定了一国市场容量，居民个人消费水平或者消费者个体消费率（即消费者个人或家庭收入中用于消费支出的比例）决定了居民消费能力。建立消费拉动型经济，必须以巨大的社会消费总量和较高的人均消费水平为基础，而消费率的提高又可以刺激生产的扩大，增加投资，对GDP产生双轨拉动，使得消费成为拉动经济增长最重要的动力。在消费拉动型经济发展方式下，生产与消费的循环更加流畅，人们日益增长的物质文化生活的需求不断得到满足，人们的生活水平和生活质量不断得到改善和提高。

（3）消费结构不断优化。消费结构合理是消费拉动型经济的典型特征。消费结构是指一定时期内消费者所消费的各种消费资料（包括物质资料和服务）之间的比例关系（田晖，2006）。消费结构既包括社会总需求结构中消费占国内生产总值的比重，还包括居民消费内部结构的优化。受社会经济发展、新产业、新产品的不断出现，新的消费领域的开拓，收入水平提高、消费观念和消费心理成熟、消费环境改善等因素的影响，需求结构和消费结构就会由低层向高层不断优化、升级。而消费结构的合理化会促使产业发展的重点从第二产业转向第三产业，产业结构逐步高级化，对国民经济的健康发展有着重要意义。

（4）消费环境完善。消费环境是影响消费行为的各种因素的总和，如文化、政策、基础设施等，消费环境具体可以分为硬环境和软环境。消费硬环境是指消费所应具有的物质基础，即配套设施或交通运输、电力和通信等基础设施，如居民住宅面积，商场和各种娱乐场所的便利，硬环境的完善程度直接影响到消费的水平。消费软环境主要包括文化、政策、法律等方面的内容。这些因素直接或间接地作用于消费者，从而对消费行为产生影响（王振国，2013）。消费环境良好是消费拉动型经济的一般特征。而消费环境良好通常具体表现为，消费基础设施和配套设施完善、商品供求匹配、商品价格稳定、市场秩序良好、产品质量过硬、经营规范有序、交易规则明确、消费观念健康、教育医疗养老等社会保障体系完善、消费市场规范、消费者权益保护的相关法律法规比较完善、消费者权利得到较好保护、消费者维权意识增强等。

2.2 北京市率先形成消费拉动型经济模式的必要性

2.2.1 消费需求是拉动经济增长的根本动力

在国民经济的发展运行中，生产、分配、交换、消费是一个不断运转、不断循环的周而复始的过程。消费是国民经济循环的重要因素，是国民经济健康、顺利发展的动力源泉，特别是在市场经济条件下，消费的作用显得尤为突出。市场经济是需求导向型的经济，而消费需求是市场需求的重要组成部分。消费需求是最终需求，是市场商品旺销和经济活跃的最终动力。在拉动经济增长和推动经济发展的三驾马车——投资需求、消费需求和出口需求中，消费是根本的和可持续的拉动力量。消费的启动和扩大，会促进和引导生产发展，也正是消费结构的优化和升级，推动产业结构和产品结构的调整和优化，不断扩大生产领域和服务领域。消费萎缩、需求不足，会导致供给严重过剩，会限制并最终阻碍生产和经济发展。

2.2.2 扩大消费是结构性调整的主要任务

国家“十二五”规划纲要提出，“把扩大消费需求作为扩大内需的战略重点”。2012 年中央经济工作会议提出，“牢牢把握扩大内需这一战略基点”，把扩大内需放在“牢牢把握”的首要位置。2016 年 3 月，《中华人民共和国国民经济和社会发展第十三个五年规划纲要》提出，“适应消费加快升级，以消费环境改善释放消费潜力，以供给改善和创新更好满足、创造消费需求，不断增强消费拉动经济的基础作用”。我国已经进入经济增长阶段的三期叠加的新常态调整期，今后几年，经济增长速度将稳定在6% ~7%，扩大内需是我国结构性调整的关键之一。在我国，由于多方面原因，消费对经济增长的贡献率一直偏低，经济增长更多地依赖投资和出口。当前，我国已从生存型社会进入到发展型社会阶段，社会需求结构发生了深刻变化，所以，抓住历史机遇，发展消费主导型经济，补上我国经济发展中消费不足的短板，释放城乡居民的巨大消费潜力，完成消费拉动型经济发展方式的转变，实现消费主导，在未来几年实现较为平稳的经济增长目标是有可能的。因此，是否能够实现消费拉动性经济模式在很大程度上决定了北京是否可以在较长时间内保持稳定增长的前景。只有消费主导有实质性进展，转变经济发展方式才有可能破题。

2.2.3 投资拉动型经济增长模式不可持续

长期以来，我国经济增长主要靠投资拉动，投资增长速度明显高于 GDP 和消费增长速度。根据世界银行测算，改革开放 30 年来中国年均 9.8% 的增长率，除了有 2 ~4 个百分点是由全要素生产率贡献外，其余 6 ~8 个百分点的增长率几乎都是来自投资的贡献（李锦，2012）。在短期内，投资有可能促进增长，但是，从长远来看，投资拉动型经济不仅不利于国民经济持续平稳发展，还将形成高投入、高消耗、高增长、低效益的恶性循环，只有将投资有效地转化为消费才能形成真正的内生成长动力。

一是容易引发导致银行贷款规模急剧扩张、银行体系的货币创造功能衍生巨额流动性过剩，“投资—债务—信贷”形成一个相互加强的风险循环，可能形成资产价格膨胀、通货膨胀和债务膨胀，甚至引发经济过热，导致我国整个经济体系的风险，损害增长的内生动力，使中长期增长面临更大的不确定性。

二是高投资引起能源消耗快速增加，造成严重的环境污染，给自然生态造成较大压力。

三是经过三十多年的发展，目前投资的边际效益下降，在投资拉动型经济模式下，要实现较快增长必须依赖更高的投资比率，不断加大投资规模会在短时间内积聚过剩的生产能力，而缺乏消费支撑的高投资容易造成投资消费失衡，加剧产能过剩，造成社会资源的极大浪费。

2.2.4 北京市率先形成需求拉动型经济的必要性

2008 年以来，北京开始逐步调整产业经济结构。在这一过程中，北京市经济增速一直处于全国各地方经济增速的末尾。2011 年、2012 年、2013 年虽然一直保持在 8% 左右，却一直为全国倒数第一、第二。2014 年以来，全国经济增速普遍受到产能过剩的影响，增速放缓。在这种情况下，北京却能保持一定的经济增速，得益于结构调整优势带来的内在增长动能。2014 年 2 月下旬，国家主席习近平同志在考察北京时提出，北京一要坚持和强化首都全国政治中心、文化中心、国际交往中心、科技创新中心的核心功能，深入实施人文北京、科技北京、绿色北京战略，建设成国际一流的和谐宜居之都；二要调整疏解非首都核心功能，优化产业特别是工业项目选择，突出高端化、服务化、集聚化、融合化、低碳化，有效控制人口规模，增强区域人口均衡分布，促进区域均衡发展。在这“四个中心”中，并没有“经济中心”。这并不是放弃经济发展，而是放弃发展大而全的经济体系，构建符合首都特点的经济结构。在消费方面，北京需要进一步统筹资源、建立促消费发展机制，巩固消费市场的发展优势、弥补消费结构不足，在率先形成消费拉动型经济格局的基础上，转变消费发展方式，全力扩大消费需求。

2.3 北京市率先形成消费拉动型经济模式的可能性

当前我国正处于经济转型的关键时期，面临着经济发展向消费增长主导转变的重要态势。几年来，北京市加快转变经济发展方式，推动产业结构优化升级，消费拉动经济增长作用得到增强。

2.3.1 消费拉动经济增长的能力持续增强

自 20 世纪 80 年代后期以来，北京市经济增长主要由投资拉动，1994 年投资率达 68.8%，投资对经济增长的贡献率达 97.5%，同期消费率仅为 53.6%，消费对经济增长的贡献率为 60.5%（刘梅英，2010）。近十余年以来，北京市消费率逐步上升，投资率逐步下降，2006 年消费率为 50.8%，投资率 48.9%，消费率开始超过投资率，消费对经济增长贡献率达 55.7%，投资对经济增长贡献率为 34.0%，在之后，继续保持这种格局，实现了消费和投资协调拉动经济的格局。根据北京市统计局、国家统计局北京调查总队对北京市经济数据的调查，2013 年北京市消费率为 61.3%，比 2012 年提高 1.7 个百分点，高于投资率 21 个百分点（刘梅英，2010）。2014 年，北京市消费率达到 62.5%，比 2013 年提高 1.1 个百分点，高出投资率 23.5 个百分点，消费对经济增长的贡献率达到 72.7%，接近发达国家 80% 左右的贡献率①。2011—2014 年，北京市平均消费率为 60.5%，高于投资率 20 个百分点；最终消费对经济增长的年均贡献率为 74.4%，高于投资贡献率 45.4 个百分点②。消费成为拉动北京经济增长的主要力量。

2.3.2 城乡居民收入增长加快③

1. 城乡就业稳定，居民工资性收入稳步增长

“十二五”期间，北京市社会经济运行平稳，从业人员增速保持在 2%～3%，失业率继续延续较低水平，2015 年年末城镇登记失业率为 1.39%，这为居民工资收入增长提供了支撑。就业方面，城镇居民家庭就业人口比重保持在 50% 左右；农村居民从业人员比重保持在 55% 左右。薪资方面，最低工资标准上调、企业工资指导线确定等因素共同推动企业职工薪资待遇提高。2015 年，中央单位和北京市启动机关事业单位养老保险改革和工资制度改革，对居民工资性收入有较大的拉动作用。2015 年，北京市居民人均工资性收入 30241 元，同比增长 9.7%，其中城镇和农村居民的人均工资性收入分别为 32568 元和 15491 元，同比增长 9.8% 和 8.6%④。

2. 居民经营净收入和财产性收入增长

2013—2014 年，北京市陆续出台了税费减免、审批松绑等政策，以减轻小微企业负担。2014 年 3 月 1 日起，北京市正式实施注册资本登记制度改革，进一步降低了企业投资创业门槛，新设企业大幅增加。在此带动下，

---

① 北京经济信息网．北京市 2014 年人均 GDP 近 10 万元［EB/OL］．http：//www.beinet.net.cn/sydh/wbkx/201509/t9448880.htm.

② 人民网．北京将成为中国首个超万亿元消费城市［EB/OL］．http：//finance.people.com.cn/n1/2015/1218/c1004－27948340.html.

③ 中国经济网．2014 年北京市城乡居民收支特点［EB/OL］．http：//district.ce.cn/newarea/roll/201506/24/t20150624_5728051.shtml.

④ 中国经济网．2015 年北京市城乡居民收支特点［EB/OL］．http：//district.ce.cn/newarea/roll/201601/21/t20160121_8451954.shtml.

2014 年北京市城镇居民人均经营净收入达 1670 元，同比增长 12.3%。农村方面，北京市深入推进“土地流转起来、资产经营起来、农民组织起来”的“新三起来”改革。鼓励农民以土地经营权入股，发展多种形式适度规模经营，探索盘活改建农村闲置房屋发展休闲养老、乡村酒店、乡村旅游，发展合作社辐射带动农户经营，加快土地流转确权，继续强化乡村集体资产管理经营、提高资产经营收益。农村居民成为新型集体经济组织的股东，集体股份分红水平逐年提高，农村居民获得的股权分红收益有较快增长。同时房屋租赁市场稳定，居民获得的出租房屋净收入也稳步增长。2014 年，北京市农村居民人均第二产业经营收入同比增长 51.3%。2015 年，全市居民人均财产净收入 7499 元，同比增长 7.1%。农村居民人均财产净收入 1204 元，同比增长 47.2%，其中，人均红利收入 403 元，同比增长 62.5%；人均出租房屋净收入 551 元，同比增长 54.3%。城镇居民人均财产净收入 8492 元，同比增长 6.5%，其中人均出租房屋净收入同比增长 30.4%。

3. 社会保障待遇标准持续提高，居民转移性收入稳步增长

2014 年 1 月起，北京城乡居民基础养老金、福利养老金、最低生活保障金等各项社会保障标准稳步提高，企业退休人员基本养老金平均上调 10%，城乡居民转移性收入稳步增长，城镇居民人均转移性收入 14363 元，比 2013 年增长 11.0%；农村居民人均转移性收入 3835 元，比 2013 年增长 11.3%。2015 年 1 月 1 日起，企业退休人员基本养老金、失业保险金和城乡低保标准等继续上调，增幅均在 10% 左右。2015 年，居民人均转移净收入 9297 元，同比增长 9.6%，其中人均养老金或离退休金 11816 元，同比增长 12.9%。

4. 农村居民收入增速连续七年高于城镇居民

2008—2013 年，北京市城镇居民人均可支配收入年均实际增速为 7.4%，农村居民人均纯收入年均实际增速为 8.6%，高于城镇居民 1.2 个百分点。2015 年，北京市农村居民收入增速连续七年高于城镇居民，城乡收入比继续缩小。2015 年，城镇居民人均可支配收入 52859 元，比上年增长 8.9%；农村居民人均可支配收入 20569 元，比上年增长 9.0%。扣除价格因素后，城乡居民收入实际增速分别为 7.0% 和 7.1%。“十二五”时期，城镇居民人均可支配收入年均实际增长 7.2%，农村居民人均可支配收入年均实际增长 7.8%。

5. 低收入居民收入增速继续高于全市平均增速

近年来，北京市增收政策向低收入群体倾斜，企业工资增长侧重一线员工，城乡低收入居民收入有较快增长。2013 年，北京市城镇和农村的 20% 低收入居民收入增速分别为 13.0% 和 14.7%，分别比全市城镇和农村居民收入平均增速高出 2.4 个和 3.4 个百分点。2014 年，城镇和农村的 20% 低收入居民收入增速分别为 14.4% 和 12.6%，分别比全市城镇和农村居民收入平均增速高出 5.5 个和 2.3 个百分点。2015 年，全市 20% 的低收入户人均可支配收入同比增长 10.9%，增速比全市平均增速高出 2.0 个百分点。

6. 城乡居民人均可支配收入增长与经济增长同步性增强

北京市城乡居民收入增长长期滞后于经济增长的状况逐步好转。2008—2010 年，城乡居民人均可支配收入年均实际增速分别为 7.6% 和 9.3%，分别比 GDP 年均 9.9% 的增速低 2.3 个和 0.6 个百分点。2011—2013 年，城乡居民人均可支配收入年均实际增速分别为 7.2% 和 7.8%，与 GDP 年均增速（7.8%）相比，城镇居民收入增速仍低 0.6 个百分点，农村居民收入增速已追平；2014 年，城乡居民人均可支配收入实际增速分别达到 7.2% 和 8.6%，城镇居民收入增速进一步接近 GDP 增速（7.3%），农村居民收入增速则比 GDP 增速高出 1.3 个百分点。2015 年，北京市 GDP 增长率为 6.9%。全市居民人均可支配收入增速为 8.9%，扣除价格因素，实际增长 7.0%。其中，城镇居民人均可支配收入增速为 8.9%，扣除价格因素，实际增长 7.0%；农村居民人均可支配收入增速为 9.0%，扣除价格因素，实际增长 7.1%。

2.3.3 消费增长相对较快、结构不断优化

“十二五”以来，北京市消费增长速度较快，已处于商品性消费增长放缓、服务性消费快速发展、消费重点由商品性消费向服务性消费转变的阶段，消费结构不断优化。

1. 城镇 8 大类消费全面增长

2014 年和 2015 年，北京市城镇居民八大类消费全面增长。2014 年，其他商品和服务类支出同比增长 20.6%，增速位居首位。农村居民八大类消费七升一降，其中家庭设备用品及服务类支出增速最高（19.0%），其次是其他商品和服务类（18.0%）。城乡居民人均其他商品和服务类支出持续保持快速增长态势，主要受理发洗浴、美容化妆、金银饰品等消费的快速增长带动。数据显示，2014 年北京市城镇居民人均理发洗澡费、美容费、化妆品、金银

珠宝饰品支出同比分别增长 37.4%、36.1%、23.2%和 14.7%；农村居民人均首饰、美容美发、化妆品支出同比分别增长 26.2%、25.0%和 15.3%。2015 年，交通和通信支出、医疗保健支出、教育文化和娱乐支出同比分别增长 25.5%、16.5%和 11.2%，位居增幅前三。分城乡看，城镇居民人均交通和通信支出、医疗保健支出、教育文化娱乐支出同比增幅均在 10%以上，食品烟酒、其他用品及服务、衣着支出同比增幅相对较低；农村居民除其他用品及服务、生活用品及服务支出同比降低外，其余六大类消费支出均有不同程度增长。2015 年，北京市社会消费品零售额首次突破 1 万亿元，这意味着北京将成为中国首个商品消费突破万亿元的城市，自 2008 年首次超过上海后，北京已连续七年保持全国最大的城市消费市场地位①。2016 年 1 ~8 月，全市实现社会消费品零售总额 6783.8 亿元，同比增长 4.3%，增速比 1 ~7 月提高 0.4 个百分点②

2. 居民服务性消费水平持续提升

2013 年北京市居民消费增长 9.1%，快于政府消费增速 0.9 个百分点，消费的内生动力增强（刘梅英，2010）。2014 年北京市居民服务性消费继续扩张，2014 年服务性消费额达 7405.2 亿元，占全市消费市场总规模的比重为 44.9%③，比重较 2013 年进一步提高。城乡居民人均服务性消费同比分别增长 10.7%和 9.8%，增速均高于全市人均消费支出增速；服务性消费占城乡居民人均消费的比重分别提高至 32.8%和 28.9%。其中，城镇居民人均参观游览、美容费、通信服务、家庭服务支出同比分别增长 50.5%、36.1%、24.3%和 16.8%；农村居民人均文化体育娱乐服务支出同比增长 45.3%。2015 年，北京市城乡居民服务性消费继续扩张，全市居民人均服务性消费支出 16368 元，同比增长 11.3%，其中城镇和农村分别增长 11.1%和 15.0%，增幅分别比商品性消费高 4.7 个和 9.7 个百分点；城乡居民服务性消费在城乡居民人均消费支出中所占比重由上年同期的 48.1%和 35.8%分别提高至 49.1%和 37.8%。全市居民服务性消费增长主要表现为交通、通信、医疗、

① 人民网．北京将成为中国首个超万亿元消费城市［EB/OL］．http：//finance. people. com. cn/n1/2015/1218/c1004 －27948340. html.

② 北京统计信息网．1 ~8 月北京社会消费品零售总额增长 4.3%［EB/OL］．http：//www. bjstats. gov. cn/zxfb/201609/t20160913_ 358723. html.

③ 北京经济信息网．北京市 2014 年人均 GDP 近 10 万元［EB/OL］．http：//www. beinet. net. cn/sydh/wbkx/201509/t9448880. htm.

文化娱乐等类别的服务消费较快增长①。

3. 互联网消费保持快速增长态势

得益于信息技术进步和网络资费下降，北京市城乡居民网购消费支出持续快速增长。数据显示，2014 年城镇居民人均通过互联网购买的商品或服务支出同比增长 42.3%，占人均消费支出的比重由 2013 年的 2.0% 提高至 2.6%；农村居民人均通过互联网购买的商品或服务支出同比增长 53.3%，占人均消费支出的比重由 2013 年的 0.7% 提高至 0.9%。

2.3.4　消费环境日趋完善

2008 年以来，北京市社会消费品零售额连续居全国城市之首，成为国内最大的城市消费市场，市场消费环境总体良好，但是也面临着有效供给难以满足消费需求、市场主体责任落实不够、消费者合理诉求未能得到及时有效满足、消费者权益保护体制机制和能力建设相对滞后等问题和挑战。同时，随着经济社会发展，人们的消费观念、方式和手段都发生了新的变化，电子商务、旅游、文化等新兴领域的消费快速增长。面对居民新的消费需求和持续增长的消费能力，北京市采取各种措施，加强消费环境建设，培育消费热点、拉动消费内需、规范市场秩序、保障消费者权益。

北京市积极把握消费需求持续增长、消费结构加快升级、消费拉动作用明显增强的新形势，为进一步优化消费环境，营造公平有序的市场秩序，保障消费者权益，促进消费持续快速增长，提升消费对经济的拉动作用，于 2014 年出台了《北京市人民政府关于进一步优化市场消费环境的意见》（京政发〔2014〕20 号，以下简称《意见》)。《意见》提出，通过强化市场主体责任，加强消费环境源头治理，加快推进企业诚信体系建设，紧扣社会普遍关切的问题，严格商品质量监管、规范网络经营行为、旅游市场秩序和房地产经纪行业行为，规范消费市场秩序，加大对消费者关注度高、消费纠纷多发的重点领域和突出问题的关注力度，畅通消费者诉求渠道、健全消费纠纷多元解决机制、保障消费者合法权益，加强消费教育引导，构建社会监督机制等工作措施，实现经营诚信自律、消费安全放心、投诉渠道畅通、政府监管到位的目标，营造北京市良好的商务环境、投资环境和发展环境。通过全

① 中国经济网 .2015 年北京市城乡居民收支特点［EB/OL］. http：//www.xbfqw.com/html/2016/beijingnongyexinxiwang_ 0304/724714.html.

面提升消费环境水平，加强诚信体系建设，保证商品安全质量，北京市很好地发挥了消费在投资、出口、消费这辆“三驾马车”中对经济发展的拉动作用。

从北京市经济发展趋势来看，促成消费拉动经济模式的内外部客观因素具有持续性和稳定性。当前，全市经济持续发展，人均收入不断提高，居民消费结构不断优化，消费需求向多元化、高端化发展，北京市在建设成国际一流的和谐宜居之都上具有十分明显的潜能。

3 北京市居民消费总量、结构和消费率的现状与变动

有关研究表明，一国或地区的城乡居民的消费总量、消费结构等与该国或地区的经济增长、产业结构等之间存在一定的关联性，特别是城乡居民的消费结构，与经济增长、产业结构两者之间均存在长期均衡关系。

随着社会经济的发展，北京市城乡居民的消费总量（消费总额）在1978—2013年呈逐年增长走势，而城乡居民的消费结构存在一定的差异。本部分根据《北京统计年鉴》中的相关数据，对北京市城乡居民的消费总量（总额）、消费结构和消费率的现状与变动状况等进行详尽的分析。

3.1 北京市居民消费总量的现状与变动

3.1.1 1978—2013年北京市居民消费总额的现状与变动状况

1. 全市居民消费的总额呈逐年增长走势，年均增速达到17.0%

1978—2013年，北京市居民消费的总额呈逐年增长走势（见表3-1和图3-1），从1978年的28.6亿元逐年增长至2013年的6974.3亿元，共增加了6945.7亿元，增长了242.86倍。在此期间的年均增速（名义增速，下同）超过了15%，达到了17.0%。

在此期间，北京市居民消费的总额在1994年首次超过500亿元（为504.2亿元），1999年首次跨过1000亿元的整数大关（为1075.9亿元），2005年首次越过2000亿元的整数关口（为2221.8亿元），2007年和2010年分别首次跨上3000亿元和4000亿元的新台阶（分别为3040亿元和4774亿元），2011年时首次突破5000亿元的整数大关（为5525亿元），2012年时首次跨上6000亿元的新台阶（为6203.3亿元），2013年时则离7000亿元的新台阶仅一步之遥。

另外，北京市居民消费的总额在2002—2005年每年都增长200多亿元，

2006 年则比 2005 年增长了 350 多亿元，2007—2008 年每年都增长 400 多亿元，2009 年比 2008 年增长了 500 多亿元，2012 年则比 2011 年增长了 650 多亿元，而在 2010 年、2011 年和 2013 年都较上一年增长了 750 多亿元。

2. 全市居民消费总额的年增速波动较大

北京市居民消费总额的年增速在 1978—2013 年波动很大（见表 3 - 1 和图 3 - 1），最高值为 1994 年的 42.07%，最低值为 1998 年的 6.63%，平均值为 17.32%。其中，有 1 年（1994 年）的年增速超过了 40%，有 4 年（1985 年、1988 年、1993 年和 1995 年）的年增速在 30% ~40%，有 4 年（1980 年、1986 年、1996 年和 2002 年）的年增速在 20% ~30%，另有 21 年的年增速在 10% ~20%，但仍有 5 年（分别为 1989 年、1998—2001 年）的年增速低于 10%。

从表 3 - 1 和图 3 - 1 可以看出，在此期间，北京市居民消费总额的年增速的变化可分成三个阶段。

第一个阶段为 1978—1997 年。在此阶段，北京市居民消费总额的年增速波动较大，总体呈波浪状，最高值为 1994 年的 42.07%、最低值为 1989 年的 8.77%，两者相差 33.3 个百分点，前者是后者的 4.8 倍；且除 1989 年外，其他各年的年增速均在 10% 以上，在此阶段的均值高达 20.52%，比 1978—2013 年的平均值水平高出 3.2 个百分点。这一阶段是 1978—2013 年，北京市居民消费总额的年增速最快且波动幅度最大的阶段。

第二个阶段为 1998—2001 年。在此阶段，北京市居民消费总额的年增速波动很小，最高值为 1999 年的 8.84%、最低值为 1998 年的 6.63%，两者仅相差 2.21 个百分点，前者是后者的 1.33 倍；且这 4 年的年增速都在 10% 以下；均值仅为 7.65%，比 1978—2013 年的平均值低 9.67 个百分点、只有其四成多。这一阶段是 1978—2013 年，北京市居民消费总额的年增速最低且波动幅度最小的阶段。

第三个阶段为 2002—2013 年。在此阶段，北京市居民消费总额的年增速波动不大，总体也呈波浪状，最高年为 2002 年的 22.75%、最低年为 2005 年的 12.24%，两者相差 10.51 个百分点，前者是后者的 1.86 倍；且除 2002 年的年增速超过 20% 以外，其他各年的年增速都在 10% ~20%，这 12 年的均值虽超过 15%、达到了 15.48%，但比 1978—2013 年的平均值仍低 1.84 个百分点。这一阶段是 1978—2013 年，北京市居民消费总额的年增速水平比较“平稳”的阶段。

表 3－1　1978—2013 年北京市居民消费总额及其年增速

年　份	1978	1979	1980	1981	1982	1983	1984	1985	1986	1987	1988	1989
居民消费总额（亿元）	28.6	31.5	39.6	44.2	48.8	54.6	64.8	88.7	109.9	124.3	161.9	176.1
增速（%）	—	10.14	25.71	11.62	10.41	11.89	18.68	36.88	23.90	13.10	30.25	8.77
年　份	1990	1991	1992	1993	1994	1995	1996	1997	1998	1999	2000	2001
居民消费总额（亿元）	194.1	225.7	260.7	354.9	504.2	672.8	815.5	927.0	988.5	1075.9	1155.8	1244.8
增速（%）	10.22	16.28	15.51	36.13	42.07	33.44	21.21	13.67	6.63	8.84	7.43	7.70
年　份	2002	2003	2004	2005	2006	2007	2008	2009	2010	2011	2012	2013
居民消费总额（亿元）	1528.0	1729.7	1979.5	2221.8	2587.6	3040.0	3466.5	3998.2	4774.0	5525.0	6203.3	6974.3
增速（%）	22.75	13.20	14.44	12.24	16.46	17.48	14.03	15.34	19.40	15.73	12.28	12.43

数据来源：根据北京市统计局、国家统计局北京调查总队，《北京统计年鉴·2014》，中国统计出版社 2014 年版中的相关数据整理、计算所得。

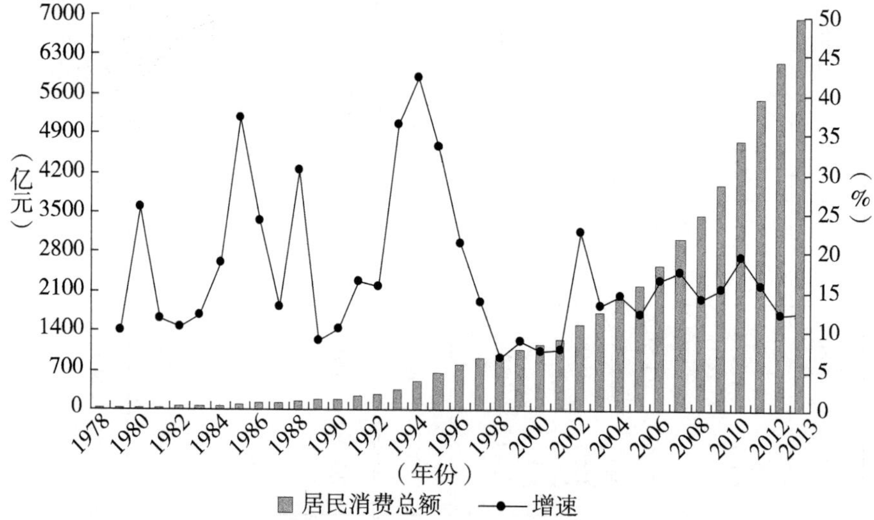

图3-1 1978—2013年北京市居民消费总额及其年增速

3.1.2 北京市居民消费总额与地区生产总值两者年增速的比较

1978—2013年，北京市地区生产总值（GDP）也呈逐年增长走势（见表3-2和图3-2），从1978年的108.8亿元逐年增长至2013年的19500.6亿元[①]，共增加了19391.8亿元，增长了178.23倍。在此期间的年均增速也超过了15%，达到了15.98%。但比同期的北京市居民消费总额的年均增速（为17.0%）低了1.02个百分点。

从表3-2和图3-2可以看出，在1978—2013年，北京市居民消费总额与同年全市地区生产总值两者之间的年增速的差距变化可分成三个阶段。

第一个阶段为1978—1996年。在此阶段，北京市居民消费总额的年增速水平大多超过同年全市地区生产总值的年增速水平，其中只有1979年、1982年、1983年、1987年、1989年、1991年和1992年这7年的年增速水平低于同年全市地区生产总值的年增速水平，其余年份的年增速水平都高于同年全市地区生产总值的年增速水平。

---

① 数据来源：北京市统计局、国家统计局北京调查总队，《北京统计年鉴·2014》，中国统计出版社2014年版。

表3-2 1978—2013年北京市居民消费总额年增速与地区生产总值年增速的比较

年份	1978	1979	1980	1981	1982	1983	1984	1985	1986	1987	1988	1989
地区生产总值增速（%）	—	10.39	15.82	0.07	11.28	18.21	18.30	18.70	10.81	14.71	25.52	11.17
居民消费总额增速（%）	—	10.14	25.71	11.62	10.41	11.89	18.68	36.88	23.90	13.10	30.25	8.77
年份	1990	1991	1992	1993	1994	1995	1996	1997	1998	1999	2000	2001
地区生产总值增速（%）	9.82	19.59	18.40	24.98	29.24	31.64	18.67	16.09	14.45	12.69	18.03	17.28
居民消费总额增速（%）	10.22	16.28	15.51	36.13	42.07	33.44	21.21	13.67	6.63	8.84	7.43	7.70
年份	2002	2003	2004	2005	2006	2007	2008	2009	2010	2011	2012	2013
地区生产总值增速（%）	16.37	16.04	20.49	15.52	16.48	21.30	12.88	9.34	16.13	15.15	10.01	9.07
居民消费总额增速（%）	22.75	13.20	14.44	12.24	16.46	17.48	14.03	15.34	19.40	15.73	12.28	12.43

数据来源：根据北京市统计局、国家统计局北京调查总队，《北京统计年鉴·2014》，中国统计出版社2014年版中的相关数据整理、计算所得。

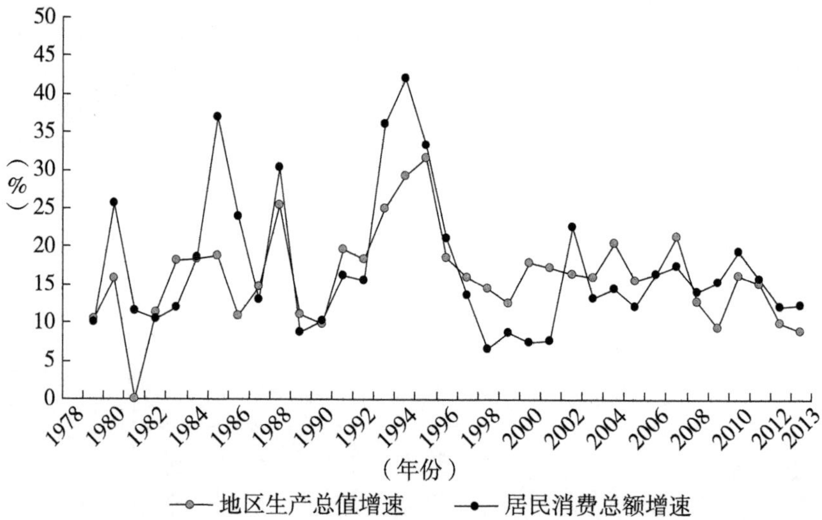

图 3－2　1978—2013 年北京市居民消费总额年增速与地区生产总值年增速的比较

在此阶段，北京市居民消费总额的年增速超过同年全市地区生产总值的年增速最多的年份是 1985 年，前者比后者高了 18.18 个百分点，是后者的 1.97 倍。除此之外，在 1981 年、1986 年、1993 年和 1994 年，北京市居民消费总额的年增速也都超出同年全市地区生产总值的年增速达 10 个百分点以上，分别超出 11.55 个百分点、13.09 个百分点、11.15 个百分点和 12.83 个百分点。

在此阶段，北京市居民消费总额的年增速的平均值为 20.9%，而全市地区生产总值的年增速的平均值为 17.07%，前者比后者高出 3.83 个百分点。这一阶段是 1978—2013 年北京市居民消费总额的年增速水平总体高于同年全市地区生产总值的年增速水平最多且波动幅度最大的阶段。

第二个阶段为 1997—2007 年。在此阶段，北京市居民消费总额的年增速除 2002 年外都低于同年全市地区生产总值的年增速，其中 2002 年前者高出后者 6.38 个百分点。

在此阶段，北京市居民消费总额的年增速低于同年全市地区生产总值的年增速最多的是 2000 年，前者比后者低了 10.6 个百分点。除此之外，1998 年、2001 年和 2004 年，北京市居民消费总额的年增速也都低于同年全市地区生产总值的年增速达 5 个百分点以上，分别低了 7.82 个百分点、9.58 个百分点和 6.05 个百分点。

在此阶段，北京市居民消费总额的年增速的平均值为 12.8%，而全市地区生产总值的年增速的平均值为 16.79%，前者比后者低了 3.99 个百分点。这一阶段是 1978—2013 年北京市居民消费总额的年增速水平基本都低于同年全市地区生产总值的年增速水平的阶段。

第三个阶段为 2008—2013 年。在此阶段，北京市居民消费总额的年增速水平都超过同年全市地区生产总值的年增速水平。在此阶段，北京市居民消费总额的年增速超过同年全市地区生产总值的年增速最多的年份是 2009 年，前者比后者高了 6 个百分点。而除此之外的 5 年，北京市居民消费总额的年增速超出同年全市地区生产总值的年增速都在 4 个百分点以内，分别超出 1.15 个百分点、3.27 个百分点、0.58 个百分点、2.27 个百分点和 3.36 个百分点。

在此阶段，北京市居民消费总额的年增速的平均值为 14.87%，而全市地区生产总值的年增速的平均值则为 12.1%，前后比后者高出 2.77 个百分点。这一阶段是 1978—2013 年，北京市居民消费总额的年增速水平每年都高于同年全市地区生产总值的年增速水平且波动幅度最小的阶段。

3.2　北京市居民消费结构的现状与变动

按照我国现行的统计方法，全国或一个地方的居民的消费支出被划分为 8 项，分别是：食品支出、衣着支出、居住支出、家庭设备用品及服务支出、医疗保健支出、交通和通信支出、教育文化娱乐服务支出、其他商品和服务支出，各项支出之间的比例关系就构成了居民的消费结构。

相关研究表明，随着城乡居民家庭和个人收入的增加，用于食品方面的支出的比例将逐渐减小，这一规律被称为“恩格尔定律”，反映这一规律的系数就是“恩格尔系数”。其计算公式为：

$$\text{恩格尔系数（\%）}=\frac{\text{食品支出总额}}{\text{家庭或个人消费支出总额}}\times 100\%$$

根据我国现行的统计方法，恩格尔系数是指城乡居民家庭人均消费性支出中用于食品方面的支出所占的比重。

由于食品方面的支出通常占一国或地区的城乡居民家庭人均消费性支出的主要部分，是考察一国或地区的城乡居民消费结构的重点指标，因此，本文先对北京市城乡居民家庭恩格尔系数的现状与变动状况进行分析，之后再分别分析北京市城镇居民和农村居民消费结构的现状与变动状况。

3.2.1 北京市城乡居民家庭恩格尔系数的现状与变动状况

1. 城镇居民家庭恩格尔系数总体呈下降后保持相对稳定的态势

1978—2013 年，北京市城镇居民家庭的恩格尔系数总体上呈先下降然后保持相对稳定的走势（见表 3－3 和图 3－3），2013 年为 31.1%，比 1978 年的 58.7% 下降了 27.6 个百分点，年均下降 0.79 个百分点。

北京市城镇居民家庭的恩格尔系数在 1978—2013 年波动很大（见表3－3 和图 3－3），最高值为 1982 年的 59.3%，最低值为 2006 年的 30.8%，最高值为最低值的 1.93 倍，在此期间的平均值为 44.4%。

表 3－3　1978—2013 年北京市城乡居民家庭的恩格尔系数　单位:%

年　份	1978	1979	1980	1981	1982	1983	1984	1985	1986	1987	1988	1989
城镇居民	58.7	57.9	55.3	57.7	59.3	58.8	56.8	50.6	50.9	52.7	51.1	55.3
农村居民	63.2	63.9	54.1	52.3	52.4	50.4	51.1	47.1	45.3	48.3	46.2	49.6
年　份	1990	1991	1992	1993	1994	1995	1996	1997	1998	1999	2000	2001
城镇居民	54.2	54.7	52.8	47.8	46.4	48.5	46.6	43.7	41.1	39.5	36.3	36.2
农村居民	50.7	48.8	48.7	46.8	49.2	49.6	46.4	44.7	42.2	40.0	36.7	34.9
年　份	2002	2003	2004	2005	2006	2007	2008	2009	2010	2011	2012	2013
城镇居民	33.8	31.7	32.2	31.8	30.8	32.2	33.8	33.2	32.1	31.4	31.3	31.1
农村居民	33.0	31.7	32.6	32.8	32.0	32.1	34.3	32.4	30.9	32.4	33.2	34.6

数据来源：根据北京市统计局、国家统计局北京调查总队，《北京统计年鉴·2014》，中国统计出版社 2014 年版中的相关数据整理所得。

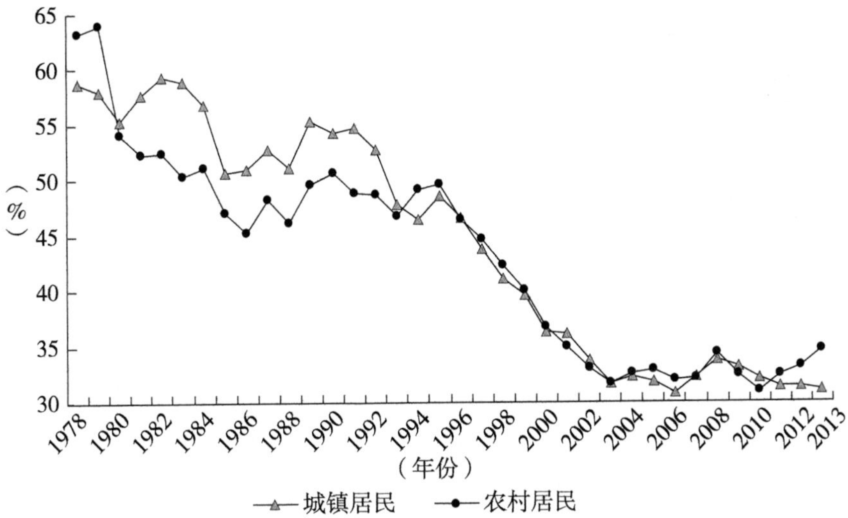

图 3-3 1978—2013 年北京市城乡居民家庭的恩格尔系数

1978—2013 年，北京市城镇居民家庭的恩格尔系数的变化可分成三个阶段。

第一个阶段为 1978—1992 年。在此阶段，北京市城镇居民家庭的恩格尔系数均保持在 50% ~60%（这表明在这一阶段，北京市城镇居民家庭中用于食品方面的支出占到了家庭消费总支出的一半以上），最高值为 1982 年的 59.3%，最低值为 1985 年的 50.6%；在此阶段的平均值高达 55.12%，比 1978—2013 年的平均值高出了 10.72 个百分点。

另外，在此阶段，北京市城镇居民家庭的恩格尔系数总体上也呈下降走势，具体可再细划分为“下降—回升—再下降—再反弹—继续下降”的五个子阶段走势，1992 年为 52.8%，比 1978 年的 58.7% 下降了 5.9 个百分点，年均下降 0.42 个百分点。

因此，这一阶段是 1978—2013 年，北京市城镇居民家庭的恩格尔系数总体处于高位并且是年均下降速度较快的阶段。

第二个阶段为 1993—2001 年。在此阶段，北京市城镇居民家庭的恩格尔系数除 1995 年外基本上呈逐年下降走势（其中 1995 年比 1994 年上升了 2.1 个百分点），从 1993 年的 47.8% 降至 2001 年的 36.2%，下降了 11.6 个百分点，年均下降 1.45 个百分点，分别是 1978—2013 年的年均下降水平的 1.84 倍、1978—1992 年这一阶段的年均下降水平的 3.45 倍。

另外，在此阶段，北京市城镇居民家庭的恩格尔系数一直保持在35% ~50%，最高值为1995年的48.5%，最低值为2001年的36.2%，在此期间的平均值降至42.9%，比1978—2013年的平均值低了1.5个百分点，比1978—1992年这一阶段的平均值则大幅下降了12.22个百分点。

总的来讲，1993—2001年这一阶段是1978—2013年北京市城镇居民家庭的恩格尔系数总体从高位向较低位下降并且是年均下降速度最快的阶段。

第三个阶段为2002—2013年。在此阶段，北京市城镇居民家庭的恩格尔系数总体呈倒“N”形下降走势，且波动幅度较小。2013年为31.1%，比2002年的33.8%下降了2.7个百分点，年均下降0.25个百分点，分别是1978—2013年的年均下降水平的0.32倍、1978—1992年的年均下降水平的0.6倍和1993—2001年的年均下降水平的0.17倍。

另外，在此阶段，北京市城镇居民家庭的恩格尔系数一直保持在30% ~34%，最高为2002年及2008年的33.8%，最低为2006年的30.8%，在此阶段的平均值进一步降至32.12%，比1978—2013年的平均值低了12.28个百分点，比1978—1992年这一阶段的平均值则大幅下降了23个百分点，比1993—2001年这一阶段的平均值也下降了10.78个百分点。

因此，这一阶段是1978—2013年北京市城镇居民家庭的恩格尔系数总体上处于低位并且年均下降速度最慢的阶段。

2. 农村居民家庭恩格尔系数总体上也呈下降后保持相对稳定的态势

1978—2013年，北京市农村居民家庭的恩格尔系数总体走势与北京市城镇居民家庭的恩格尔系数总体走势相似，也呈先下降然后保持相对稳定的走势（见表3-3和图3-3），其中，2013年为34.6%，比1978年的63.2%下降了28.6个百分点，年均下降0.82个百分点，仅比同期的北京市城镇居民家庭恩格尔系数的年均下降值高出0.03个百分点。

北京市农村居民家庭的恩格尔系数在1978—2013年的波动幅度也很大（见表3-3和图3-3），最高值为1979年的63.9%，最低值为2010年的30.9%，最高值为最低值的2.07倍，在此期间的平均值为43.18%，但比同期的北京市城镇居民家庭恩格尔系数的平均值低了1.22个百分点。

1978—2013年，北京市农村居民家庭的恩格尔系数的变化可分成四个阶段。

第一个阶段为1978—1984年。在此阶段，北京市农村居民家庭的恩格尔系数均保持在50%～64%（这表明在这一阶段，北京市农村居民家庭中用于食品方面的支出占到了家庭消费总支出的一半以上），最高值为1979年的63.9%，最低值为1983年的50.4%，在此阶段的平均值高达55.34%，比1978—2013年的平均值高出了12.16个百分点，是后者的1.28倍。

在此阶段，北京市农村居民家庭的恩格尔系数总体也呈下降走势，具体可再细划分为“上升—下降—反弹—再下降—再反弹”的五个子阶段走势，1984年为51.1%，比1978年的63.2%下降了12.1个百分点，年均下降2.02个百分点。

因此，这一阶段是1978—2013年，北京市农村居民家庭的恩格尔系数总体处于高位并且是年均下降速度较快的阶段。

第二个阶段为1985—1995年。在此阶段，北京市农村居民家庭的恩格尔系数总体呈“W”形窄幅波动走势。1995年为49.6%，比1985年的47.1%上升了2.5个百分点，年均仅下降了0.25个百分点，分别是1978—2013年的年均下降水平的0.3倍和1978—1984年的年均下降水平的0.12倍。

另外，在此阶段，北京市农村居民家庭的恩格尔系数除1990年略超过50%以外，基本保持在45%～50%，最高值为1990年的50.7%，最低值为1986年的45.3%，在此阶段的平均值降至48.21%，仍比1978—2013年的平均值高出5.03个百分点，但比起1978—1984年的平均值则下降了7.13个百分点。

总的来讲，这一阶段是1978—2013年，北京市农村居民家庭的恩格尔系数总体处于较高水平且是年均下降速度较慢的阶段。

第三个阶段为1996—2000年。在此阶段，北京市农村居民家庭的恩格尔系数呈逐年下降走势，从1996年的46.4%逐年降至2000年的36.7%，共下降了9.7个百分点，年均下降2.43个百分点，分别是1978—2013年的年均下降水平的2.96倍、1978—1984年的年均下降水平的1.2倍和1985—1995年的年均下降水平的9.72倍。

另外，在此阶段，北京市农村居民家庭的恩格尔系数一直保持在35%以上，但低于50%，最高值为1996年的46.4%，最低值为2000年的36.7%，在此期间的平均值进一步降至42.0%，比1978—2013年的平均值低了1.18个百分点，比1978—1984年的平均值则大幅下降了13.34个百分点，比1985—1995年的平均值也下降了6.21个百分点。

因此，1996—2000年这一阶段是1978—2013年之中，北京市农村居民家庭的恩格尔系数总体从高位向较低位下降并且是年均下降速度最快的阶段。

第四个阶段为2001—2013年。在此阶段，北京市农村居民家庭的恩格尔系数总体呈“W”形窄幅波动走势。2013年为34.6%，比2001年的34.9%仅下降了0.3个百分点，年均下降不足0.03个百分点，不到1978—2013年的年均下降水平的0.04倍，只有1978—1984年的年均下降水平的0.01倍多，是1985—1995年的年均下降水平的0.12倍，是1996—2000年的年均下降水平的0.01倍。

此外，在此阶段，北京市农村居民家庭的恩格尔系数一直保持在30%～35%，最高值为2001年的34.9%，最低值为2010年的30.9%，在此期间的平均值进一步降至32.84%，比1978—2013年的平均值低了10.34个百分点，比1978—1984年的平均值则大幅下降了22.5个百分点，比1985—1995年的平均值也大幅下降了15.37个百分点，而比1996—2000年的平均值也下降了9.16个百分点。

总的来讲，2001—2013年这一阶段是1978—2013年之中，北京市农村居民家庭的恩格尔系数总体中处于低位并且是年均下降速度最慢的阶段。

另外，从表3－3和图3－3可以看出，北京市农村居民家庭的恩格尔系数在1978—1979年都高于同年的北京市城镇居民家庭的恩格尔系数，年均高出后者5.25个百分点；而在1980—1993年都低于同年的北京市城镇居民家庭的恩格尔系数，年均低于后者4.73个百分点；但在1994—2000年除1996年外都略高于同年的北京市城镇居民家庭的恩格尔系数，年均高出后者0.96个百分点；在2001—2002年都低于同年的北京市城镇居民家庭的恩格尔系数，年均低于后者1.05个百分点；2003年两者持平；在2004—2013年，除2007年、2009年和2010年之外，则大多稍高于同年的北京市城镇居民家庭的恩格尔系数，年均高出后者0.74个百分点。由此可以看出，从1994年以来，北京市农村居民家庭的恩格尔系数与城镇居民家庭的恩格尔系数之间的差距一直很小。

3.2.2 北京市城镇居民家庭人均消费性支出的构成状况

受统计数据的限制，下面仅分别具体分析2000年以来的北京市城镇居民和农村居民消费结构的现状与变动状况。

1. 食品方面的支出占比虽总体呈下降走势，但仍占30%以上且一直占据首位

2000—2013年，北京市城镇居民家庭的人均消费性支出构成中，用于食品方面的支出比例虽总体呈下降走势，但仍占30%以上且一直占据首位（见表3-4和图3-4），其中，2013年为31.1%，比2000年的36.3%下降了5.2个百分点，年均下降0.4个百分点；在此期间的占比最低为2006年的30.8%，最高为2000年的36.3%；这14年的均值水平为32.71%，也排在首位。

2. 交通和通信方面的支出占比总体呈上升走势，近几年达到15%以上且排名升至第2位

2000—2013年，北京市城镇居民家庭的人均消费性支出构成中，用于交通和通信方面的支出比例总体呈上升走势（见表3-4和图3-4），其中，2013年为15.6%，比2000年的7.1%上升了8.5个百分点，年均上升0.65个百分点，是上升"速度"最快的；在此期间的占比最低为2000年的7.1%，最高为2010年的17.2%；这14年的均值水平为13.9%，位列第3。

在此期间，北京市城镇居民家庭的人均消费性支出构成中，交通和通信方面的占比除2000年和2001年均不到9%以外（这两年均排在倒数第4位），从2002年开始均在12%以上，排名升至第3位且一直保持到2008年；而从2009年开始一直保持在15%以上，且从2009开始超出之前一直排在第2位的教育文化娱乐服务方面所占的比例从而位居第2并一直保持到2013年。

3. 教育文化娱乐服务方面的支出占比总体呈"之"字形走势且波动幅度不大，基本保持在15%但排名下降1位至第3位

2000—2013年，北京市城镇居民家庭的人均消费性支出构成中，用于教育文化娱乐服务方面的支出比例总体呈"之"字形走势且波动幅度不大（见表3-4和图3-4），其中，2013年为15.2%，仅比2000年的15.1%微升了0.1个百分点，年均微升不足0.01个百分点；在这期间的占比最低为2008年的14.5%，最高为2003年的17.7%；这14年的均值水平为15.88%，位列第2。

在此期间，北京市城镇居民家庭的人均消费性支出构成中，教育文化娱乐服务方面的占比在2000—2007年均超过15%且总体呈倒"V"形走势，这8年的均值水平为16.6%；但在2008—2010年均降至不足15%的水平，这3

年的均值水平为 14.63%；而在 2011—2013 年均反弹至 15% 的水平上，这 3 年的均值水平为 15.2%。

另外，教育文化娱乐服务方面的占比在 2000—2008 年均位列第 2，但从 2009 年开始被交通和通信方面的占比反超出，从而下降 1 位，位列第 3 并一直保持到 2013 年。

4. 衣着方面的支出占比总体呈上升走势，近几年达到 10% 以上且排名升至第 4 位

2000—2013 年，北京市城镇居民家庭的人均消费性支出构成中，用于衣着方面的支出比例总体呈上升走势（见表 3－4 和图 3－4），其中，2013 年为 10.6%，比 2000 年的 8.9% 上升了 1.7 个百分点，年均仅上升了 0.13 个百分点；在此期间的占比最低为 2003 年的 8.2%，最高为 2012 年的 11.0%；这 14 年的均值水平为 9.55%，位列第 4。

在此期间，北京市城镇居民家庭的人均消费性支出构成中，衣着方面的占比在 2000—2008 年均在 8%～10% 且总体呈倒“N”形走势，这 9 年的均值水平为 9.04%；但在 2009—2013 年均升至 10% 的水平及之上，这 5 年的均值水平为 10.46%。

此外，衣着方面的占比在 2000—2001 年均位列第 4，但在 2002 年时骤降至第 6 位并一直保持到 2004 年，2005 年时回升至第 5，2006 年进一步回升到第 4 位并一直保持到 2013 年。

5. 居住方面的支出占比总体也呈上升走势且排名升至第 5 位，但一直不足 10%

2000—2013 年，北京市城镇居民家庭的人均消费性支出构成中，用于居住方面的支出比例总体呈上升走势（见表 3－4 和图 3－4），其中，2013 年为 8.1%，比 2000 年的 6.9% 上升了 1.2 个百分点，年均仅上升了 0.09 个百分点；在此期间的占比最低为 2001 年的 6.6%，最高为 2002 年的 9%；这 14 年的均值水平为 8%，位列第 6。

在此期间，北京市城镇居民家庭的人均消费性支出构成中，居住方面的占比除 2000 年和 2001 年均不到 7%、2002 年达到 9%（最高值）以外，其他年份均在 7%～9% 窄幅波动。

另外，居住方面的占比在 2000 年位列第 6，2001 年降至第 7，但在 2002 年骤升至第 5 位并一直保持到 2004 年，2005 年时降回第 6 位并一直保持到 2009 年，2010 年再次回升至第 5 位并一直保持到 2013 年。

表 3－4　**2000—2013 年北京市城镇居民家庭的人均消费性支出构成**　单位：%

类别＼年份	2000	2001	2002	2003	2004	2005	2006	2007	2008	2009	2010	2011	2012	2013
食　品	36. 3	36. 2	33. 8	31. 7	32. 2	31. 8	30. 8	32. 2	33. 8	33. 2	32. 1	31. 4	31. 3	31. 1
衣　着	8. 9	9. 2	8. 4	8. 2	8. 7	8. 9	9. 7	9. 9	9. 5	10. 0	10. 4	10. 3	11. 0	10. 6
居　住	6. 9	6. 6	9. 0	8. 6	8. 7	7. 9	8. 2	8. 1	7. 8	7. 2	7. 9	8. 8	8. 2	8. 1
家庭设备用品及服务	12. 9	9. 5	6. 2	6. 3	6. 8	6. 4	6. 6	6. 4	6. 7	6. 8	6. 9	7. 1	6. 7	7. 5
医疗保健	6. 9	7. 6	9. 2	8. 9	9. 7	9. 8	8. 9	8. 4	9. 5	7. 8	6. 7	6. 9	6. 9	6. 6
交通和通信	7. 1	8. 6	12. 4	15. 2	12. 8	14. 7	14. 7	15. 2	13. 9	15. 5	17. 2	16. 0	15. 7	15. 6
教育文化娱乐服务	15. 1	16. 0	17. 6	17. 7	17. 3	16. 5	17. 0	15. 6	14. 5	14. 8	14. 6	15. 0	15. 4	15. 2
其他商品和服务	5. 9	6. 3	3. 4	3. 4	3. 8	4. 0	4. 1	4. 2	4. 3	4. 7	4. 2	4. 5	4. 8	5. 3
合　计	100	100	100	100	100	100	100	100	100	100	100	100	100	100

数据来源：根据北京市统计局、国家统计局北京调查总队，《北京统计年鉴》，中国统计出版社 2001—2014 年版中的相关数据整理所得。

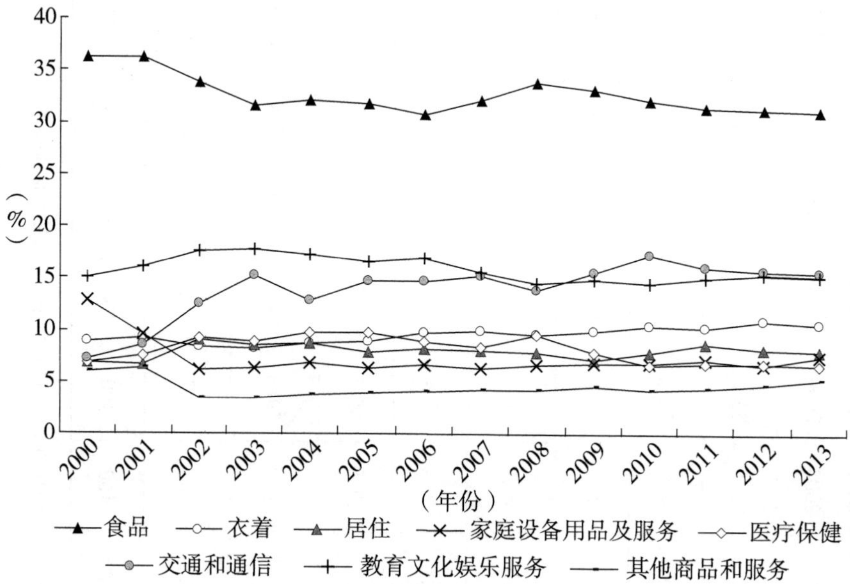

图 3-4　2000—2013 年北京市城镇居民家庭的人均消费性支出构成

6. 医疗保健方面的支出占比总体呈倒"V"形走势且排名也降回至倒数第 2 位

2000—2013 年，北京市城镇居民家庭的人均消费性支出构成中，用于医疗保健方面的支出比例总体呈倒"V"形走势（见表 3-4 和图 3-4），其中，2013 年为 6.6%，比 2000 年的 6.9% 下降了 0.3 个百分点，年均仅微降了 0.02 个百分点；在此期间的占比最低为 2013 年的 6.6%，最高为 2005 年的 9.8%；这 14 年的均值水平为 8.13%，位列第 5。

在此期间，北京市城镇居民家庭的人均消费性支出构成中，医疗保健方面的占比在 2000—2005 年之中，除 2003 年比 2002 年下降 0.3 个百分点外，呈逐年上升走势，2005 年达到最高值 9.8%，这 6 年的均值水平为 8.68%；但在 2006 年和 2007 年均连年下降至不足 9%，之后虽然在 2008 年反弹至 9.5%，但 2009 年进一步降至不足 8%，而从 2010 年开始更降至 7% 以下。

此外，医疗保健方面的占比在 2000 年位列第 7，2001 年升至第 6 位，2002 年骤升至第 4 位并一直保持到 2005 年，2006 年时降至第 5 位并一直保持到 2009 年，2010 年再次降回至第 7 位，之后除 2012 年暂回升至第 6 位外，则一直保持在第 7 位。

7. 家庭设备用品及服务方面的支出占比总体呈“L”形走势且排名基本降至倒数第2、第3位

2000—2013年，北京市城镇居民家庭的人均消费性支出构成中，用于家庭设备用品及服务方面的支出比例总体呈“L”形走势（见表3-4和图3-4），其中，2013年为7.5%，比2000年的12.9%下降了5.4个百分点，年均下降了0.42个百分点，是下降“速度”最快的；在此期间的占比最低为2002年的6.2%，最高为2000年的12.9%；这14年的均值水平为7.34%，位列第7。

在此期间，北京市城镇居民家庭的人均消费性支出构成中，家庭设备用品及服务方面的占比在2000年曾超过10%达到了12.9%，但2001年骤降至10%以内（为9.5%），降幅高达3.4个百分点，降了25%以上；2002年更进一步，降至6%的水平上（为6.2%），降幅也高达3.3个百分点。从2003年开始虽有所回升，但除2011年和2013年曾回升至7%的水平上之外（分别达到了7.1%和7.5%），其他年份一直处在6%~7%。

另外，家庭设备用品及服务方面的占比在2000年和2001年时均位列第3位，但在2002年时骤降至第7位并一直保持到2009年，2010年回升至第6位，之后除2012年暂降回至第7位外则一直保持在第6位。

8. 其他商品和服务方面的支出占比总体呈“V”形下降走势且一直居于末位

2000—2013年，北京市城镇居民家庭的人均消费性支出构成中，用于其他商品和服务方面的支出比例总体呈“V”形下降走势，并且一直居于末位（见表3-4和图3-4），其中，2013年为5.3%，比2000年的5.9%下降了0.6个百分点，年均下降不足0.05个百分点；在此期间的占比最低值为2002年和2003年的3.4%，最高为2001年的6.3%；这14年的均值水平为4.49%，也居于末位。

另外，在2000—2013年，其他商品和服务方面的占比除2001年曾达到6%以上、2000年和2013年在5%~6%外，在2002—2004年均降至3%~4%；在2005年回升至4%，在2006—2012年均处于4%~5%。

3.2.3 北京市农村居民家庭人均消费性支出的构成状况

1. 食品方面的支出占比总体呈波浪式下降走势，但仍占 30% 以上且一直占据首位

2000—2013 年，北京市农村居民家庭的人均消费性支出构成中，用于食品方面的支出比例虽总体呈波浪式下降走势，但仍占 30% 以上且一直位居首位（见表 3 - 5 和图 3 - 5），其中，2013 年为 34.6%，较 2000 年的 36.7% 下降了 2.1 个百分点，年均下降 0.16 个百分点；在此期间的占比最低为 2010 年的 30.9%，最高为 2000 年的 36.7%；这 14 年的均值水平为 33.11%，也占据首位。

在此期间，食品方面的占比在 2000—2003 年是逐年下降的，从 2000 年的 36.7% 逐年降至 2003 年的 31.7%，下降了 5 个百分点，年均下降了 1.67 个百分点，是 2000 年后下降速度较快的阶段；在 2004—2008 年呈 "N" 形回升走势，2008 年回升至 34.3%，较 2003 年回升了 2.6 个百分点，年均回升 0.52 个百分点；在 2009—2013 年呈 "V" 形回升走势，2013 年回升至 34.6%，较 2008 年回升了 0.3 个百分点，年均仅回升 0.06 个百分点。

2. 居住方面的支出占比总体呈 "M" 形微幅上升走势，一直在 15% 以上且位居第 2

2000—2013 年，北京市农村居民家庭的人均消费性支出构成中，用于居住方面的支出比例总体呈 "M" 形上升走势（见表 3 - 5 和图 3 - 5），其中，2013 年为 17.6%，较 2000 年的 15.7% 上升了 1.9 个百分点，年均仅上升不足 0.15 个百分点；在此期间的占比最低为 2006 年的 15.6%，最高为 2010 年的 21.8%；这 14 年的均值水平为 17.92%，也位列第 2。

北京市农村居民家庭的人均消费性支出构成中，居住方面的占比在 2000—2003 年总体呈上升走势，2003 年升至 19.8%，较 2000 年上升了 4.1 个百分点，年均上升了 1.37 个百分点；但在 2004—2006 年则呈逐年下降走势，其中 2004 年较 2003 年骤降了 2.7 个百分点，到 2006 年降至 2000 年后的最低点（为 15.6%），较 2003 年共下降了 4.2 个百分点，年均下降 1.4 个百分点；而在 2007—2010 年，除 2008 年较 2007 年微降了 0.1 个百分点则基本呈逐年上升走势，2010 年升至 2000 年后的最高点（为 21.8%），较 2006 年上升了 6.2 个百分点，年均上升 1.55 个百分点，是 2000 年后上升最快的时期。但从 2011 年起，居住方面的占比又呈逐年下降走势，到 2013 年时降至 17.6%，较 2010 年共下降了 4.2 个百分点，年均也下降 1.4 个百分点。

表 3－5　**2000—2013 年北京市农村居民家庭的人均消费性支出构成**　单位：%

类别＼年份	2000	2001	2002	2003	2004	2005	2006	2007	2008	2009	2010	2011	2012	2013
食　品	36.7	34.9	33.0	31.7	32.6	32.8	32.0	32.1	34.3	32.4	30.9	32.4	33.2	34.6
衣　着	7.6	7.7	7.5	7.1	7.4	7.8	7.9	7.7	7.8	7.7	7.7	7.8	8.0	8.7
居　住	15.7	17.1	17.0	19.8	17.1	16.2	15.6	17.0	16.9	19.4	21.8	21.2	18.5	17.6
家庭设备用品及服务	7.3	7.0	6.7	5.8	5.4	6.2	6.1	5.7	6.3	6.5	5.6	6.5	6.5	6.6
医疗保健	8.0	7.6	8.8	8.3	8.7	9.0	9.8	9.4	9.9	9.4	8.9	9.3	9.5	8.6
交通和通信	6.3	7.3	8.4	10.1	11.2	11.0	12.3	12.8	11.6	12.1	13.0	11.1	11.8	10.7
教育文化娱乐服务	14.4	14.3	14.7	15.4	15.8	15.1	14.3	13.2	11.4	10.5	9.7	9.1	9.7	9.8
其他商品和服务	4.0	4.1	3.9	1.8	1.8	1.9	2.0	2.1	1.8	2.0	2.4	2.6	2.8	3.4
合　计	100	100	100	100	100	100	100	100	100	100	100	100	100	100

数据来源：根据北京市统计局、国家统计局北京调查总队，《北京统计年鉴》，中国统计出版社 2001—2014 年版中的相关数据整理所得。

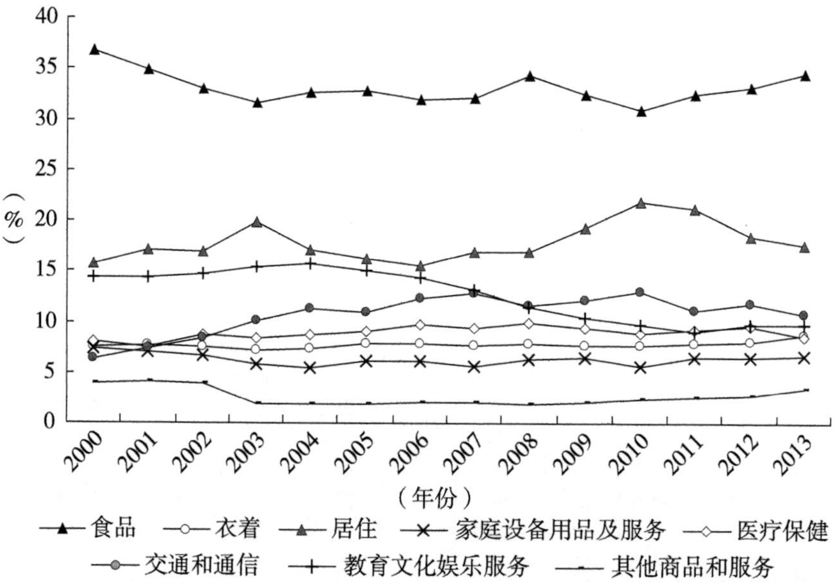

图 3－5 2000—2013 年北京市农村居民家庭的人均消费性支出构成

3. 交通和通信方面的支出占比总体也呈"M"形小幅上升走势，近些年均在 10%以上且排名升至第 3 位

2000—2013 年，北京市农村居民家庭的人均消费性支出构成中，用于交通和通信方面的支出比例总体也呈"M"形上升走势（见表 3－5 和图3－5），其中，2013 年为 10.7%，较 2000 年的 6.3%上升了 4.4 个百分点，年均上升 0.34 个百分点，也是上升"速度"最快的；在此期间的占比最低为 2000 年的 6.3%，最高为 2010 年的 13.0%；这 14 年的均值水平为 10.69%，位列第 4。

北京市农村居民家庭的人均消费性支出构成中，交通和通信方面的占比除在 2000—2002 年均保持在 6%～9%外，从 2003 年起则一直保持在 10%以上。其中，在 2000—2007 年，除 2005 年较 2004 年微降了 0.2 个百分点则基本呈逐年上升走势，2007 年较 2000 年上升了 6.5 个百分点，年均上升了 0.93 个百分点，是 2000 年后上升最快、最长的时期。2008 年有所回落，但仍保持在 10%以上。2009 年和 2010 年连年回升，并在 2010 年创 2000 年后的新高，但从 2011 年起又回落至 11%左右。

另外，交通和通信方面的占比在 2000 年时排在第 7 位，2001 年升至第 6 位，2002 年升至第 5 位，2003 年升至第 4 位并一直保持到 2007 年，2008 年时进一步升至第3位并一直保持到2013年。

4. 教育文化娱乐服务方面的支出占比总体呈“之”字形下降走势，近几年降至不足10%且排名下降1位至第4位

2000—2013年，北京市农村居民家庭的人均消费性支出构成中，用于教育文化娱乐服务方面的支出比例总体呈“之”字形下降走势（见表3－5和图3－5），其中，2013年为9.8%，较2000年的14.4%下降了4.6个百分点，年均下降0.35个百分点，是下降“速度”最快的；在此期间的占比最低值为2011年的9.1%，最高值为2004年的15.8%；这14年的均值水平为12.67%，位列第3。

北京市农村居民家庭的人均消费性支出构成中，教育文化娱乐服务方面的占比在2000—2004年除2001年较2000年微降了0.1个百分点则基本呈逐年上升走势，2004年较2000年上升了1.4个百分点，年均上升了0.35个百分点。但从2005年开始呈逐年下降走势，2010年降至不足10%，2011年则创2000年后的最低点（9.1%），较2004年共下降了6.7个百分点，年均下降近0.96个百分点。2012年和2013年虽逐年回升，但仍不足10%。

此外，教育文化娱乐服务方面的占比在2000—2007年均位列第3，但从2008年开始被交通和通信方面的占比反超出从而下降1位，位列第4，之后到2013年除2011年曾降至第5位之外则均保持在第4位。

5. 医疗保健方面的支出占比总体呈波浪形微幅上升走势，排名基本维持在第5位

2000—2013年，北京市农村居民家庭的人均消费性支出构成中，用于医疗保健方面的支出比例总体呈波浪形微幅上升走势（见表3－5和图3－5），其中，2013年为8.6%，较2000年的8.0%仅上升了0.6个百分点，年均微升不到0.05个百分点；在此期间的占比最低为2001年的7.6%，最高为2008年的9.9%；这14年的均值水平为8.94%，位列第5。

北京市农村居民家庭的人均消费性支出构成中，医疗保健方面的占比在2000—2004年除2001年不足8%以外，其他年份均在8%～9%，这5年的均值水平为8.28%；而从2005年开始升至9%，到2009年一直保持在9%～10%，这5年的均值水平为9.5%。但在2010年回落到9%以内，2011年和2012年虽连续回升至9%～10%，而2013年又回落到9%以下。

另外，医疗保健方面的占比在2000年位列第4，2001年降至第5位，2002

年反弹升至第 4 位，2003 年回落至第 5 位并一直保持到 2010 年，2011 年再次回升至第 4 位，2012 年又回落至第 5 位，2013 年更进一步下降至第 6 位。

6. 衣着方面的支出占比总体呈微幅上升走势，排名基本保持在倒数第 3 位

2000—2013 年，北京市农村居民家庭的人均消费性支出构成中，用于衣着方面的支出比例总体呈微幅上升走势（见表 3 - 5 和图 3 - 5），其中，2013 年为 8.7%，较 2000 年的 7.6% 上升了 1.1 个百分点，年均仅上升 0.08 个百分点；在此期间的占比最低值为 2003 年的 7.1%，最高值为 2013 年的 8.7%；这 14 年的均值水平为 7.74%，位列第 6。

北京市农村居民家庭的人均消费性支出构成中，衣着方面的占比在 2000—2011 年均在 7% ~8% 窄幅波动，这 12 年的均值水平为 7.64%；而在 2012 年上升至 8%，并在 2013 年升至 2000 年以来的最高值。

此外，衣着方面的占比在 2000 年时曾位列第 5，2001 年曾升至第 4 位，但在 2002 年时骤降至第 6 位并一直保持到 2012 年，2013 年时反弹至第 5 位。

7. 家庭设备用品及服务方面的支出占比总体呈微幅下降走势且排名基本保持在倒数第 2 位

2000—2013 年，北京市农村居民家庭的人均消费性支出构成中，用于家庭设备用品及服务方面的支出比例总体呈微幅下降走势（见表 3 - 5 和图 3 - 5），其中，2013 年为 6.6%，较 2000 年的 7.3% 仅下降了 0.7 个百分点，年均仅下降了 0.05 个百分点；在此期间的占比最低为 2004 年的 5.4%，最高为 2000 年的 7.3%，这 14 年的均值水平为 6.3%，位列第 7。

北京市农村居民家庭的人均消费性支出构成中，家庭设备用品及服务方面的占比在 2000—2004 年呈逐年下降走势，2004 年降至 2000 年后的最低点（为 5.4%），较 2000 年共下降了 1.9 个百分点，年均下降近 0.48 个百分点；2005 年回升至 6% 以下，直至 2013 年，除 2007 年和 2010 年曾回落至 6% 以下（分别为 5.7% 和 5.6%）外，其他年份均保持在 6% ~7%。

另外，家庭设备用品及服务方面的占比在 2000 年时曾位列第 6，2001 年时降至第 7 位并一直保持到 2013 年。

8. 其他商品和服务方面的支出占比总体呈“V”形下降走势且一直居于末位

2000—2013 年，北京市农村居民家庭的人均消费性支出构成中，用于其他商品和服务方面的支出比例总体呈“V”形下降走势，并且一直居于末位

（见表3－5和图3－5），其中，2013年为3.4%，较2000年的4.0%仅下降了0.6个百分点，年均下降不足0.05个百分点，是下降“速度”最慢的；在此期间的占比最低为2003年、2004年和2008年的1.8%，最高为2001年的4.1%；这14年的均值水平仅为2.61%，也居于末位。

其他商品和服务方面的占比在2000—2001年曾达到4%，但2002年降至不足4%，2003年骤降至2%以下，且不到2000—2002年每年的一半，2004年和2005年仍维持在2%以下；2006年回升至2%，之后除2008年再回落至2%以内之外，直至2012年均保持在2%～3%，2013年则回升至3%以上。

3.3　北京市居民消费率的现状与变动

3.3.1　北京市居民消费率的现状与变动状况

1. 北京市的最终消费率的现状与变动状况

北京市的最终消费率在1978—2013年总体呈波浪状上升走势（见表3－6和图3－6），其中，2013年为61.26%，较1978年的48.71%上升了12.55个百分点，年均上升近0.36个百分点；最低值为1980年的41.19%，最高值为2013年的61.26%，最高值为最低值的1.49倍；在此期间的平均值为52.33%。其中，1978—1985年均处在40%～50%；在1986—2012年除1992年不足50%（为48.16%）外均处在50%～60%，且有11年超过55%，而在2013年终于超过60%。

1978—2013年，北京市的最终消费率的变化可具体划分成六个阶段（见图3－6）。

第一个阶段为1978—1980年。在此阶段，北京市的最终消费率呈逐年下降走势（见图3－6），从1978年的48.71%逐年降至1980年的41.19%，共下降了7.52个百分点，年均下降3.76个百分点，是下降速度最快的阶段；此阶段的均值水平为45.34%，是六个阶段中最低的，比1978—2013年的均值水平低了6.99个百分点。其中，1980年较1979年大幅下降了4.94个百分点，是1978年后下降幅度最大的年度。

表 3－6　1978—2013 年北京市的最终消费率、居民消费率和政府消费率

单位:%

年　份	1978	1979	1980	1981	1982	1983	1984	1985	1986	1987	1988	1989
最终消费率	48. 71	46. 13	41. 19	44. 40	44. 29	42. 38	44. 55	49. 44	56. 55	55. 54	54. 27	53. 51
居民消费率	26. 29	26. 23	28. 47	31. 75	31. 50	29. 82	29. 92	34. 50	38. 57	38. 04	39. 47	38. 62
政府消费率	22. 43	19. 90	12. 72	12. 64	12. 78	12. 56	14. 64	14. 94	17. 97	17. 50	14. 80	14. 89
年　份	1990	1991	1992	1993	1994	1995	1996	1997	1998	1999	2000	2001
最终消费率	53. 85	50. 53	48. 16	50. 28	53. 62	55. 99	57. 16	58. 52	56. 18	56. 38	53. 39	51. 56
居民消费率	38. 76	37. 69	36. 76	40. 05	44. 02	44. 62	45. 58	44. 63	41. 58	40. 16	36. 56	33. 57
政府消费率	15. 10	12. 84	11. 39	10. 23	9. 60	11. 37	11. 58	13. 89	14. 60	16. 22	16. 83	17. 99
年　份	2002	2003	2004	2005	2006	2007	2008	2009	2010	2011	2012	2013
最终消费率	53. 31	52. 65	51. 14	50. 03	50. 98	51. 88	54. 22	57. 03	56. 92	58. 38	59. 59	61. 26
居民消费率	35. 41	34. 54	32. 81	31. 88	31. 88	30. 87	31. 19	32. 90	33. 83	34. 00	34. 70	35. 76
政府消费率	17. 90	18. 11	18. 33	18. 15	19. 10	21. 01	23. 03	24. 13	23. 09	24. 39	24. 90	25. 50

数据来源：根据北京市统计局、国家统计局北京调查总队，《北京统计年鉴 · 2014》，中国统计出版社 2014 年版中的相关数据整理、计算所得。

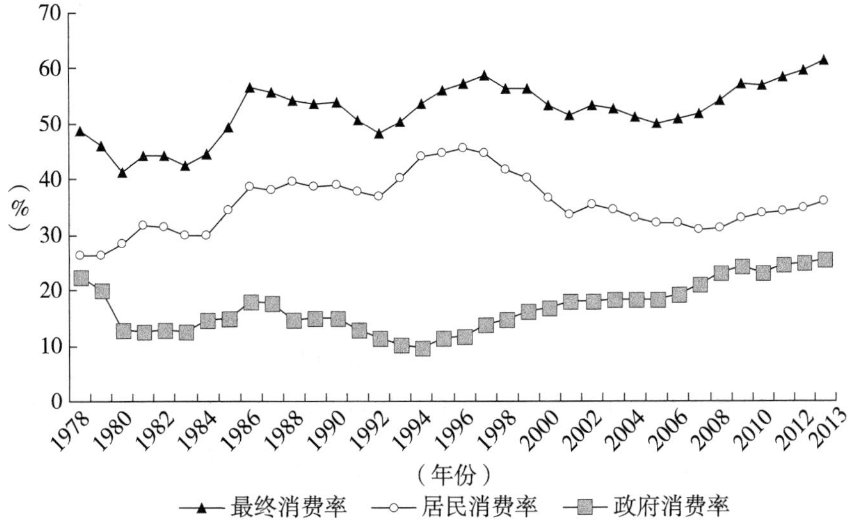

图 3－6　1978—2013 年北京市的最终消费率、居民消费率和政府消费率

第二个阶段为 1981—1986 年。在此阶段，北京市的最终消费率总体呈上升走势（见图 3－6），并创 1978 年以来的历史新高。其中，1986 年从不足 50% 到首次突破 50% 和 55% 两个整数关口，达到了 56.55%，较 1985 年的 49.44% 大幅提高了 7.11 个百分点，是 1978 年后提高幅度最大的年度；而 1985 年也比 1984 年较大幅度地提高了 4.89 个百分点，是 1978 年后提高幅度第 2 大的年度。1986 年较 1980 年上升了 15.36 个百分点，年均上升 2.56 个百分点，是上升速度最快的阶段。北京市的最终消费率在此阶段的均值水平为 46.94%，虽比第一个阶段的均值水平高了 1.6 个百分点，但仍低于 1978—2013 年的均值水平达 5.39 个百分点。

第三个阶段为 1987—1992 年。在此阶段，北京市的最终消费率除 1990 年较 1989 年略回升了 0.34 个百分点外则基本呈逐年下降走势（见图 3－6），并在 1992 年回落至 50% 以内。1992 年较 1986 年下降了 8.39 个百分点，年均下降近 1.4 个百分点，是下降速度第二快的阶段。但北京市的最终消费率在此阶段的均值水平提高至 50% 以上，达到 52.64%，不仅比第一个阶段的均值水平和第二个阶段的均值水平分别提高了 7.3 个和 5.7 个百分点，也比 1978—2013 年的均值水平高出 0.31 个百分点。

第四个阶段为 1993—1997 年。在此阶段，北京市的最终消费率呈逐年上升走势（见图 3－6），并创 1978 年以来的历史新高。1997 年较 1992 年上升了10.36个百分点，年均上升2.07个百分点，是上升速度第二快的阶段。北京市的最终消费率在此阶段的均值水平进一步提高至55%以上，达到55.11%，比第一个阶段至第三个阶段的各自均值水平分别提高了9.77个百分点、8.17个百分点和2.47个百分点，也比1978—2013年的均值水平高出2.78个百分点。

第五个阶段为1998—2005年。在此阶段，北京市的最终消费率总体呈回落走势（见图3-6），但仍在50%以上。其中，1999年和2002年分别较上一年有所回升，其他年份均较上一年有所回落。2005年较1997年下降了8.49个百分点，年均下降1.06个百分点，是下降速度最慢的阶段。北京市的最终消费率在此阶段的均值水平也有所回落，为53.08%，虽比第四个阶段的均值水平回落了2.03个百分点，但仍高于第一个阶段至第三个阶段的各自均值水平，分别高出7.74个百分点、6.14个百分点和0.44个百分点，也比1978—2013年的均值水平高出0.75个百分点。

第六个阶段为2006—2013年。在此阶段，北京市的最终消费率除2010年较2009年微幅回落了0.11个百分点外，基本呈逐年上升走势（见图3-6），并创1978年以来的历史新高，且首次突破60%的整数关口。2013年较2005年上升了11.23个百分点，年均上升1.4个百分点，是上升速度最慢的阶段，但也大大超过了1978—2013年的年均上升速度，为后者的3.89倍。北京市的最终消费率在此阶段的均值水平再次提升，达到56.28%，为六个阶段中最高的，比第一个阶段至第五个阶段的各自均值水平分别高出10.94个百分点、9.34个百分点、3.64个百分点、1.17个百分点和3.2个百分点，比1978—2013年的均值水平也高出3.95个百分点。

2. 北京市的居民消费率的现状与变动状况

北京市的居民消费率在1978—2013年总体呈“N”形上升走势（见表3-6和图3-6），其中，2013年为35.76%，较1978年的26.29%上升了9.47个百分点，年均上升近0.27个百分点；最低值为1979年的26.23%，最高值为1996年的45.58%，最高值为最低值的1.74倍，高于同期的北京市最终消费率的最高值与最低值的比值水平（为1.49倍）；在此期间的平均值为35.47%，比同期的北京市最终消费率的平均值水平（为52.33%）的2/3略高些。其中，1978—1980年均不足30%，1993—1999年处在40%以上，但除1999年略高于45%之外也均不足45%，其他年份均在30%～40%。

1978—2013年，北京市的居民消费率的变化可概括成三个阶段（见图3－6）。

第一个阶段为1978—1996年。在此阶段，北京市的居民消费率总体呈波浪状上升走势（见图3－6），并在1996年创1978年后的历史最高值。1996年较1978年上升了19.29个百分点，年均上升1.07个百分点；在此阶段的均值水平为35.82%，比1978—2013年的均值水平仅高出0.35个百分点。

这一阶段又可细划分为“上升—回落—再上升—再回落—再上升”五个子阶段。其中，1978—1981年北京市的居民消费率除1979年较1978年略下降了0.06个百分点并创1978年后的历史最低值之外，基本呈逐年上升走势，并在1981年首次越过30%的关口，达到31.75%，较1978年上升了5.46个百分点，年均上升1.82个百分点，是上升速度最慢的子阶段。另外，北京市的居民消费率在此子阶段的均值水平仅为28.19%。

但在1982—1983年，北京市的居民消费率则呈逐年回落走势，并在1983年回落至30%的水平之下。1983年较1981年回落了1.93个百分点，年均回落近0.97个百分点，是回落速度最快的子阶段。而北京市的居民消费率在此子阶段的均值水平却提高至30%以上，为30.66%。

在1984—1988年，北京市的居民消费率除1987年较1986年回落了0.53个百分点外，基本呈逐年上升走势，并创1978年以来的历史新高，不仅越过了35%的关口而且离40%的整数关口仅一步之遥；1988年达到了39.47%，较1983年上升了9.65个百分点，年均上升1.93个百分点，是上升速度第二快的子阶段。其中，1985年和1986年分别较上一年提高了4.58个百分点和4.07个百分点，分别是1978年后年提高幅度最大的年度和第二大的年度。另外，北京市的居民消费率在此子阶段的均值水平进一步提高至35%的水平之上，为36.1%，比1978—2013年的均值水平高出0.97个百分点。

在1989—1992年，北京市的居民消费率除1990年较1988年略回升了0.14个百分点外又基本呈逐年回落走势，但仍在36%以上。1992年较1988年回落了2.71个百分点，年均回落近0.68个百分点，是回落速度最慢的子阶段。但北京市的居民消费率在此子阶段的均值水平再次上升，提高至37.96%。

在1993—1996年，北京市的居民消费率则呈逐年上升走势，不仅创1978年以后的历史新高，而且创1978年以后的历史最高值；不仅首次突破了40%

的整数关口，而且跨过了45%的关口。1996 年达到了45. 58%，较1992 年上升了8. 82 个百分点，年均上升近2. 21 个百分点，是上升速度最快的子阶段。另外，北京市的居民消费率在此子阶段的均值水平则进一步提升至40%的水平之上，达到了43. 57%，比1978—2013 年的均值水平高出了8. 1 个百分点，是1978 年以后均值水平最高的子阶段。

第二个阶段为1997—2007 年。在此阶段，北京市的居民消费率除个别年份外基本呈逐年回落走势（见图3 -6），并分别在2000 年和2001 年回落至40%以内和35%以内（2000 年和2001 年分别较上一年下降了3. 6 个百分点和2. 99 个百分点，分别是1978 年后年下降幅度最大的年度和第二大的年度），2002 年虽较2001 年有所回升（回升了1. 84 个百分点）并回升至35%的水平上，但从2003 年开始又一直处于35%的水平之下，并继续逐年回落，2007 年时回落至接近30%的水平，即1985 年前的水平。2007 年仅为30. 87%，较1996 年大幅回落了14. 71 个百分点，年均回落近1. 34 个百分点，超过第一个阶段的第二个子阶段和第四个子阶段的年均回落速度。北京市的居民消费率在此阶段的均值水平为35. 81%，比1978—2013 年的均值水平仅高出0. 34 个百分点，而仅比第一阶段（1978—1996 年）的均值水平略低0. 1 个百分点。

第三个阶段为2008—2013 年。在此阶段，北京市的居民消费率呈逐年回升走势（见图3 -6），并在2013 年回升至35%以上，但仍低于1986—2000 年任何一年。2013 年为35. 76%，较2007 年回升了4. 89 个百分点，年均回升近0. 82 个百分点，但不及第一个阶段的第一、第三和第五个子阶段的年均回升速度的一半。北京市的居民消费率在此阶段的均值水平为33. 73%，比1978—2013 年的均值水平低了1. 74 个百分点，而分别比第一阶段（1978—1996 年）和第二阶段（1997—2007 年）的均值水平低2. 09 个百分点和2. 08 个百分点。

3. 北京市的政府消费率的现状与变动状况

北京市的政府消费率在1978—2013 年总体呈“W”形上升走势（见表3 -6和图3 -6），2013 年为25. 5%，较1978 年的22. 43%上升了3. 07 个百分点，年均上升不足0. 09 个百分点；最低为1994 年的9. 6%，最高为2013 年的25. 5%，最高值为最低值的2. 66 倍，大大高于同期的北京市最终消费率的最高与最低值的比值水平（为1. 49 倍）和北京市居民消费率的最高与最低值的比值水平（为1. 74 倍）；在此期间的平均值为16. 86%，比同期的北京市最终消费率的平均值水平（为52.33%）的1/3还要略低些，也不到同期的北京市居民消费率的平均值水平（为35.47%）的一半。其中，1978年和2007—2012年间均处在20%～25%，而1979—1993年、1995—2006年均处在10%～20%。

1978—2013年，北京市的政府消费率的变化可划分为四个阶段（见图3-6）。

第一个阶段为1978—1983年。在此阶段，北京市的政府消费率除1982年较1981年略回升了0.14个百分点外则基本呈逐年下降走势（见图3-6），从20%以上降至稍高于10%。1983年较1978年下降了9.87个百分点，年均下降1.97个百分点；在此阶段的均值水平为15.51%，比1978—2013年的均值水平还要低1.35个百分点。其中，1980年较1979年下降了7.18个百分点，从接近20%降至15%以下，是1978年后年降幅最大的。

第二个阶段为1984—1986年。在此阶段，北京市的政府消费率则呈逐年回升走势（见图3-6），但仍低于1978年和1979年的水平。1986年较1983年回升了5.41个百分点，年均回升1.8个百分点；在此阶段的均值水平为15.85%，虽略高于第一个阶段的均值水平，但仍比1978—2013年的均值水平低了1.01个百分点。

第三个阶段为1987—1994年。在此阶段，北京市的政府消费率总体呈下降走势（见图3-6），且从1992年开始连续三年创1978年后的历史新低，并在1994年降至10%以内，创1978年后的历史最低纪录。1994年较1986年下降了8.37个百分点，年均下降1.05个百分点，但明显低于第一个阶段的年均下降水平；在此阶段的均值水平为13.29%，不仅低于1978—2013年的均值水平达3.57个百分点，而且比第一个阶段的均值水平和第二个阶段的均值水平都低了2个多百分点。

第四个阶段为1995—2013年。在此阶段，北京市的政府消费率除2002年、2005年和2010年分别较上一年微回落0.09个百分点、0.18个百分点和1.04个百分点之外，其他年份则呈逐年上升走势（见图3-6），且从2007年开始一直处于20%以上，并从2008年开始除2010年之外连创1978年后的历史新高，2013年超过了25%的水平。2013年较1994年上升了15.9个百分点，年均上升近0.84个百分点，但不到第二年阶段的年均升幅水平的一半；在此阶段的均值水平达到了18.95%，不仅高于1978—2013年的均值水平达2.09个百分点，而且比第一个阶段至第三个阶段各阶段的均值水平都要高，分别高出了 3.44 个百分点、3.1 个百分点和 5.66 个百分点。

3.3.2 北京市最终消费支出对地区生产总值增长的贡献状况

由于《北京统计年鉴》中只有 2001 年以来的北京市“三大需求”① 对地区生产总值增长的贡献率统计数据，故下文仅分析 2001—2013 年的北京市最终消费支出对地区生产总值增长的贡献状况。

1. 北京市的最终消费支出对地区生产总值增长的贡献状况

北京市的最终消费支出对地区生产总值增长的贡献率在 2001—2013 年总体呈波浪状上升走势（见表 3 - 7 和图 3 - 7），且波动幅度较大。最终消费支出的贡献率在 2013 年为 68.0%，较 2001 年的 32.4% 上升了 35.6 个百分点，年均上升近 2.97 个百分点；最低值为 2001 年的 32.4%，最高值为 2011 年的 83.4%，最高值为最低值的 2.57 倍，在此期间的平均值为 61.29%。

北京市的最终消费支出对地区生产总值增长的贡献在 2001—2013 年可划分为两个阶段。

第一个阶段为 2001—2005 年。在此阶段，北京市的最终消费支出对地区生产总值增长的贡献率总体呈倒“V”形小幅上升走势（见图 3 - 7），除 2002 年外的其他年份则基本在 40% 上下。2005 年较 2001 年上升了 4.8 个百分点，年均上升 1.2 个百分点，不到 2001—2013 年的年均上升幅度的一半。在此阶段的均值水平为 45.5%，比 2001—2013 年的均值水平低了 15.79 个百分点，达到 1/4 多。另外，在此阶段的最低值为 2001 年的 32.4%，最高值为 2002 年的 77.0%，最高值为最低值的近 2.38 倍，相差 44.6 个百分点。

具体来看，北京市的最终消费支出对地区生产总值增长的贡献率在 2002 年较 2001 年骤升了近 1.38 倍，从略高于 30% 的水平上连续越过 40%、50%、60% 和 70% 这四个整数台阶，2002 年达到了 77.0%，较 2001 年大幅骤升了 44.6 个百分点，是 2001 年以来年升幅最大的一次。

① “三大需求”指支出法地区生产总值的三大构成项目，即最终消费支出、资本形成总额、货物和服务净流出。

表 3-7　2001—2013 年北京市“三大需求”对地区生产总值增长的贡献率

单位：%

年 份	2001	2002	2003	2004	2005	2006	2007	2008	2009	2010	2011	2012	2013
最终消费支出	32.4	77.0	40.7	40.2	37.2	60.0	61.1	81.6	76.4	65.8	83.4	73.0	68.0
资本形成总额	43.2	61.6	66.3	37.3	45.7	24.6	21.0	9.0	39.0	47.7	12.7	43.8	37.3
货物和服务净流出	24.4	-38.6	-7.0	22.5	17.1	15.4	17.9	9.4	-15.4	-13.5	3.9	-16.8	-5.3
合 计	100	100	100	100	100	100	100	100	100	100	100	100	100

数据来源：根据北京市统计局、国家统计局北京调查总队，《北京统计年鉴·2014》，中国统计出版社 2014 年版中的相关数据整理所得。

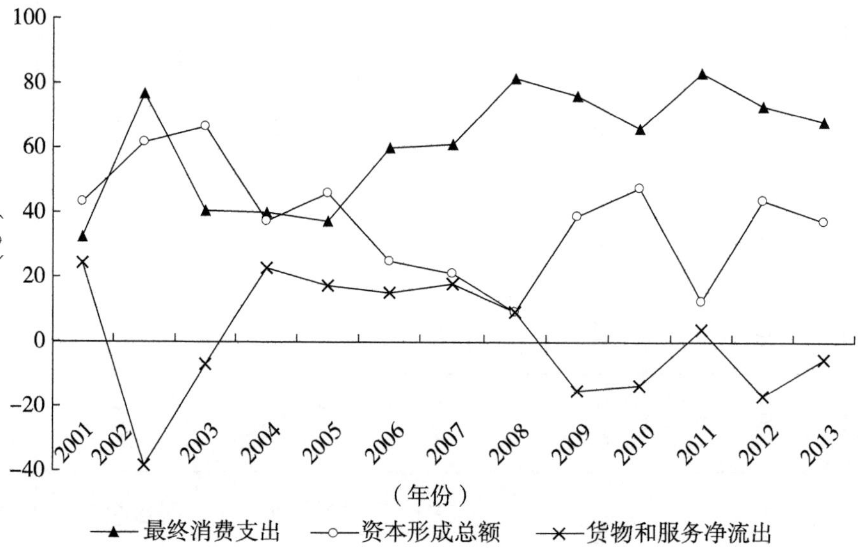

图 3-7　2001—2013 年北京市“三大需求”对地区生产总值增长的贡献率

在 2003—2005 年，北京市的最终消费支出对地区生产总值增长的贡献率则呈逐年下降走势（见图 3-7），从 70% 以上降至 40% 以下。2005 年较 2002 年下降了 39.8 个百分点，降了一半多，年均下降 13.27 个百分点；在此期间的均值水平为 39.37%，比 2001—2013 年的均值水平低了 21.92 个百分点，低了 1/3 多，也比第一个阶段的均值水平低了 6.13 个百分点，低了 1/9 多。其中，2003 年较 2002 年下降了 36.3 个百分点，从接近 80% 的水平连续跌破 70%、60% 和 50% 这三个整数台阶，骤降至略高于 40% 的水平，是 2001 年以来年降幅最大的。但 2004 年和 2005 年的降幅则急剧缩小，分别较上一年下降了 0.5 个百分点和 3.0 个百分点。

第二个阶段为 2006—2013 年。在此阶段，北京市的最终消费支出对地区生产总值增长的贡献率总体呈“M”形小幅上升走势（见图 3-7），且基本处在 60%～80%。2013 年较 2006 年上升了 8.0 个百分点，年均上升 1.14 个百分点，也不到 2001—2013 年的年均上升幅度的一半，并略低于第一个阶段的年均上升幅度。在此阶段的均值水平为 71.16%，比 2001—2013 年的均值水平高出 9.87 个百分点，高出 1/7 多，而比第一阶段的均值水平更是高出了 25.66 个百分点，高出一半多。另外，在此阶段的最低值为 2006 年的 60.0%，最高值为 2011 年的 83.4%，最高值为最低值的近 1.39 倍，相差 23.4 个百分点，均不到第一阶段的相应比值和差值的六成。

具体来看，北京市的最终消费支出对地区生产总值增长的贡献率在 2006 年和 2007 年均回升至 60% 的水平，其中 2006 年较 2005 年大幅回升了 22.8 个百分点，为 2001 年以来的第二大年升幅，但比 2002 年的升幅减少了 21.8 个百分点，少了近一半。

2008 年的北京市最终消费支出的贡献率连续越过 70% 和 80% 这两个整数台阶，创 2001 年以来的历史新高，达到了 81.6%；较 2007 年大幅上升了 20.5 个百分点，为 2001 年以来的第三大年升幅，但也不到 2002 年的升幅的一半，少了 24.1 个百分点。

北京市最终消费支出的贡献率在 2009 年和 2010 年则逐年回落，分别回落至 75% 和 65%。其中，2010 年较 2009 年回落了 10.6 个百分点，为 2001 年以来的第二大年降幅，但只比 2003 年的降幅的 1/4 略高 1 个多百分点。

2011 年的北京市最终消费支出的贡献率再次连续越过 70% 和 80% 这两个整数台阶，并创 2001 年以来的历史新高，达到了 83.4%；较 2010 年上升了 17.6 个百分点，为 2001 年以来的第四大年升幅，但不到 2002 年的升幅的四成，少了 27.0 个百分点。

北京市最终消费支出的贡献率在 2012—2013 年再呈逐年回落走势，分别回落至 73% 和 68%。其中 2012 年较 2011 年回落了 10.4 个百分点，为 2001 年以来的第三大年降幅，但只比 2010 年的降幅少 0.2 个百分点，也只比 2003 年的降幅的 1/4 略高 1 个多百分点。

2. 北京市“三大需求”对地区生产总值增长的贡献率的比较

从图 3－7 可以看出，北京市的最终消费支出、资本形成总额、货物和服务净流出这三大需求（以下简称“三大需求”）对地区生产总值增长的贡献状况，可划分为两个阶段来进行具体的分析。

第一个阶段为 2001—2005 年。在此阶段，北京市的“三大需求”对地区生产总值增长的贡献率按均值水平进行排序，依次为：资本形成总额、最终消费支出、货物和服务净流出（见表 3－8）。

在此阶段，最终消费支出的贡献率最低值为 2001 年的 32.4%，最高值为 2002 年的 77.0%，最高值为最低值的近 2.38 倍，相差 44.6 个百分点，均值水平则为 45.5%。

表 3 - 8　2001—2013 年北京市"三大需求"对地区生产总值增长贡献的比较

单位：%

阶段划分 / 项目 / 需求类别	2001—2005 年			2006—2013 年			2001—2013 年		
	最低值	最高值	均值	最低值	最高值	均值	最低值	最高值	均值
最终消费支出	32.4	77.0	45.50	60.0	83.4	71.16	32.4	83.4	61.29
资本形成总额	37.3	66.3	50.82	9.0	47.7	29.39	9.0	66.3	37.63
货物和服务净流出	-38.6	24.4	3.68	-16.8	17.9	-0.55	-38.6	24.4	1.08

数据来源：根据北京市统计局、国家统计局北京调查总队，《北京统计年鉴 · 2014》，中国统计出版社 2014 年版中的相关数据整理、计算所得。

而资本形成总额的贡献率在此阶段的最低值为 2004 年的 37.3%，最高值为 2003 年的 66.3%，最高值为最低值的近 1.78 倍，相差 29 个百分点；均值水平则为 50.82%，比同一阶段的最终消费支出贡献率的均值水平高出了 5.32 个百分点。

另外，资本形成总额的贡献率在 2001 年、2003 年和 2005 年均高于当年的最终消费支出的贡献率水平，分别比后者高出 10.8 个百分点、25.6 个百分点和 8.5 个百分点；但在 2002 年和 2004 年则低于后者，分别比后者低 15.4 个百分点和 2.9 个百分点。

居于末位的货物和服务净流出的贡献率在此阶段的最低值为 2002 年的 -38.6%，最高值为 2001 年的 24.4%，最高值与最低值相差 63 个百分点；均值水平则仅为 3.68%，分别不及同一阶段的最终消费支出贡献率的均值水平的 1/12、资本形成总额的贡献率的均值水平的 1/13。此外，货物和服务净流出的贡献率在此阶段每年都明显低于当年的最终消费支出的贡献率和资本形成总额的贡献率水平，差距最小时也达 8 个百分点，最大时则达到 115.6 个百分点。

第二个阶段为 2006—2013 年。在此阶段，北京市的"三大需求"对地区生产总值增长的贡献率按均值水平进行排序，最终消费支出则升至首位，资本形成总额降至第二位，而货物和服务净流出仍位居末位（见表 3 - 8）。

在此阶段，最终消费支出的贡献率最低值为 2006 年的 60.0%，最高值为 2011 年的 83.4%，最高值为最低值的近 1.39 倍，相差 23.4 个百分点，均不到第一阶段的相应值的六成；均值水平则为 71.16%，比第一个阶段的均值水平高出了25.66个百分点，高出一半多。

此外，最终消费支出的贡献率在此阶段每年都明显高于当年的资本形成总额的贡献率水平，少则高出18个多百分点以上，多则高出70多个百分点以上，2006—2013年前者分别比后者高出35.4个百分点、40.1个百分点、72.6个百分点、37.4个百分点、18.1个百分点、70.7个百分点、29.2个百分点和30.7个百分点，年均高出41.77个百分点。而最终消费支出的贡献率在此阶段每年更是远高于当年的货物和服务净流出的贡献率水平，少则高出40多个百分点，多则高出90多个百分点，2006—2013年前者分别比后者高出44.6个百分点、43.2个百分点、72.2个百分点、91.8个百分点、79.3个百分点、79.5个百分点、89.8个百分点和73.3个百分点，年均高出71.71个百分点。

资本形成总额的贡献率在此阶段的最低值为2008年的9.0%，最高值为2010年的47.7%，最高值为最低值的5.3倍、相差38.7个百分点，均明显高于第一个阶段的相应值；均值水平则为29.39%，比同一阶段的最终消费支出贡献率的均值水平低了41.77个百分点，只比后者的四成略高。

而在此阶段仍居于末位的货物和服务净流出的贡献率的最低值为2012年的-16.8%，最高值为2007年的17.9%，最高值与最低值相差34.7个百分点；均值水平则为-0.55%，远低于同一阶段的最终消费支出贡献率的均值水平和资本形成总额的贡献率的均值水平。

另外，货物和服务净流出的贡献率在此阶段不仅每年都明显远低当年的最终消费支出的贡献率水平，而且除2008年仅比当年的资本形成总额的贡献率水平略高出0.4个百分点之外，其他7年也都低于当年的资本形成总额的贡献率水平，其中2009年、2010年、2012年和2013年分别比后者低了54.4个百分点、61.2个百分点、60.6个百分点和42.6个百分点。

从这两个阶段的分析来看，北京市的“三大需求”对地区生产总值增长的贡献中，最终消费支出的贡献率在2001—2005年虽基本位列第二位、排在资本形成总额的贡献率之后，但其与后者的差距并不大，年均只相差5个多百分点，差距不到后者的1/10。而最终消费支出的贡献率在2006—2013年则升至首位，均值水平超过了70%，不仅比其在2001—2005年的均值水平提高了25个多百分点，高出一半多，而且比2006—2013年排在第二位的资本形成总额的贡献率的均值水平高出41个多百分点，更比2006—2013年仍排在末位的货物和服务净流出的贡献率的均值水平高出71个多百分点。由此可见，北京市的最终消费支出对地区生产总值增长的贡献自2006年以来不仅在大幅提升，而且占了最重要的“地位”。

即使从2001—2013年整个期间来看，北京市的“三大需求”对地区生产总值增长的贡献中，最终消费支出的贡献率的均值水平也超过了60%，比同期的资本形成总额的贡献率的均值水平也高出超过23个百分点，更比同期的货物和服务净流出的贡献率的均值水平高出超过60个百分点。因此，在2001—2013年，北京市的最终消费支出对地区生产总值增长的贡献仍占据主要“地位”。

4　北京市居民消费总量在拉动经济增长中的作用

4.1　确定指标变量

居民最终消费支出是指居民为了满足个人最终消费需求而购买的（或以其他方式获得的）物质产品、服务类支出、水电煤气消费以及自给自足的产品的市场价值的总和。它包括商品性消费、文化生活服务性消费、住房水电煤气消费、自给性消费。它是研究居民消费总量的重要指标，因此，本文选取居民消费最终支出作为居民消费总量的变量指标，标记为 *TC*。

国内生产总值是指在一定时期内（一个季度或一年），一个国家或地区的经济中所生产出的全部最终产品和劳务的价值，它是计算期内生产的最终产品的市场价值，不但可反映一个国家的经济表现，还可以反映一国的国力与财富，常被公认为衡量国家经济状况的最佳指标。因此选择国内生产总值作为经济增长的变量指标，记为 *GDP*。

4.2　数据处理

4.2.1　单位根检验

本文选取了 1978—2013 年北京市居民最终消费支出和北京市生产总值共 36 个年度样本数据，来分析北京市居民消费总量在拉动经济增长中所起的作用。为了使数据具有可比性，容易得到平稳序列，并能使变量的趋势线性化，更容易观察居民消费总量对经济增长的弹性，消除时间序列存在的异方差现象，所以对国内生产总值 *GDP* 和居民最终消费支出 *TC* 取自然数为基底的对数，分别用 Ln*GDP* 和 Ln*TC* 表示 *GDP* 和 *TC* 的自然对数。如图 4－1 所示，Ln*GDP* 和 Ln*TC* 的年度数据随时间的变化呈现明显的增长趋势，这说明 Ln*GDP* 和 Ln*TC* 是不平稳的。

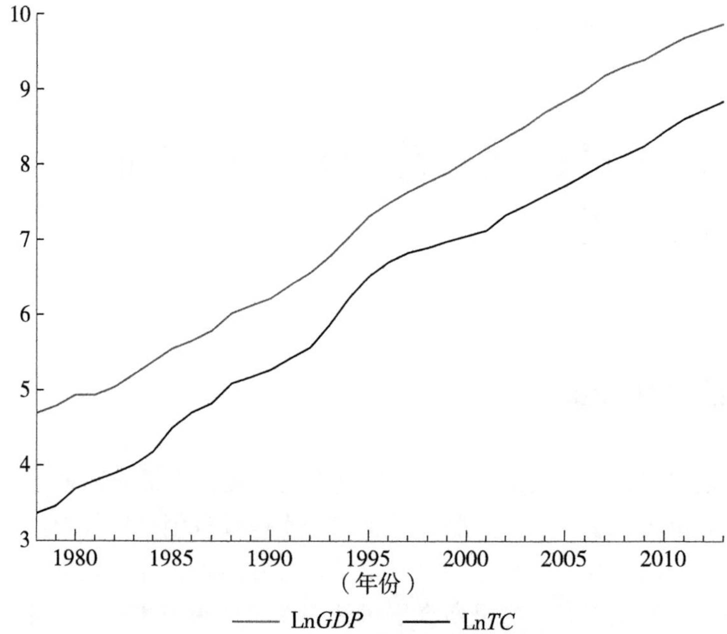

图 4-1　LnGDP 与 LnTC 的时序图

ADF 检验的思想是：若一个非平稳时间序列 x_t 必须经过 d 次差分之后才能变为一个平稳的可逆的 ARMA 时间序列，则称 x_t 具有 d 阶单整性。用 $x_t \sim I$（d）表示。如果 $x_t \sim I$（d），且 $d \neq 0$，即时间序列中存在单位根，为了避免伪回归消除单位根，就需要进一步检验该时间序列一阶差分 Δx_t 的平稳性，如果 Δx_t 平稳，则 $x_t \sim I$（1）。

$$\Delta x_t = \alpha + \beta_t + \rho x_{t-1} + \sum_{i=1}^{k} \theta_i \Delta x_{t-i} + \varepsilon_t$$

其中 Δ 为差分算子，α 为位移项，β_t 为趋势项，θ_i 为不同滞后期的差分系数，ε_t 为白噪声。检验假设 H_0：$\rho = 0$（x_t 非平稳）

采用 *ADF* 检验，各个变量 *ADF* 检验结果如表 4-1 所示。

表 4-1　*ADF* 检验结果

变　量	*ADF* 检验值	临界值（5%，10%）	DW 值	检验形式	结　论
Ln*GDP*	-1.940846	(-3.548490，-3.207094)	1.936694	(C，*T*，1)	非平稳
*D*Ln*GDP*	-3.670011	(-3.548490，-3.207094)	1.926488	(C，0，0)	平稳
Ln*TC*	-1.949297	(-3.548490，-3.207094)	1.907642	(C，*T*，1)	非平稳
*D*Ln*TC*	-4.265467	(-3.562882，-3.215267)	1.996517	(C，0，3)	平稳

注：*D* 表示一阶差分；（C，*T*，*K*）中的 C，*T*，*K* 分别表示单位根检验方程包括常数项、时间趋势、滞后阶数。

从表4-1可以看出，原时间序列Ln*GDP*，Ln*TC*均为非平稳序列，经过一阶差分后，在5%显著水平下，*D*Ln*GDP*和*D*Ln*TC*都变为平稳序列。所以Ln*GDP*~*I*（1），Ln*TC*~*I*（1），由此判定Ln*GDP*，Ln*TC*均为一阶单整，两个经济变量之间可能存在协整关系。图4-2为Ln*GDP*与Ln*TC*经过一阶差分后的时序图。

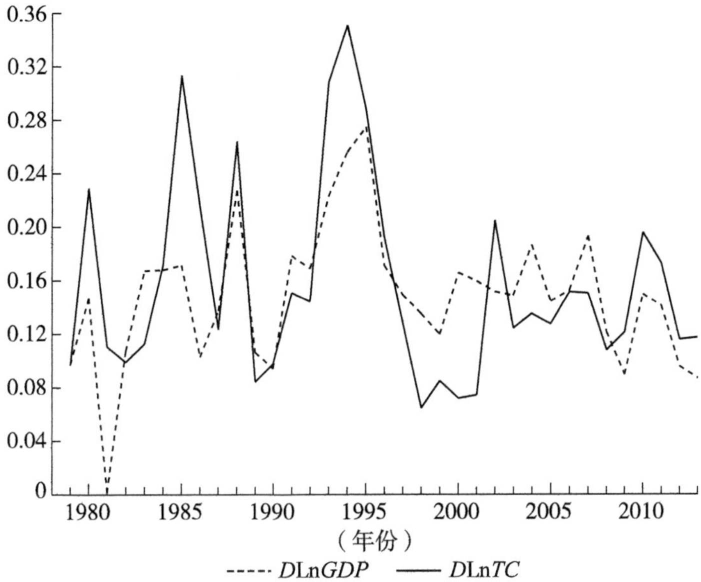

图4-2　*D*Ln*GDP*与*D*Ln*TC*时序图

4.2.2　协整检验

非平稳经济变量间存在的长期稳定的均衡关系称为协整关系。对随机向量$x_t=(x_{1t}, x_{2t}, \cdots, x_{m})'$，如果$x_t \sim I(d)$，存在一个$N\times 1$阶列向量$\beta$（$\beta\neq 0$），使得$\beta' x_t \sim I(d-b)$，则称变量$x_{1t}$，$x_{2t}$，…，$x_{nt}$存在阶数为$(d, b)$的协整关系，$x_t \sim CI(d, b)$表示。

（1）对变量Ln*GDP*，Ln*TC*采用普通最小二乘法进行协整回归

$$\mathrm{Ln}GDP=\alpha+\beta \mathrm{Ln}TC+e_t$$

其中β为*OLS*估计量，e_t为残差，进行*OLS*回归，得：

$$\mathrm{Ln}GDP=1.165969+0.981101\mathrm{Ln}TC+e_t$$

$$t=(12.91124)\ (70.05139)$$

$$R^2=0.993119DW=0.155692T=36$$

其中 α，β 均显著，表明 LnGDP，LnTC 之间可能存在着某种内在关系。

（2）检验 e_t 的平稳性

$$e_t=\mathrm{Ln}GDP-1.165969-0.981101\mathrm{Ln}TC$$

对残差序列进行单位根检验，$De_t=\rho e_{t-1}+\sum_{i=1}^{k}\theta_i De_{t-i}+\varepsilon_t$，$AEG$ 回归得：

$$De_t=-0.147919e_{t-1}+0.438291De_{t-1}$$

$$t=(-2.392823)\ (2.909631)$$

$$R^2=0.278395 \qquad DW=1.735423$$

检验结果如表 4－2 所示，其中变量协整检验时加趋势项，残差稳定性检验无须趋势项。

表 4－2　　残差 e_tADF 检验结果

变量	ADF 检验值	临界值（5%，10%）	DW 值	结论
De_t	－2.392823	（－1.951000，－1.610907）	1.735423	平稳

残差 e_{t-1}前参数的 t 值－2.392823 小于 5% 显著性水平下的 ADF 临界值的值－1.951000，即 e_t 是 I（0）的，可以拒绝残差序列存在单位根的原假设，即这个残差时间序列是一个平稳的随机过程，它们之间存在着长期均衡的关系。

4.2.3　格兰杰因果关系检验

对居民消费总量和经济增长 GDP 进一步进行格兰杰因果关系检验，进一步确定两者之间的相互影响关系。

格兰杰因果关系检验的基本步骤是：

$$y_t=\sum_{i=1}^{q}\alpha_i x_{t-i}+\sum_{j=1}^{q}\theta_j y_{t-j}+\varepsilon_{1t}\cdots\cdots \qquad (4-1)$$

$$x_i=\sum_{i=1}^{s}\beta_i x_{t-i}+\sum_{j=1}^{s}\rho_j y_{t-j}+\varepsilon_{2t}\cdots\cdots \qquad (4-2)$$

其中 μ_{1t}、μ_{2t}是不相关的

对式（4－1）而言，原假设 H_0：$\alpha_1=\alpha_2=\cdots=\alpha_q=0$

对式（4－2）而言，原假设 H_0：$\beta_1=\beta_2=\cdots=\beta_q=0$

第一，当式（4－1）中 x 的系数估计值通过 Eviews 检验拒绝原假设，整体显著，且式（4－2）中 y 的系数估计值通过 Eviews 检验接受原假设时，则

称 x 是引起 y 变化的原因。

第二，当式（4－1）中 x 的系数估计值通过 Eviews 检验接受原假设，且（4－2）式中 y 的系数估计值通过 Eviews 检验拒绝原假设，整体显著时，则称 y 是引起 x 变化的原因。

第三，当式（4－1）中 x 的系数估计值通过 Eviews 检验拒绝零假设，整体显著，且式（4－2）中 y 的系数估计值通过 Eviews 检验拒绝原假设整体显著时，则称 x、y 互为因果关系。

第四，当式（4－1）中 x 的系数估计值通过 Eviews 检验接受零假设，且式（4－2）中 y 的系数估计值通过 Eviews 检验接受原假设时，则称 x 与 y 之间不存在因果关系。

用 Eviews 软件作 Granger 因果关系检验，选取滞后期为 1，结果如表 4－3 所示：

表 4－3　　Granger 因果关系检验

因变量	自变量	F 统计量	P 值	检验结果
Ln*GDP*	Ln*TC*	5.63855	0.0237	拒绝原假设
Ln*TC*	Ln*GDP*	0.07181	0.7904	接受原假设

由 Eviews 检验可知，在 5% 的显著性水平下，不拒绝“Ln*TC* 不是 Ln*GDP* 的格兰杰原因”的假设，拒绝“Ln*GDP* 不是 Ln*TC* 的格兰杰原因”，所以 Ln*TC* 是引起 Ln*TC* 变化的原因。

4.3　VAR 模型实证分析

4.3.1　VAR 模型概念

将 Ln*GDP*，Ln*TC* 作为内生变量建立向量自回归（VAR）模型，验证居民消费总量与 GDP 关系的稳定性。

$$Y_t = \alpha + \sum_{i=1}^{n} \theta_i Y_{t-i} + \varepsilon_t$$

其中 $Y_t = [\mathrm{Ln}GDP_t, \mathrm{Ln}TC_t]$ 表示因变量与自变量的即期值，θ_i 为系数矩阵，ε_t 为随机干扰项。

4.3.2 VAR 模型滞后期的选择

在进行 VAR 模型估计时，滞后阶数越大，自由度就越小，参数的有效性也就相应的减弱，因此合理选择模型的滞后阶数对估计结果具有重要意义。如表 4－4所示，VAR 模型的滞后期不同时在 5% 的显著性水平有不同的结果。

表 4－4　VAR 模型滞后期的选择

Lag	*LogL*	*LR*	*FPE*	*AIC*	*SC*	*HQ*
0	－38. 24785	*NA*	0. 039303	2. 439264	2. 529961	2. 469781
1	104. 7373	259. 9730	8. 64*e*－06	－5. 984078	－5. 711986	－5. 892527
2	112. 2278	12. 71117 *	7. 02*e*－06 *	－6. 195624 *	－5. 742137 *	－6. 043039 *
3	115. 7443	5. 541114	7. 29*e*－06	－6. 166320	－5. 531438	－5. 952701

其中 5 个评价统计量各自给出的最小滞后期用“ * ”来表示，5 个评价指标中，有 5 个都是建立 VAR（2）模型比较合理。

4.3.3 VAR 模型平稳性检验

在 VAR 模型估计窗口，点击 View 键，选择 LagStructure － *AR*RootsTable（*AR* 根表）、*AR* 根图功能，得到变量 Ln*GDP*，Ln*TC* 的特征根表和图，如图 4－3、表 4－5所示，因此建立 VAR（2）的模型是平稳的。

Inverse Roots of *AR* Characteristic Polynomial
（VAR模型特征多项式的特征根）

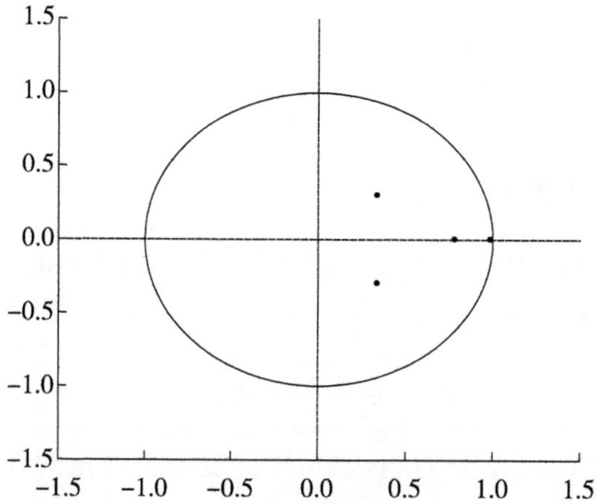

图 4－3　*AR* 根图

表 4-5　***AR* 根表**

Root	*Modulus*
0.987640	0.987640
0.783347	0.783347
0.338128 - 0.298826i	0.451251
0.338128 + 0.298826i	0.451251

VAR 模型的全部单位根的倒数值都在单位圆之内，表明 VAR 模型是稳定的，是一个平稳系统。

经过上述滞后期的分析与平稳性检验可得 VAR 模型估计式为：

$$LnGDP = 1.30358323762 \times LnGDP(-1) - 0.402154433508 \times LnGDP(-2) - 0.0243206498583 \times LnTC(-1) + 0.119045617082 \times LnTC(-2) + 0.234731955967$$

$$LnTC = 0.530077398247 \times LnGDP(-1) - 0.414524255062 \times LnGDP(-2) + 1.14366004011 \times LnTC(-1) - 0.26903115194 \times LnTC(-2) - 0.00497212987768$$

4.3.4　脉冲响应函数

在实际经济活动中，并不只是分析某种变量的回归系数，也需要考察某种冲击对系统的动态影响。脉冲响应函数反映了经济活动中一个内生变量对另一内生变量单位变动冲击响应的动态过程（见表 4-6）。因此，可以对以上稳定 VAR 模型做脉冲响应函数分析，结果如图 4-4 所示。

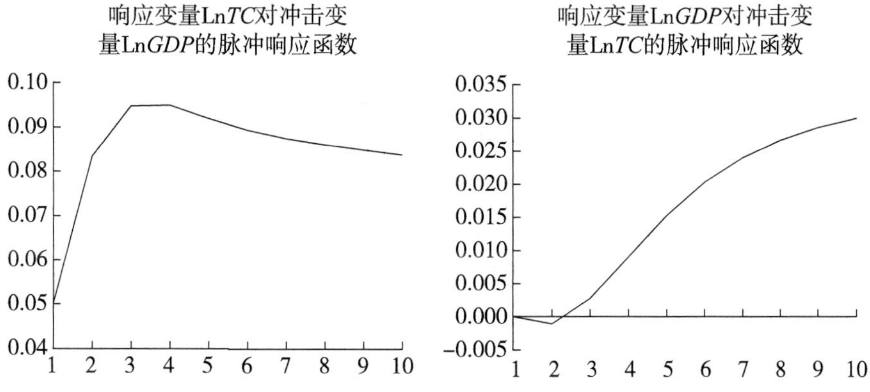

图 4-4　**Ln*GDP*，Ln*TC* 的脉冲响应**

表 4-6　　**Ln*GDP*，Ln*TC* 的脉冲响应**

冲击反应期	Ln*TC* TO Ln*GDP*	LnGDP TO LnTC
1	0.050143	0.000000
2	0.083382	-0.001113
3	0.094804	0.002723
4	0.094974	0.009085
5	0.092029	0.015326
6	0.089307	0.020330
7	0.087405	0.024019
8	0.086038	0.026679
9	0.084889	0.028604
10	0.083798	0.030000
累计反应值	0.846769	0.155653
脉冲响应曲线	倒 U 形	先下降后上升

分析响应变量 Ln*TC* 对冲击变量 Ln*GDP* 变化的反应，由表 4-6 可以看出 Ln*TC* 在 1-10 期均为正值，并且在 1 到 4 期随冲击反应的增长，逐渐上升，在第四期之后，呈现下降趋势。并由图 4-4 可以看出，冲击反应图像整体呈现倒 U 形。在分析期内累计反应值为正。这表明随着经济的增长，会在一定时期内带动消费总量的增长，但是到达一定时期后，消费总量会越来越少。

分析响应变量 Ln*GDP* 对冲击变量 Ln*TC* 变化的反应，由图 4-4 可以看出，冲击反应图像整体呈现先下降后上升的趋势。由表 4-6 可以看出 Ln*GDP* 在当期反应为 0，在第 2 期反应为 -0.001113，其后的第 3～10 期均为正值，并且随冲击反应的增长，逐渐上升，在分析期内累计反应值为正。这表明，随着总消费量的增加，在前期会减少经济增长，随后经济增长的速度会逐渐上升，由于累计反应为正，所以，消费总量的增加会拉动经济的增长。

4.3.5　方差分解

对变量 Ln*TC*，Ln*GDP* 做方差分解分析，如图 4-5（4）所示，分别表示居民消费总量 Ln*TC*，Ln*GDP* 对各特定变量的影响贡献图，可以看出，在不同的滞后阶数下，各经济变量对其他变量的变化贡献率，以及对自身的变化贡献率。

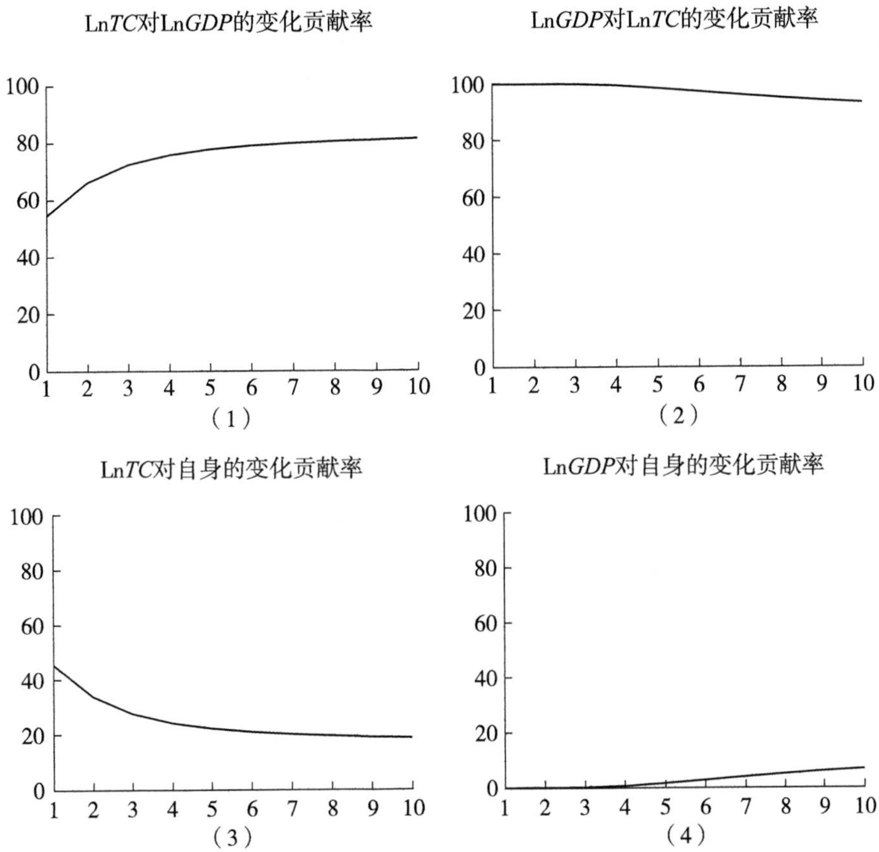

图4-5 方差分析

各变量对 Ln*TC* 的变化贡献率：国内生产总值 Ln*GDP* 的贡献率具有一阶滞后性，在滞后期内存在一个上升的的阶段，在 7 期之后基本保持不变的趋势。消费总量 Ln*TC* 的贡献率存在一个下降的阶段，在 8 期之后基本保持不变。

各变量对 Ln*GDP* 的变化贡献率：国内生产总值 Ln*GDP* 的贡献率在滞后期内先保持不变然后逐渐下降，在 9 期之后基本保持不变。消费总量 Ln*TC* 的贡献率先保持不变，然后逐渐上升。

4.4 误差修正

为了对短期波动和长期均衡进行直接描述，将国民收入和消费的长期均衡和短期波动共同引入模型建立向量误差修正模型。

$$\Delta y_t = \beta_0 + \beta\Delta x_t + (\beta_2 - 1)\left(y - \frac{\beta_1 + \beta_3}{1 - \beta_2}x\right)_{t-1} + \varepsilon_t \cdots\cdots \quad (4-3)$$

其中 $y - \frac{\beta_1 + \beta_3}{1 - \beta_2}x$ 为误差修正项。

模型中被解释变量的波动可以分为短期波动和长期均衡，就式（4－3）而言，其中的差分项反映变量短期波动的影响；误差修正项反映长期均衡对短期波动的影响。

根据上述协整检验结果，建立误差修正模型：

$$\Delta \mathrm{Ln}GDP_t = \alpha + \beta\Delta \mathrm{Ln}TC_t + \theta\Delta \mathrm{Ln}GDP_{t-1} + \eta\Delta \mathrm{Ln}TC_{t-1} + \gamma e_t + \varepsilon_t$$

用普通最小二乘法进行估计得到：

$$\Delta \mathrm{Ln}GDP = 0.076801 + 0.505822\Delta \mathrm{Ln}TC + 0.243314\Delta \mathrm{Ln}GDP_{t-1} - 0.285150\Delta \mathrm{Ln}TC_{t-1} - 0.151544e_{t-1}$$

$$t = 3.805937 \quad 5.690510 \quad 1.567178 \quad -2.626197 \quad -3.203553$$

$$R^2 = 0.626304,\ DW = 1.830521$$

结果表明，根据模型的参数估计量，短期居民消费水平波动的变化会引起国内生产总值波动的同方向变化，如果短期居民消费波动变化1%，将引起国内生产总值波动变化0.505822%。

4.5 结论

本章通过检验发现，北京市居民消费总量与经济增长 *GDP* 均为非平稳经济变量，具有一阶单整性。就长期而言，经过协整检验知，居民消费总量与经济增长 *GDP* 的线性组合却是平稳的，两者之间存在长期均衡的协整关系，并且居民消费总量的变化对经济增长具有正向带动作用，即消费总量的增加能促进经济的增长，两者之间存在动态均衡机制，因此促进居民消费总量的提升对拉动经济增长有着重要作用。

5　北京市居民消费结构在拉动经济增长中的作用

5.1　消费结构

5.1.1　概念

消费结构（Consumption Structure）是在一定的社会经济条件下，人们（包括各种不同类型的消费者和社会集团）在消费过程中所消费的各种不同类型的消费资料（包括劳务）的比例关系，有实物和价值两种表现形式。实物形式指人们在消费中，消费了一些什么样的消费资料，以及它们各自的数量。价值形式指以货币表示的，人们在消费过程中消费的各种不同类型的消费资料的比例关系。在现实生活中具体的表现为各项生活支出。

5.1.2　基本认识

消费结构研究的是居民是随着其总消费支出的增加而变化的，消费结构一词虽然被广泛应用，但学界对其确切定义有不同的认识，具有代表性的观点有：人们在消费过程中所消费的不同类型消费资料的比例关系；在消费行为过程中，各类消费品和劳务在数量上各自所占的百分比及其相互之间的配合、替代诸比例关系；在需求和供给的矛盾运动中形成的各类消费资料（劳务）在消费支出总额中所占的比例及其相互关系；人们生活消费过程中各种社会因素与自然因素内部以及社会因素与自然因素之间的相互关系和数量比例的总和。这些观点为人们深入研究消费结构奠定了基础，但这些定义也存在一些不足，把消费结构的概念仅仅规定为比例关系，没有反映其内涵，没有反映对质的要求及其质与量的相互协调性。

消费结构应包括质与量两个方面的统一。消费结构的质包括消费品本身的质量、生活消费中各种消费品的相互协调状况、消费环境和消费者本人享受各种消费品的能力，也包括直接反映生活消费过程中的舒适和便利程度，和人们在心理上、精神上所得到的享受和乐趣。消费结构的量是各种消费对象的实物量和价值量的统一。消费结构从质与量的规定性出发可定义为：人们在生活消费过程中所耗费的各种消费对象的构成及其协调程度。

5.1.3 影响因素

消费结构的变动受多种因素影响。主要是：社会生产力发展水平、社会经济制度、产业结构、消费者的收入水平、消费品价格与消费决策（引导）、人口的社会结构和自然结构所决定的需求结构、消费者心理和消费行为和自然环境。

5.1.4 分类

消费结构主要有以下几种分类：①实物消费结构和价值消费结构。前者由一系列消费资料和消费服务的实物名称和数量来表示，后者则通过人们收入中各项货币支出的数量和比例来表示。在中国，当前实际消费的实物结构中还包括一定量的自给性实物消费，这部分一般不通过价值结构表现。②宏观消费结构与微观消费结构。前者指整个社会的消费结构，表明总体的消费数量和比例关系，从总体上反映一个国家或一个地区的消费结构状况。后者指某一家庭或个人的消费结构，它从一个消费单元上反映消费结构状况，并成为宏观消费结构的基础。前者与国民经济状况及国民收入水平相适应，后者与消费者收入及消费对象的价格变化相适应。③不同社会集团的消费结构。例如农民家庭的消费结构和城市职工家庭的消费结构等。

5.1.5 作用

考察消费结构，目的在于掌握和探索消费的变动趋势，及时调整产业结构和产品结构，衔接好产需关系；同时，可以借此剖析和评价一定的产业系统的经济效率以及衡量与检验人们的需求获得满足的状况。

合理的消费是一定的需求结构和供给结构相互作用的产物。同时，一定的消费结构又转过来给需求结构和供给结构以积极的影响，或促进供给的改善与需求的满足，或延缓着供给的改善与需求的满足。建立一个合理的消费结构模式是实行有计划的商品经济、实现国家经济发展战略的需要。在中国，当前人们公认的合理消费结构具备以下特点：消费构成要同社会的人口构成和需求构成相适应；要运用消费对生产的信息反馈，使供给结构同需求结构更加吻合；要同环境保护、自然资源的合理开发、能源的合理利用以及保持生态系统平衡相适应；要有利于社会主义精神文明建设。

消费结构是随着需求与供给的矛盾运动而不断变动的。考察消费结构的合理性，还应该考察它的变动性质。消费资料的良性变动反映为：生存资料在消费支出中的比重逐步下降，发展资料和享受资料的比重逐步上升；在各种消费形式的支出中，食品比重逐步下降，衣着、用品的比重逐步上升；食品的支出比重中，主食品的比重下降，副食品的比重上升；在穿用的消费支出中，购买中档、高档消费品和耐用消费品的支出比重上升，低档品比重下降；在住房建设中，新建扩建投资比重上升，维修投资比重下降；商品性消费比重增加，自给性消费比重下降；在消费总量中，服务性支出比重上升，商品性支出比重下降；用于精神消费比重上升，用于物质消费比重下降，等等。在总的良性变动趋势中，不排除个别时期内某个局部的逆向转化。例如，由于供应条件的改善和需求质量的提高而使食品支出增大。

5.2　产业结构

5.2.1　概念

产业结构是指各产业的构成及各产业之间的联系和比例关系。各产业部门的构成及相互之间的联系、比例关系不尽相同，对经济增长的贡献大小也不同。因此，把包括产业的构成、各产业之间的相互关系在内的结构特征概括为产业结构。

5.2.2　基本认识

产业结构，亦称国民经济的部门结构，是指国民经济各产业部门之间以及各产业部门内部的构成。包括产业结构本身，以及技术结构，产业布局，产业组织，产业链五个要素。社会生产的产业结构或部门结构是在一般分工和特殊分工的基础上产生并发展起来的。研究产业结构，主要是研究生产资料和生活资料两大部类之间的关系；从部门来看，主要是研究农业、轻工业、重工业、建筑业、商业服务业等部门之间的关系，以及各产业部门的内部关系。

产业结构高度化，也称产业结构高级化。指一国经济发展重点或产业结构重心由第一产业向第二产业和第三产业逐次转移的过程，标志着一国经济发展水平的高低和发展阶段、方向。产业结构高度化往往具体反映在各产业部门之间产值、就业人员、国民收入比例变动的过程上。产业结构高度化表现为一国经济发展不同时期最适当的产业结构，其主要衡量标准是：①收入弹性原则（所得弹性标准），即每增加一个单位收入与增加对某商品需求量之比。如果由于收入扩大而增加的需求能转化为收入弹性高的商品，出口增长率则可随之提高，对整体经济增长则较为理想；②生产率上升率原则（生产率上升原则）。为了使收入弹性高的商品能够出口，必须具备充分的国际竞争能力，因而最佳选择是把生产上升率高的产业或技术发展可能性大的产业作为重点；③技术、安全、群体原则，即从长远观点看，经济发展的动力是技术革新，因此对于能成为将来技术革新核心部门的产业，目前虽然处于比较劣势地位，也不能轻易放弃；为了一国经济的稳定发展，事实上要求有某种程度的国家安全保障或能够保障国家威望的产业；为了产业部门之间的平衡发展，必须形成范围较广的产业群体。符合上述三条标准的产业结构状态，就可称为一定时期一国产业结构的最适状态，同时也就表明该国阶段上产业结构高度化达到水准状况。

5.2.3　影响因素

一切决定和影响经济增长的因素都会不同程度上对产业结构的变动产生直接的或间接的影响。知识与技术创新、人口规模与结构、经济体制、自然资源禀赋、资本规模、需求结构、国际贸易等是一国产业结构演变过程中的基本制约因素。另外，一国资本的积累程度、国际投资规模（包括本国资金的流出和国外资金的流入）、经济体制（计划经济或市场经济，计划命令型的产业发展模式与市场竞争型的产业结构发展模式）、产业政策、历史条件、战争与和平环境等，都会不同程度地影响一国的产业结构。

5.2.4　结构矛盾

1. 我国第一产业矛盾的症结，在于耕地、水等资源相对短缺和劳动力严重过剩

中国人均耕地和水资源低于世界平均水平。农业剩余劳动力较多，今后每年还有大量新成长的劳动力需要就业。这就使我们面临一个难题，由于资源短缺，必须不断提高资源的利用效益，这要花费大量投资，包括水利设施的建设、机械设备、动力、化肥、农药的投入等。这就使农产品的成本不断

上升，而富余劳动力又使得农业的人均劳动生产率难以提高。成本的不断上升和劳动生产率的低下，使得从事农业生产的纯收入难以增加，“增产不增收”，“农业大县、财政穷县”等现象还很严重，成为农业进一步发展的关键问题。多年来，提高粮食、棉花等农产品价格，“以工补农”等措施起到了促进农业发展的效果。但当主要农产品价格接近国际市场价格后，人们面临着政策上的新选择。除了继续增加农业的投入，特别是科技投入，还需要开辟新的道路，采取新的措施。

2. 农民多，收入低

中国人均拥有的主要工业品和住房，在世界上尚属低水平，具有发展的潜力。但由于农民收入水平低，目前在城市已经普及的商品在农村尚无购买能力。第二产业供给能力大、需求相对不足的矛盾的根源，是农民多，而收入低。

3. 城市化的程度，与经济发展的程度不相适应

造成第三产业比重过低状况的原因，有交通等基础设施不发达等，但最根本的原因是我国城市化的程度与经济发展的程度不相适应。

5.2.5 调整方向

（1）坚持把农业放在经济工作的首位，确保农业和农村经济发展，农民收入增加。

（2）继续加强基础设施建设，推进国民经济信息化。

（3）加大调整改造加工工业的力度，振兴支柱产业，积极培育新的经济增长点。

（4）鼓励和引导第三产业加快发展。

（5）促进地区经济合理布局和协调发展。

5.2.6 调整措施

大力发展现代流通方式，可以通过积极引进和利用连锁、现代物流配送、电子商务、特许经营等手段，加快对传统商业服务业的改造步伐，提高流通现代水平。

在发展连锁经营方面，推动连锁经营向多业态、多业种扩展，建材装饰、中介服务、汽车、通信等行业都要大力推广和发展连锁经营。支持和引导大型连锁经营企业运用品牌、商品和管理等优势进行跨行业、跨所有制、跨区域联合重组，推动连锁企业实现规模化经营。抓住国家商务部“万村千乡”

市场建设工程的历史机遇，鼓励优势连锁企业进入农村市场，切实改善农村消费环境和启动农村市场。

在发展现代物流配送业方面，要重点加快“国际物流中心”“商业物流中心”“医药物流中心”等全市流通业基础设施的建设。结合城市发展规划，通过资产联合专业化改造，充分利用和整合现有物流资源，打破行业界限和地区封锁，进一步完善和发展社会化的物流企业，满足各类企业发展的需要，为客户提供高效快捷的配送服务，同时为电子商务的发展提供基础支持。

在发展电子商务和信息化建设方面，要加强政府在网络安全、网络基础设施建设、社会信用、法制环境、网络支付等方面的投入，争取我国电子商务平台早日投入运营，以支持大型流通业连锁集团的集中采购交易和中小企业的电子商务的发展。积极鼓励企业运用电子信息技术，实现采购、营销、物流配送、服务管理工作的数字化、网络化、自动化、提高流通效率、降低流通和服务技术。

5.3 消费结构影响经济增长实证分析

选取1995—2013年北京市生产总值 Y（单位：亿元）、第一产业生产总值 X_1（单位：亿元）、第二产业生产总值 X_2（单位：亿元）和第三产业生产总值 X_3（单位：亿元）以及人均食品消费支出 Z_1（单位：亿元）、衣着消费支出 Z_2（单位：亿元）、居住消费支出 Z_3（单位：亿元）、家庭设备用品及服务消费支出 Z_4（单位：亿元）、医疗保健消费支出 Z_5（单位：亿元）、交通和通信消费支出 Z_6（单位：亿元）、教育文化娱乐服务 Z_7（单位：亿元）和杂项商品和服务消费支出 Z_8（单位：亿元）的相关数据，分别分析消费结构对GDP及各产业的影响机制。

5.3.1 单位根检验

从图5-1可以看出，1995—2013年，各变量序列（取对数后）均表现出持续上升趋势，由此可初步判断它们均是非平稳的时间序列。

我们又做出 $\mathrm{Ln}Y$、$\mathrm{Ln}X_1$、$\mathrm{Ln}X_2$、$\mathrm{Ln}X_3$、$\mathrm{Ln}Z_1$、$\mathrm{Ln}Z_2$、$\mathrm{Ln}Z_3$、$\mathrm{Ln}Z_4$、$\mathrm{Ln}Z_5$、$\mathrm{Ln}Z_6$、$\mathrm{Ln}Z_7$ 和 $\mathrm{Ln}Z_8$ 自相关图（参见附录1），它们均为缓慢下降的，这也表明各变量序列也是非平稳的。

下面对各变量的平稳性进行单位根检验。先检验 $\mathrm{Ln}Y$ 平稳性（参见附

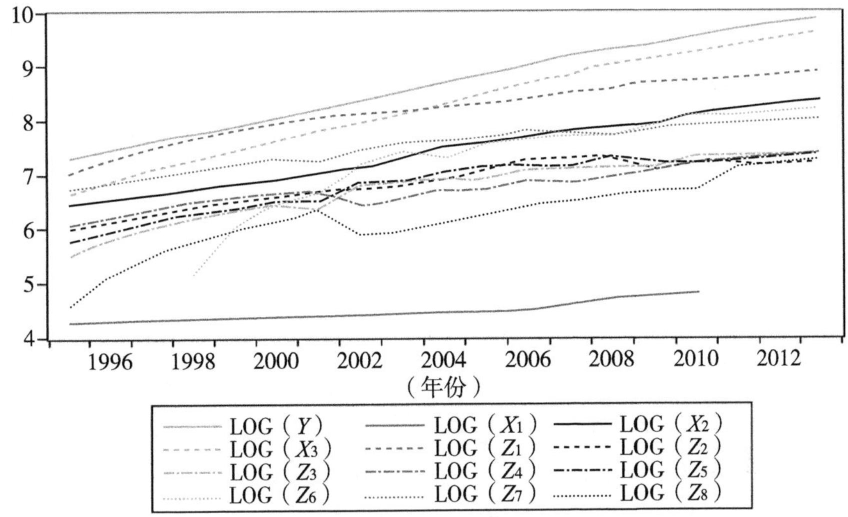

图 5－1　1995—2013 年各变量趋势

录 2)，在既包含截距项和斜率项、只包含截距项和既不包含斜率项也不包含截距项三种情形下，对应 t 检验统计量的值均大于对应的 ADF 临界值，表明序列 $\mathrm{Ln}Y$ 有一个单位根。用同样的方法可以得到 $\mathrm{Ln}X_1$、$\mathrm{Ln}X_2$、$\mathrm{Ln}X_3$、$\mathrm{Ln}Z_1$、$\mathrm{Ln}Z_2$、$\mathrm{Ln}Z_3$、$\mathrm{Ln}Z_4$、$\mathrm{Ln}Z_5$、$\mathrm{Ln}Z_6$、$\mathrm{Ln}Z_7$、$\mathrm{Ln}Z_8$ 也有相同的检验结果，即它们都有一个单位根。这也再次说明，变量序列 $\mathrm{Ln}Y$、Ln_1、Ln_2、Ln_3、$\mathrm{Ln}Z_1$、$\mathrm{Ln}Z_2$、$\mathrm{Ln}Z_3$、$\mathrm{Ln}Z_4$、$\mathrm{Ln}Z_5$、$\mathrm{Ln}Z_6$、$\mathrm{Ln}Z_7$、$\mathrm{Ln}Z_8$ 均为非平稳时间序列。Ln_1、Ln_2、Ln_3、$\mathrm{Ln}Z_1$、$\mathrm{Ln}Z_2$、$\mathrm{Ln}Z_3$、$\mathrm{Ln}Z_4$、$\mathrm{Ln}Z_5$、$\mathrm{Ln}Z_6$、$\mathrm{Ln}Z_7$、$\mathrm{Ln}Z_8$ 的 ADF 检验结果见附录 3。

5.3.2　消费对 *GDP* 的影响分析

经过初步分析，去除多重共线性以后，影响国内生产总值 Y 的量主要为食品消费支出 Z_1、家庭设备用品及服务消费支出 Z_4、医疗保健消费支出 Z_5 和杂项商品及服务消费支出 Z_8。

1. 单整性检验

变量 $\mathrm{Ln}Y$、$\mathrm{Ln}Z_1$、$\mathrm{Ln}Z_4$、$\mathrm{Ln}Z_5$ 和 $\mathrm{Ln}Z_8$ 经过二阶差分以后，其 *ADF* 检验的 t 值均小于其临界值（参见附录 4），这表明 $\mathrm{Ln}Y$、$\mathrm{Ln}Z_1$、$\mathrm{Ln}Z_4$、$\mathrm{Ln}Z_5$ 和 $\mathrm{Ln}Z_8$ 均为二阶单整的。

从图 5－2 可看出，$\mathrm{Ln}Y$、$\mathrm{Ln}Z_1$、$\mathrm{Ln}Z_4$、$\mathrm{Ln}Z_5$ 和 $\mathrm{Ln}Z_8$ 的二阶差分序列为平稳序列。

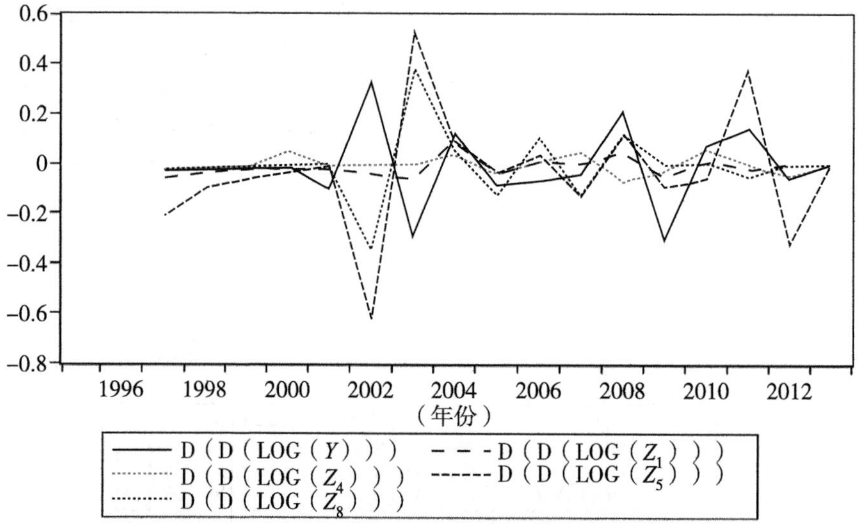

图 5－2　LnY、LnZ_1、LnZ_4、LnZ_5 和 LnZ_8 的二阶差分序列

2. 协整检验

为了检验变量 LnY，LnZ_1，LnZ_4，LnZ_5，LnZ_8 之间的协整性，首先用 OLS 估计模型 $LnY = \beta_0 + \beta_1 LnZ_1 + \beta_2 LnZ_4 + \beta_3 LnZ_5 + \beta_4 LnZ_8 + \mu$，回归结果如图 5－3 所示。

Dependent Variable: LOG(Y)
Method: Least Squares
Date: 10/02/15 Time: 21:38
Sample: 1995 2013
Included observations: 19

Variable	Coefficient	Std. Error	t-Statistic	Prob.
C	-8.635258	0.964739	-8.950874	0.0000
LOG（Z_1）	0.647414	0.452882	1.429543	0.1748
LOG（Z_4）	1.891079	0.272905	6.929439	0.0000
LOG（Z_5）	0.606004	0.275105	2.202813	0.0449
LOG（Z_8）	-0.798369	0.178175	-4.480805	0.0005

R-squared	0.991189	Mean dependent var	8.666941
Adjusted R-squared	0.988671	S.D. dependent var	0.827022
S.E. of regression	0.088026	Akaike info criterion	-1.801446
Sum squared resid	0.108479	Schwarz criterion	-1.552909
Log likelihood	22.11373	Hannan-Quinn criter.	-1.759383
F-statistic	393.7184	Durbin-Watson stat	1.653195
Prob(F-statistic)	0.000000		

图 5－3　LnY 对 LnZ_1，LnZ_4，LnZ_5，LnZ_8 回归结果

对残差序列进行 *ADF* 检验，检验结果如图 5－4 所示。

Augmented Dickey-Fuller Unit Root Test on E

Null Hypothesis: E has a unit root
Exogenous: Constant, Linear Trend
Lag Length: 2 (Automatic - based on SIC, maxlag=3)

		t-Statistic	Prob.*
Augmented Dickey-Fuller test statistic		-6.374817	0.0006
Test critical values:	1% level	-4.667883	
	5% level	-3.733200	
	10% level	-3.310349	

*MacKinnon (1996) one-sided p-values.
Warning: Probabilities and critical values calculated for 20 observations and may not be accurate for a sample size of 16

Augmented Dickey-Fuller Test Equation
Dependent Variable: D(E)
Method: Least Squares
Date: 10/02/15　Time: 21:41
Sample (adjusted): 1998 2013
Included observations: 16 after adjustments

Variable	Coefficient	Std. Error	t-Statistic	Prob.
E(-1)	-2.224423	0.348939	-6.374817	0.0001
D(E(-1))	1.030932	0.262678	3.924706	0.0024
D(E(-2))	0.793186	0.204408	3.880395	0.0026
C	-0.064859	0.034821	-1.862610	0.0894
@TREND("1995")	0.003688	0.003075	1.199445	0.2556

R-squared	0.817194	Mean dependent var	0.000378
Adjusted R-squared	0.750719	S.D. dependent var	0.107875
S.E. of regression	0.053860	Akaike info criterion	-2.754559
Sum squared resid	0.031910	Schwarz criterion	-2.513125
Log likelihood	27.03647	Hannan-Quinn criter.	-2.742196
F-statistic	12.29329	Durbin-Watson stat	1.757207
Prob(F-statistic)	0.000480		

图 5 -4　残差序列的 *ADF* 检验结果

从图 5 -4 可以看出，对应的 *ADF* 检验统计量 t 值为 -6.37，小于显著性水平 5% 下的 *ADF* 临界值 -3.73，因此在该显著性水平下拒绝存在单位根的假设，表明残差项是平稳的。因此 $\mathrm{Ln}Y$，$\mathrm{Ln}Z_1$，$\mathrm{Ln}Z_4$，$\mathrm{Ln}Z_5$，$\mathrm{Ln}Z_8$ 之间存在（2，2）阶的协整关系，即它们存在长期稳定的均衡关系。

根据图 5 -3 中的回归结果，可得长期均衡关系的回归模型为：

$$\widehat{\mathrm{Ln}Y} = -8.635258 + 0.647414\mathrm{Ln}Z_1 + 1.891079\mathrm{Ln}Z_4 + 0.606004\mathrm{Ln}Z_5 - 0.798369\mathrm{Ln}Z_8 \tag{5-1}$$

上述长期均衡关系模型表明，家庭设备用品及服务消费 Z_4 对经济增长影响最为显著，该项消费每增长 1%，将拉动经济平均增长 1.891079%；食品消费 Z_1 和医疗保健消费 Z_5 对经济增长的影响程度基本相当，此两项消费每增加 1%，*GDP* 将分别平均增加 0.647414% 和 0.606004%；值得注意的是，回归结果表明，同样对经济增长有着显著影响的杂项商品及服务的消费量 Z_8，对经济增长有着某种程度的制约作用，即该项消费每增长 1%，*GDP* 将平均减少 0.798369%。其中的原因可能为，杂项商品及服务的消费量过高，就会使得其他更加重要的对 *GDP* 有正向拉动作用的消费类型的比重下降，表现为该项消费若增长过快，便会对 *GDP* 的增长起到抑制作用。

3. 误差修正模型

前述分析已经得到，LnY，LnZ_1，LnZ_4，LnZ_5，LnZ_8 之间是（2，2）阶协整的，并已得到 LnY 与 LnZ_1，LnZ_4，LnZ_5，LnZ_8 的长期均衡关系模型（5－1）。以该回归模型的残差序列为误差修正项，可得误差修正模型的回归结果如图5－5所示。拟合效果如图5－6所示。

Dependent Variable: D(LnY)
Method: Least Squares
Date: 10/03/15 Time: 10:59
Sample (adjusted): 1997 2013
Included observations: 17 after adjustments

Variable	Coefficient	Std. Error	t-Statistic	Prob.
D (LnZ1)	0.148419	0.192920	0.769330	0.4579
D (LnZ4)	0.365295	0.181320	2.014646	0.0690
D (LnZ5)	0.097473	0.119631	0.814786	0.4325
D (LnZ8)	-0.178174	0.084655	-2.104717	0.0591
D (LNY(-1))	0.772844	0.124370	6.214050	0.0001
E(-1)	-0.307426	0.115874	-2.653095	0.0225

R-squared	0.304283	Mean dependent var	0.140510
Adjusted R-squared	-0.011952	S.D. dependent var	0.030374
S.E. of regression	0.030555	Akaike info criterion	-3.868022
Sum squared resid	0.010270	Schwarz criterion	-3.573946
Log likelihood	38.87818	Hannan-Quinn criter.	-3.838790
Durbin-Watson stat	2.367885		

图5－5　误差修正模型回归结果

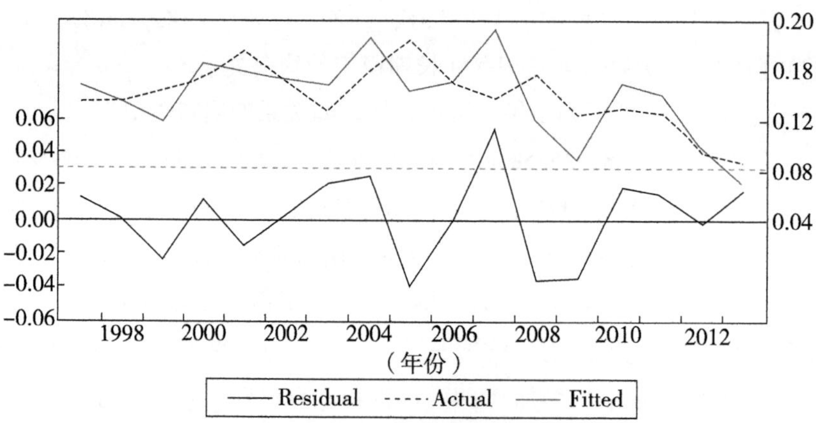

图5－6　误差修正模型拟合效果

由图5－5可建立误差修正模型如下：

$$\Delta LnY_t = 0.148\Delta LnZ_{1t} + 0.365\Delta LnZ_{4t} + 0.097\Delta LnZ_{5t} - 0.178\Delta LnZ_{8t} + 0.772\Delta LnY_{t-1} - 0.307e_{t-1} \quad (5-2)$$

上述模型反映了 $\mathrm{Ln}Y$ 与 $\mathrm{Ln}Z_1$，$\mathrm{Ln}Z_4$，$\mathrm{Ln}Z_5$，$\mathrm{Ln}Z_8$ 的短期均衡关系。其中变量系数的符号与长期均衡模型（5－1）中的系数符号一致，误差修正系数为负，符合反向修正机制。该短期均衡模型表明，本期食品消费 Z_1、家庭设备用品及服务消费 Z_4、医疗保健消费 Z_5 和上一期 *GDP* 的短期变动对本期 GDP 存在正向影响，它们的变动每增加 1%，本期 *GDP* 将分别平均增加 0.148%、0.365%、0.097% 和 0.772%；而本期杂项商品及服务的消费量 Z_8 的短期变动对经济增长有着负向影响，即本期该项消费的变动每增长 1%，本期 *GDP* 将平均减少 0.178%。

误差修正系数为－0.307，表明每年的实际 *GDP* 与长期均衡值之间偏差中的 30.7% 被修正。

5.3.3　消费对第一产业影响分析

经过初步分析和变量筛选，去除多重共线性影响后可得，第一产业产值 X_1 的主要影响因素为食品消费支出 Z_1、衣着消费支出 Z_2 以及交通和通信消费支出 Z_6。

1. 单整性检验

变量 $\mathrm{Ln}X_1$、$\mathrm{Ln}Z_1$、$\mathrm{Ln}Z_2$ 和 $\mathrm{Ln}Z_6$ 经过二阶差分以后，其 *ADF* 检验的 t 值均小于其临界值（见附录 5），这表明 $\mathrm{Ln}X_1$、$\mathrm{Ln}Z_1$、$\mathrm{Ln}Z_2$ 和 $\mathrm{Ln}Z_6$ 均为二阶单整。

从图 5－7 也可看出，$\mathrm{Ln}X_1$、$\mathrm{Ln}Z_1$、$\mathrm{Ln}Z_2$ 和 $\mathrm{Ln}Z_6$ 的二阶差分序列为平稳序列。

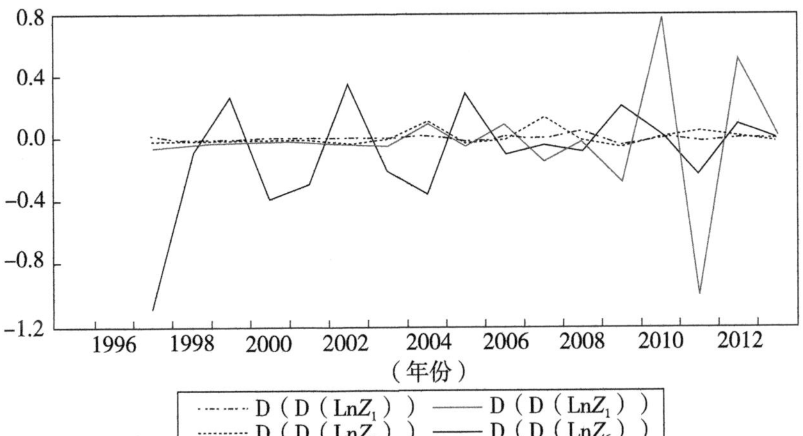

图 5－7　$\mathrm{Ln}X_1$、$\mathrm{Ln}Z_1$、$\mathrm{Ln}Z_2$ 和 $\mathrm{Ln}Z_6$ 二阶差分序列

2. 协整检验

为了检验变量 $\mathrm{Ln}X_1$、$\mathrm{Ln}Z_1$、$\mathrm{Ln}Z_2$ 和 $\mathrm{Ln}Z_6$ 之间的协整性，首先用 OLS 估计模型 $\mathrm{Ln}X_1=\beta_0+\beta_1\mathrm{Ln}Z_1+\beta_2\mathrm{Ln}Z_2+\beta_3\mathrm{Ln}Z_6+\mu$，回归结果如图 5－8 所示。

Dependent Variable: LOG(X_1)
Method: Least Squares
Date: 10/03/15 Time: 14:20
Sample: 1995 2013
Included observations: 19

Variable	Coefficient	Std. Error	t-Statistic	Prob.
C	-2.569596	0.465479	-5.520324	0.0001
LOG(Z_1)	1.231763	0.090579	13.59881	0.0000
LOG(Z_2)	-0.209051	0.078297	-2.669986	0.0175
LOG(Z_6)	-0.228217	0.024279	-9.399642	0.0000

R-squared	0.967997	Mean dependent var	4.562263
Adjusted R-squared	0.961596	S.D. dependent var	0.250330
S.E. of regression	0.049057	Akaike info criterion	-3.007000
Sum squared resid	0.036099	Schwarz criterion	-2.808170
Log likelihood	32.56650	Hannan-Quinn criter.	-2.973350
F-statistic	151.2337	Durbin-Watson stat	2.085618
Prob(F-statistic)	0.000000		

图 5－8　$\mathrm{Ln}X_1$ 对 $\mathrm{Ln}Z_1$、$\mathrm{Ln}Z_2$ 和 $\mathrm{Ln}Z_6$ 回归结果

对该回归结果的残差序列进行 *ADF* 检验，检验结果如图 5－9 所示。

Augmented Dickey-Fuller Unit Root Test on E_1

Null Hypothesis: E_1 has a unit root
Exogenous: Constant, Linear Trend
Lag Length: 0 (Automatic - based on SIC, maxlag=3)

		t-Statistic	Prob.*
Augmented Dickey-Fuller test statistic		-4.334185	0.0155
Test critical values:	1% level	-4.571559	
	5% level	-3.690814	
	10% level	-3.286909	

*MacKinnon (1996) one-sided p-values.
Warning: Probabilities and critical values calculated for 20 observations and may not be accurate for a sample size of 18

Augmented Dickey-Fuller Test Equation
Dependent Variable: D(E_1)
Method: Least Squares
Date: 10/03/15 Time: 14:23
Sample (adjusted): 1996 2013
Included observations: 18 after adjustments

Variable	Coefficient	Std. Error	t-Statistic	Prob.
E_1(-1)	-1.152414	0.265889	-4.334185	0.0006
C	0.006705	0.023116	0.290049	0.7757
@TREND("1995")	-0.000496	0.002144	-0.231586	0.8200

R-squared	0.556471	Mean dependent var	0.006220
Adjusted R-squared	0.497334	S.D. dependent var	0.066240
S.E. of regression	0.046964	Akaike info criterion	-3.127872
Sum squared resid	0.033084	Schwarz criterion	-2.979477
Log likelihood	31.15085	Hannan-Quinn criter.	-3.107410
F-statistic	9.409842	Durbin-Watson stat	1.571252
Prob(F-statistic)	0.002249		

图 5－9　残差序列的 *ADF* 检验结果

从图5－9可以看出，对应的ADF检验统计量t的值为－4.33，小于显著性水平5%下的ADF临界值－3.69，因此在该显著性水平下拒绝存在单位根的假设，表明残差项是平稳的。因此，$\mathrm{Ln}X_1$、$\mathrm{Ln}Z_1$、$\mathrm{Ln}Z_2$和$\mathrm{Ln}Z_6$之间存在（2，2）阶的协整关系，即它们存在长期稳定的均衡关系。

根据图5－8中的回归结果，可得长期均衡关系的回归模型为：

$$\mathrm{L\hat{n}}X_1 = -2.569596 + 1.231763Z_1 - 0.209051\mathrm{Ln}Z_2 - 0.228217\mathrm{Ln}Z_6 \tag{5-3}$$

上述长期均衡关系模型表明，食品消费Z_1对第一产业产值的影响是显著正向的，该项消费每增长1%，将使第一产业产值平均增长1.231763%；而衣着消费Z_2和交通和通信消费Z_6对经济增长的影响都是显著负向的，此两项消费每增加1%，第一产业总产值将分别平均减少0.209051%和0.228217%。

3. 误差修正模型

通过已有分析，$\mathrm{Ln}X_1$、$\mathrm{Ln}Z_1$、$\mathrm{Ln}Z_2$和$\mathrm{Ln}Z_6$之间是（2，2）阶协整的，模型（5－3）也已给出$\mathrm{Ln}X_1$与$\mathrm{Ln}Z_1$、$\mathrm{Ln}Z_2$和$\mathrm{Ln}Z_6$的长期均衡关系。以该回归模型的残差序列为误差修正项，可得误差修正模型的回归结果和拟合效果分别如图5－10和图5－11所示。

Dependent Variable: D（$\mathrm{Ln}X_1$）
Method: Least Squares
Date: 10/03/15 Time: 14:46
Sample (adjusted): 1996 2013
Included observations: 18 after adjustments

Variable	Coefficient	Std. Error	t-Statistic	Prob.
D（$\mathrm{Ln}Z_1$）	0.852931	0.159843	5.336070	0.0001
D（$\mathrm{Ln}Z_2$）	-0.110490	0.051153	-2.160015	0.0486
D（$\mathrm{Ln}Z_6$）	-0.134578	0.034433	-3.908423	0.0016
E_1（-1）	-0.702508	0.253837	-2.767560	0.0151

R-squared	0.282410	Mean dependent var	0.043838
Adjusted R-squared	0.128641	S.D. dependent var	0.039684
S.E. of regression	0.037043	Akaike info criterion	-3.560332
Sum squared resid	0.019211	Schwarz criterion	-3.362471
Log likelihood	36.04298	Hannan-Quinn criter.	-3.533049
Durbin-Watson stat	1.283247		

图5－10 误差修正模型回归结果

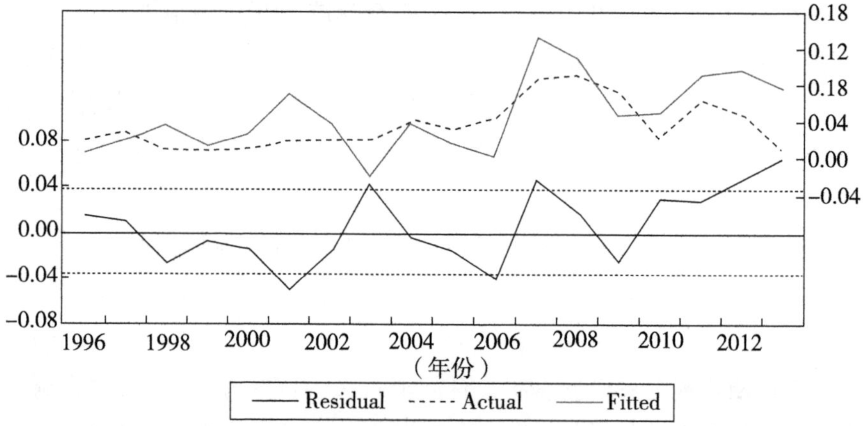

图 5-11　误差修正模型拟合效果

由图 5-10，可建立误差修正模型如下：

$$\Delta LnX_{1t} = 0.853\Delta LnZ_{1t} - 0.110\Delta LnZ_{2t} - 0.135\Delta LnZ_{6t} - 0.702e_{t-1} \quad (5-4)$$

模型（5-4）反映了 LnX_1 与 LnZ_1、LnZ_2 和 LnZ_6 的短期均衡关系。其中，变量系数的符号与长期均衡模型（5-3）中的系数符号一致，误差修正系数为负，符合反向修正机制。该短期均衡模型表明，本期食品消费 Z_1 的短期变动对本期第一产业产值的短期变动存在正向影响，其变动每增加 1%，本期第一产业总产值的变动将平均增加 0.853%；而本期衣着消费 Z_2 的短期变动及交通和通信消费 Z_6 的短期变动对本期第一产业产值则都具有负向影响，此两项的本期变动每增加 1%，本期第一产业产值将分别平均减少 0.110% 和 0.135%。该误差修正模型的修正系数为 -0.702，表明每年的实际第一产业产值与长期均衡值之间偏差中的 70.2% 被修正。

5.3.4　消费对第二产业影响分析

经初步分析，去除可能引起多重共线性的变量以后，影响第二产业产值 X_2 的量主要有家庭设备用品及服务消费支出 Z_4、教育文化娱乐服务消费支出 Z_7 和杂项商品及服务消费支出 Z_8。

1. 单整性检验

变量 LnX_2、LnZ_4、LnZ_7 和 LnZ_8 经过二阶差分以后，其 *ADF* 检验的 t 值均小于其临界值（参见附录6），这表明 LnX_2、LnZ_4、LnZ_7 和 LnZ_8 均为二阶单整。

从图 5-12 也可看出，LnX_2、LnZ_4、LnZ_7 和 LnZ_8 的二阶差分序列为平稳序列。

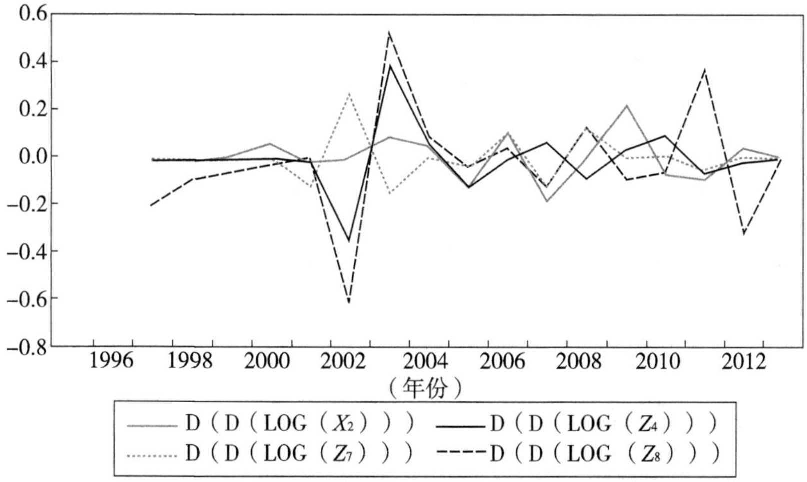

图 5－12 $\mathrm{Ln}X_2$、$\mathrm{Ln}Z_4$、$\mathrm{Ln}Z_7$、$\mathrm{Ln}Z_8$ 的二阶差分序列

2. 协整检验

为了检验变量 $\mathrm{Ln}X_2$、$\mathrm{Ln}Z_4$、$\mathrm{Ln}Z_7$、$\mathrm{Ln}Z_8$ 之间的协整性，首先用普通最小二乘法估计模型 $\mathrm{Ln}X_2=\beta_0+\beta_1\mathrm{Ln}Z_4+\beta_2\mathrm{Ln}Z_7+\beta_3\mathrm{Ln}Z_8+\mu$，所得回归结果如图 5－13 所示。

Dependent Variable: LOG(X2)
Method: Least Squares
Date: 10/03/15 Time: 16:01
Sample: 1995 2013
Included observations: 19

Variable	Coefficient	Std. Error	t-Statistic	Prob.
C	-6.988212	0.903599	-7.733753	0.0000
LOG（Z4）	1.323574	0.244519	5.412963	0.0001
LOG（Z7）	1.122017	0.135213	8.298155	0.0000
LOG（Z8）	-0.483069	0.137625	-3.510038	0.0032

R-squared	0.983945	Mean dependent var	7.431601
Adjusted R-squared	0.980734	S.D. dependent var	0.630493
S.E. of regression	0.087514	Akaike info criterion	-1.849365
Sum squared resid	0.114881	Schwarz criterion	-1.650536
Log likelihood	21.56897	Hannan-Quinn criter.	-1.815715
F-statistic	306.4252	Durbin-Watson stat	1.790940
Prob(F-statistic)	0.000000		

图 5－13 $\mathrm{Ln}X_2$ 对 $\mathrm{Ln}Z_4$、$\mathrm{Ln}Z_7$ 和 $\mathrm{Ln}Z_8$ 的回归结果

对上述回归结果的残差序列进行 *ADF* 检验，检验结果如图 5－14 所示。

Augmented Dickey-Fuller Unit Root Test on E_2

Null Hypothesis: E_2 has a unit root
Exogenous: Constant, Linear Trend
Lag Length: 1 (Automatic - based on SIC, maxlag=3)

		t-Statistic	Prob.*
Augmented Dickey-Fuller test statistic		-4.304815	0.0175
Test critical values:	1% level	-4.616209	
	5% level	-3.710482	
	10% level	-3.297799	

*MacKinnon (1996) one-sided p-values.
Warning: Probabilities and critical values calculated for 20 observations and may not be accurate for a sample size of 17

Augmented Dickey-Fuller Test Equation
Dependent Variable: D(E_2)
Method: Least Squares
Date: 10/03/15 Time: 16:06
Sample (adjusted): 1997 2013
Included observations: 17 after adjustments

Variable	Coefficient	Std. Error	t-Statistic	Prob.
E_2(-1)	-1.369122	0.318044	-4.304815	0.0009
D(E_2(-1))	0.435791	0.233789	1.864037	0.0851
C	-0.053031	0.043372	-1.222690	0.2432
@TREND("1995")	0.004506	0.003889	1.158658	0.2674

R-squared	0.616122	Mean dependent var	-0.002318
Adjusted R-squared	0.527535	S.D. dependent var	0.113161
S.E. of regression	0.077783	Akaike info criterion	-2.067474
Sum squared resid	0.078652	Schwarz criterion	-1.871424
Log likelihood	21.57353	Hannan-Quinn criter.	-2.047986
F-statistic	6.954979	Durbin-Watson stat	2.113669
Prob(F-statistic)	0.004920		

图 5－14　残差序列的 *ADF* 检验结果

根据图 5－14，对应的 *ADF* 检验统计量 t 值为 －4.30，小于显著性水平 5%下的 *ADF* 临界值 －3.71，因此，在该显著性水平下拒绝存在单位根的假设，表明残差项是平稳的。因此 $\mathrm{Ln}X_2$、$\mathrm{Ln}Z_4$、$\mathrm{Ln}Z_7$、$\mathrm{Ln}Z_8$ 之间存在（2，2）阶的协整关系，即它们存在长期稳定的均衡关系。

根据图 5－15 中的回归结果，可得长期均衡关系的回归模型为：

$$\hat{\mathrm{Ln}}X_2 = -6.988212 + 1.323574\mathrm{Ln}Z_4 + 1.122017\mathrm{Ln}Z_7 - 0.483069\mathrm{Ln}Z_8 \quad (5-5)$$

回归结果如图 5－15 所示。

上述长期均衡关系模型表明，家庭设备用品及服务消费 Z_4 和教育文化娱乐服务消费 Z_7 对第二产业产值具有正向影响关系，而其他杂项商品和服务消费 Z_8 对第二产业产值具有负向影响关系。具体来说，家庭设备用品及服务消费 Z_4 和教育文化娱乐服务消费 Z_7 每增加 1%，第二产业产值将分别平均增加 1.323574% 和 1.122017%；其他杂项商品和服务消费 Z_8 每增长 1%，第二产业产值将平均减少 0.483069%。

Dependent Variable: D(LnX_2)
Method: Least Squares
Date: 10/03/15　Time: 16:23
Sample (adjusted): 1997 2013
Included observations: 17 after adjustments

Variable	Coefficient	Std. Error	t-Statistic	Prob.
D(LnZ_4)	0.672505	0.152879	4.398948	0.0009
D(LnZ_7)	0.335443	0.103719	3.234143	0.0072
D(LnZ_8)	-0.302924	0.089949	-3.367746	0.0056
D(LnX_2 (-1))	0.643407	0.109098	5.897497	0.0001
E_2 (-1)	-0.448136	0.114473	-3.914784	0.0021

R-squared	0.592378	Mean dependent var	0.106270
Adjusted R-squared	0.456504	S.D. dependent var	0.045531
S.E. of regression	0.033566	Akaike info criterion	-3.710656
Sum squared resid	0.013520	Schwarz criterion	-3.465593
Log likelihood	36.54057	Hannan-Quinn criter.	-3.686296
Durbin-Watson stat	1.950336		

图 5－15　误差修正模型回归结果

3. 误差修正模型

前述分析已经得到，LnX_2、LnZ_4、LnZ_7、LnZ_8 之间是（2，2）阶协整的，并已得到 LnX_2 与 LnZ_4、LnZ_7、LnZ_8 的长期均衡关系模型（5－5）。以该回归模型的残差序列为误差修正项，可得误差修正模型的回归结果如图 5－15所示。拟合效果如图 5－16 所示。

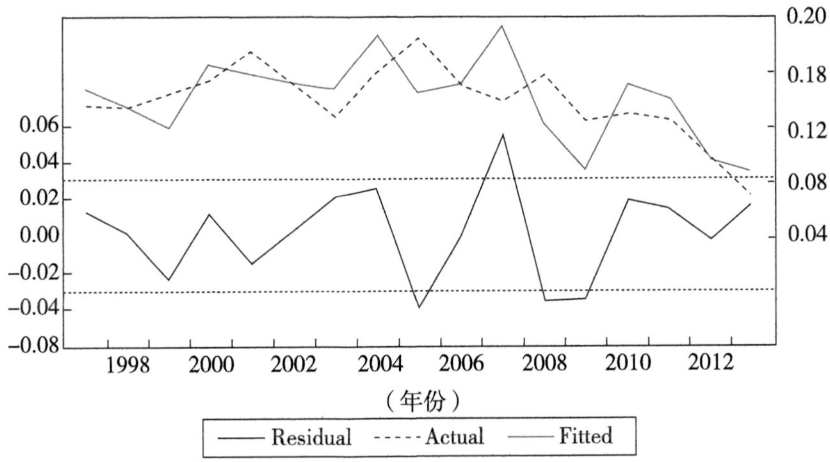

图 5－16　误差修正模型拟合效果

由图 5－15 可建立误差修正模型如下：

$$\Delta LnX_{2t} = 0.673\Delta LnZ_{4t} + 0.335\Delta LnZ_{7t} - 0.303\Delta LnZ_{8t} + 0.643\Delta LnX_{2t-1} - 0.448e_{t-1} \quad (5-6)$$

该模型反映了 LnX_2 与 LnZ_4、LnZ_7、LnZ_8 的短期均衡关系。其中变量系数的符号与长期均衡模型（5－5）中的系数符号一致，误差修正系数为负，符合反向修正机制。该短期均衡模型表明，本期家庭设备用品及服务消费 Z_4、教育文化娱乐服务消费 Z_7 和上一期第二产业产值的短期变动对本期第二产业产值的短期变动存在正向影响，它们的变动每增加 1%，本期第二产业产值将分别平均增加 0.673%、0.335% 和 0.643%；而本期杂项商品及服务的消费量 Z_8 的短期变动对第二产业产值的短期变动有着负向影响，即本期该项消费的变动每增长 1%，本期第二产业产值的变动将平均减少 0.303%。误差修正系数为 －0.448，表明每年的实际第二产业产值与长期均衡值之间偏差中的 44.8% 被修正。

5.3.5 消费对第三产业影响分析

经过变量选择等初步分析，去除可能引起多重共线性的变量，并结合已有经验，可以判断影响第三产业产值 X_3 的变量主要有食品消费支出 Z_1、医疗保健消费支出 Z_5、交通和通信消费支出 Z_6、教育文化娱乐服务消费支出 Z_7。

1. 单整性检验

变量 LnX_3、LnZ_1、LnZ_5、LnZ_6 和 LnZ_7 经过二阶差分以后，其 *ADF* 检验的 t 值均小于其临界值（参见附录 7），从而表明 LnX_3、LnZ_1、LnZ_5、LnZ_6 和 LnZ_7 均是二阶单整的。

从图 5－17 也可看出，LnX_3、LnZ_1、LnZ_5、LnZ_6 和 LnZ_7 的二阶差分序列为平稳序列。

2. 协整检验

下面检验变量 LnX_3、LnZ_1、LnZ_5、LnZ_6、LnZ_7 之间的协整性，为此，首先用普通最小二乘法估计模型 $LnX_3 = \beta_0 + \beta_1 LnZ_1 + \beta_2 LnZ_5 + \beta_3 LnZ_6 + \beta_4 LnZ_7 + \mu$，所得回归结果如图 5－18 所示。对回归结果的残差序列进行 *ADF* 检验，得检验结果如图 5－19 所示。

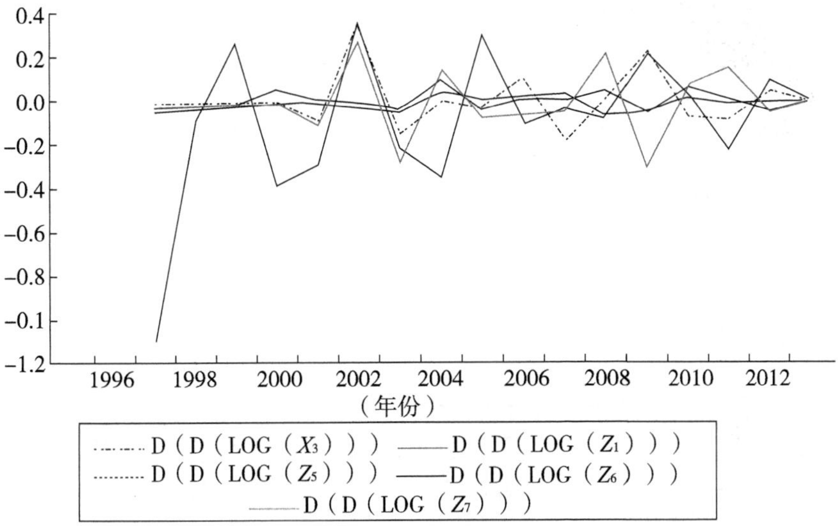

图 5－17　$\mathrm{Ln}X_3$、$\mathrm{Ln}Z_1$、$\mathrm{Ln}Z_5$、$\mathrm{Ln}Z_6$、$\mathrm{Ln}Z_7$ 的二阶差分序列

Dependent Variable: LOG(X_3)
Method: Least Squares
Date: 10/03/15　Time: 17:36
Sample: 1995 2013
Included observations: 19

Variable	Coefficient	Std. Error	t-Statistic	Prob.
C	-11.75281	0.640860	-18.33913	0.0000
LOG(Z_1)	1.773895	0.166960	10.62468	0.0000
LOG(Z_5)	0.323498	0.151780	2.131370	0.0513
LOG(Z_6)	-0.304907	0.032056	-9.511653	0.0000
LOG(Z_7)	0.706461	0.239534	2.949314	0.0106

R-squared	0.996834	Mean dependent var	8.280937
Adjusted R-squared	0.995930	S.D. dependent var	0.935646
S.E. of regression	0.059691	Akaike info criterion	-2.578347
Sum squared resid	0.049882	Schwarz criterion	-2.329811
Log likelihood	29.49430	Hannan-Quinn criter.	-2.536285
F-statistic	1102.162	Durbin-Watson stat	2.441056
Prob(F-statistic)	0.000000		

图 5－18　$\mathrm{Ln}X_3$ 对 $\mathrm{Ln}Z_1$、$\mathrm{Ln}Z_5$、$\mathrm{Ln}Z_6$、$\mathrm{Ln}Z_7$ 的回归结果

Augmented Dickey-Fuller Unit Root Test on E_3

Null Hypothesis: E_3 has a unit root
Exogenous: Constant, Linear Trend
Lag Length: 2 (Automatic - based on SIC, maxlag=3)

		t-Statistic	Prob.*
Augmented Dickey-Fuller test statistic		-5.198638	0.0040
Test critical values:	1% level	-4.667883	
	5% level	-3.733200	
	10% level	-3.310349	

*MacKinnon (1996) one-sided p-values.
Warning: Probabilities and critical values calculated for 20 observations and may not be accurate for a sample size of 16

Augmented Dickey-Fuller Test Equation
Dependent Variable: D(E_3)
Method: Least Squares
Date: 10/03/15 Time: 17:39
Sample (adjusted): 1998 2013
Included observations: 16 after adjustments

Variable	Coefficient	Std. Error	t-Statistic	Prob.
E_3(-1)	-2.192420	0.421730	-5.198638	0.0003
D(E_3(-1))	0.685903	0.301207	2.277182	0.0438
D(E_3(-2))	0.431776	0.187754	2.299690	0.0421
C	-0.061357	0.026518	-2.313795	0.0410
@TREND("1995")	0.005057	0.002302	2.197324	0.0503

R-squared	0.803475	Mean dependent var	-0.000727
Adjusted R-squared	0.732011	S.D. dependent var	0.077575
S.E. of regression	0.040159	Akaike info criterion	-3.341638
Sum squared resid	0.017740	Schwarz criterion	-3.100204
Log likelihood	31.73310	Hannan-Quinn criter.	-3.329274
F-statistic	11.24311	Durbin-Watson stat	2.053393
Prob(F-statistic)	0.000704		

图 5－19　残差序列的 *ADF* 检验结果

根据图 5－19，对应的 *ADF* 检验统计量 t 值为 －5.20，小于显著性水平 5% 下的 *ADF* 临界值 －3.73，因此在该显著性水平下拒绝存在单位根的假设，表明残差项是平稳的。因此 $\text{Ln}X_3$、$\text{Ln}Z_1$、$\text{Ln}Z_5$、$\text{Ln}Z_6$、$\text{Ln}Z_7$ 之间存在（2，2）阶的协整关系，这说明它们存在长期稳定的均衡关系。

由图 5－18 中的回归结果，可得长期均衡关系的回归模型如下：

$$\text{L}\hat{\text{n}}X_3 = -11.75281 + 1.773895\text{Ln}Z_1 + 0.323498\text{Ln}Z_5 - 0.304907\text{Ln}Z_6 + 0.706461\text{Ln}Z_7 \qquad (5-7)$$

从上述长期均衡关系模型可以看出，食品消费 Z_1、医疗保健消费 Z_5 和教育文化娱乐服务消费 Z_7 对第三产业产值具有正向影响关系，而交通和通信消费 Z_6 对第二产业产值具有制约作用即负向影响关系。具体来说，食品消费 Z_1、医疗保健消费 Z_5 和教育文化娱乐服务消费 Z_7 每增加 1%，第三产业产值将分别平均增加 1.773895%、0.323498% 和 0.706461%，而交通和通信消费 Z_6 每增长 1%，第三产业产值将平均减少 0.304907%。

3. 误差修正模型

前述分析已经得到，LnX_3、LnZ_1、LnZ_5、LnZ_6、LnZ_7 之间是（2，2）阶协整的，并已得到 LnX_3 与 LnZ_1、LnZ_5、LnZ_6、LnZ_7 的长期均衡关系模型（5－7）。以该回归模型的残差序列为误差修正项，可得误差修正模型的回归结果如图 5－20 所示，对应的拟合效果如图 5－21 所示。

Dependent Variable: D(LnX_3)
Method: Least Squares
Date: 10/03/15 Time: 17:54
Sample (adjusted): 1997 2013
Included observations: 17 after adjustments

Variable	Coefficient	Std. Error	t-Statistic	Prob.
D(LnZ_1)	0.818069	0.229199	3.569247	0.0044
D(LnZ_5)	0.133263	0.078238	1.703300	0.1166
D(LnZ_6)	-0.169982	0.048519	-3.503407	0.0049
D(LnZ_7)	0.220200	0.105749	2.082279	0.0615
D($LnX_3(-1)$)	0.593747	0.115817	5.126586	0.0003
$E_3(-1)$	-0.673737	0.172251	-3.911380	0.0024

R-squared	0.663757	Mean dependent var	0.159274
Adjusted R-squared	0.510919	S.D. dependent var	0.037164
S.E. of regression	0.025990	Akaike info criterion	-4.191612
Sum squared resid	0.007431	Schwarz criterion	-3.897537
Log likelihood	41.62870	Hannan-Quinn criter.	-4.162380
Durbin-Watson stat	2.284355		

图 5－20　误差修正模型回归结果

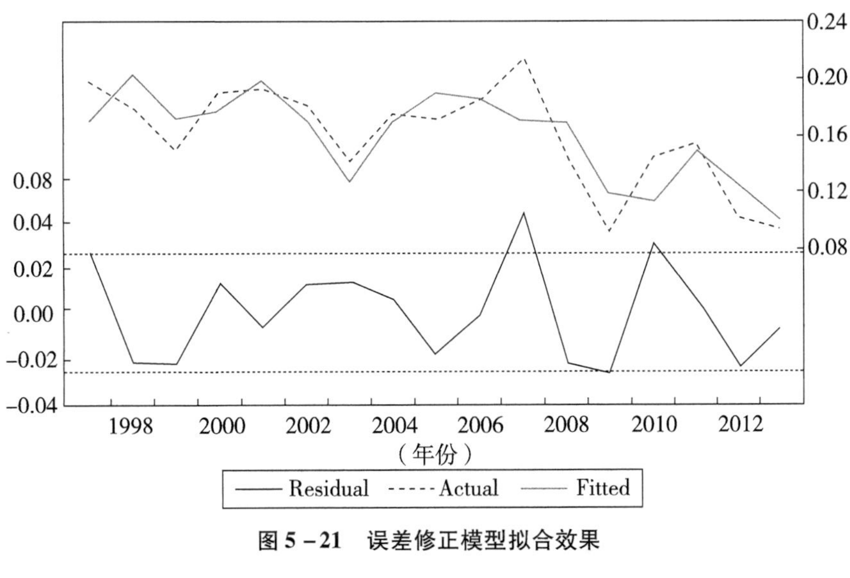

图 5－21　误差修正模型拟合效果

由图 5 - 19 可建立误差修正模型如下：

$$\Delta \mathrm{Ln}X_{3t} = 0.818\Delta \mathrm{Ln}Z_{1t} + 0.133\Delta \mathrm{Ln}Z_{5t} - 0.170\Delta \mathrm{Ln}Z_{6t} + 0.220\Delta \mathrm{Ln}Z_{7t} + 0.594\Delta \mathrm{Ln}X_{2t-1} - 0.674e_{t-1} \quad (5-8)$$

上述误差修正模型反映的是 $\mathrm{Ln}X_3$ 与 $\mathrm{Ln}Z_1$、$\mathrm{Ln}Z_5$、$\mathrm{Ln}Z_6$、$\mathrm{Ln}Z_7$ 的短期均衡关系。其中变量系数的符号与长期均衡模型（5 - 7）中的系数符号一致，误差修正系数为负，符合反向修正机制。该短期均衡模型表明，本期食品消费 Z_1、医疗保健消费 Z_5、教育文化娱乐服务消费 Z_7 和上一期第三产业产值的短期变动对本期第三产业产值的短期变动均存在正向影响，它们的变动每增加 1%，本期第三产业产值将分别平均增加 0. 818%、0. 133%、0. 220% 和 0. 594%；而本期交通和通信消费 Z_8 的短期变动对第三产业产值的变动有着负向影响，即本期交通和通信消费的变动每增长 1%，本期第三产业产值的变动将平均减少 0. 170%。误差修正系数为 - 0. 674，表明每年的实际第三产业产值与长期均衡值之间偏差中的 67. 4% 被修正。

附 录

附录 1 LnY、LnX_1、LnX_2、LnX_3、LnZ_1、LnZ_2、LnZ_3、LnZ_4、LnZ_5、LnZ_6、LnZ_7 和 LnZ_8 自相关图

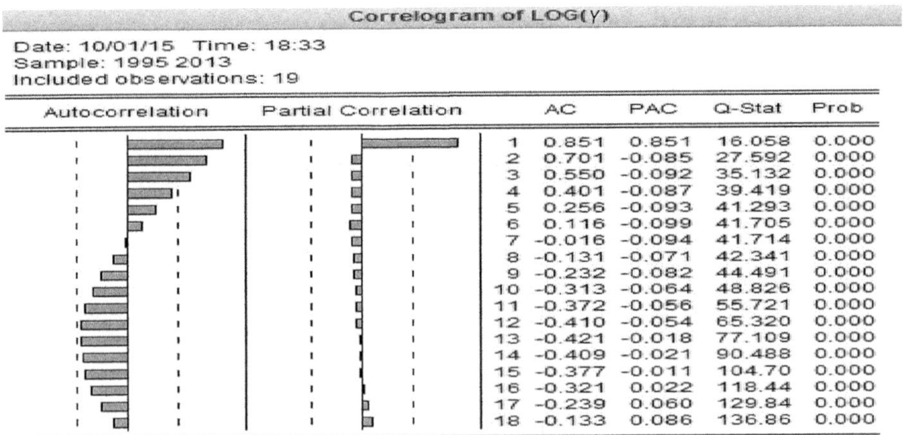

Correlogram of LOG(Y)

Date: 10/01/15 Time: 18:33
Sample: 1995 2013
Included observations: 19

	AC	PAC	Q-Stat	Prob
1	0.851	0.851	16.058	0.000
2	0.701	-0.085	27.592	0.000
3	0.550	-0.092	35.132	0.000
4	0.401	-0.087	39.419	0.000
5	0.256	-0.093	41.293	0.000
6	0.116	-0.099	41.705	0.000
7	-0.016	-0.094	41.714	0.000
8	-0.131	-0.071	42.341	0.000
9	-0.232	-0.082	44.491	0.000
10	-0.313	-0.064	48.826	0.000
11	-0.372	-0.056	55.721	0.000
12	-0.410	-0.054	65.320	0.000
13	-0.421	-0.018	77.109	0.000
14	-0.409	-0.021	90.488	0.000
15	-0.377	-0.011	104.70	0.000
16	-0.321	0.022	118.44	0.000
17	-0.239	0.060	129.84	0.000
18	-0.133	0.086	136.86	0.000

附图 1-1 LnY 自相关图

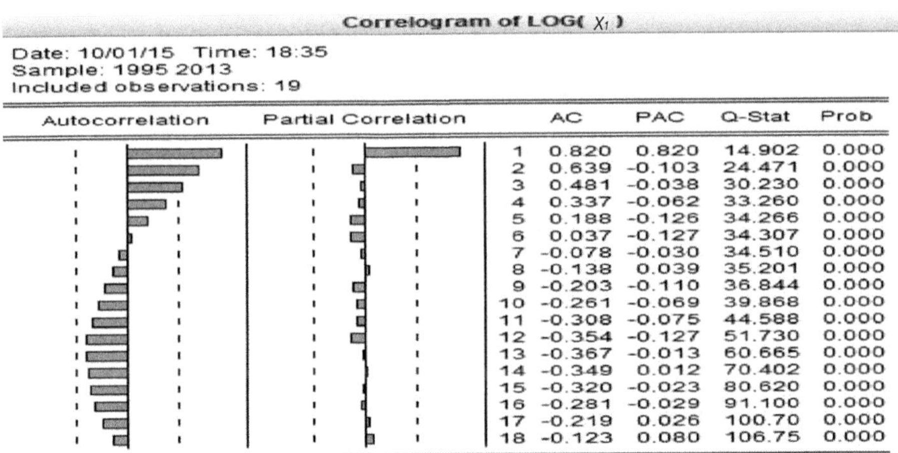

Correlogram of LOG(X_1)

Date: 10/01/15 Time: 18:35
Sample: 1995 2013
Included observations: 19

	AC	PAC	Q-Stat	Prob
1	0.820	0.820	14.902	0.000
2	0.639	-0.103	24.471	0.000
3	0.481	-0.038	30.230	0.000
4	0.337	-0.062	33.260	0.000
5	0.188	-0.126	34.266	0.000
6	0.037	-0.127	34.307	0.000
7	-0.078	-0.030	34.510	0.000
8	-0.138	0.039	35.201	0.000
9	-0.203	-0.110	36.844	0.000
10	-0.261	-0.069	39.868	0.000
11	-0.308	-0.075	44.588	0.000
12	-0.354	-0.127	51.730	0.000
13	-0.367	-0.013	60.665	0.000
14	-0.349	0.012	70.402	0.000
15	-0.320	-0.023	80.620	0.000
16	-0.281	-0.029	91.100	0.000
17	-0.219	0.026	100.70	0.000
18	-0.123	0.080	106.75	0.000

附图 1-2 LnX_1 自相关图

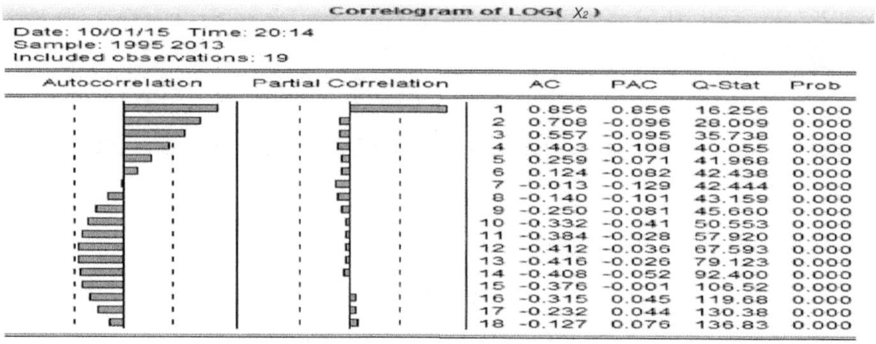

Correlogram of LOG(X2)

Date: 10/01/15 Time: 20:14
Sample: 1995 2013
Included observations: 19

	AC	PAC	Q-Stat	Prob
1	0.856	0.856	16.256	0.000
2	0.708	-0.096	28.009	0.000
3	0.557	-0.095	35.738	0.000
4	0.403	-0.108	40.055	0.000
5	0.259	-0.071	41.968	0.000
6	0.124	-0.082	42.438	0.000
7	-0.013	-0.129	42.444	0.000
8	-0.140	-0.101	43.159	0.000
9	-0.250	-0.081	45.660	0.000
10	-0.332	-0.041	50.553	0.000
11	-0.384	-0.028	57.920	0.000
12	-0.412	-0.036	67.593	0.000
13	-0.416	-0.026	79.123	0.000
14	-0.408	-0.052	92.400	0.000
15	-0.376	-0.001	106.52	0.000
16	-0.315	0.045	119.68	0.000
17	-0.232	0.044	130.38	0.000
18	-0.127	0.076	136.83	0.000

附图 1-3　LnX_2 自相关图

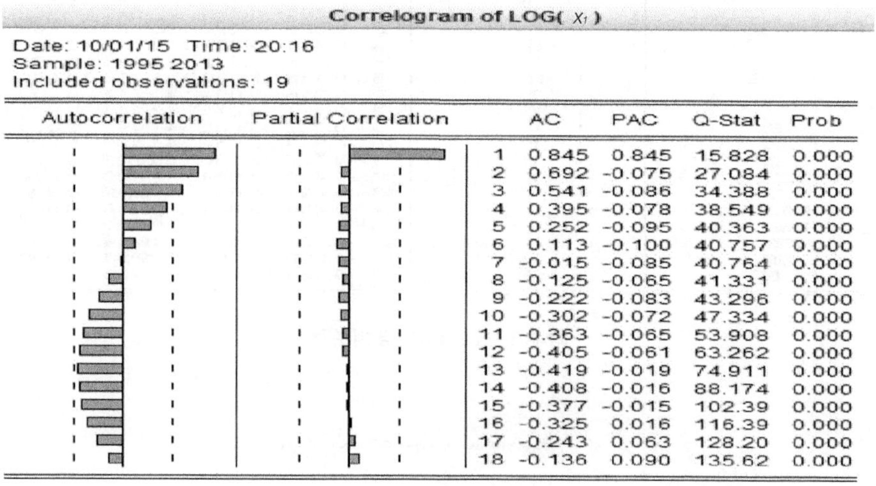

Correlogram of LOG(X1)

Date: 10/01/15 Time: 20:16
Sample: 1995 2013
Included observations: 19

	AC	PAC	Q-Stat	Prob
1	0.845	0.845	15.828	0.000
2	0.692	-0.075	27.084	0.000
3	0.541	-0.086	34.388	0.000
4	0.395	-0.078	38.549	0.000
5	0.252	-0.095	40.363	0.000
6	0.113	-0.100	40.757	0.000
7	-0.015	-0.085	40.764	0.000
8	-0.125	-0.065	41.331	0.000
9	-0.222	-0.083	43.296	0.000
10	-0.302	-0.072	47.334	0.000
11	-0.363	-0.065	53.908	0.000
12	-0.405	-0.061	63.262	0.000
13	-0.419	-0.019	74.911	0.000
14	-0.408	-0.016	88.174	0.000
15	-0.377	-0.015	102.39	0.000
16	-0.325	0.016	116.39	0.000
17	-0.243	0.063	128.20	0.000
18	-0.136	0.090	135.62	0.000

附图 1-4　LnX_3 自相关图

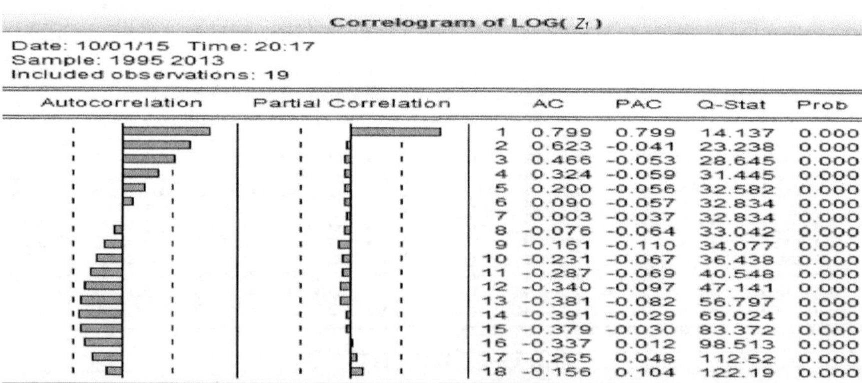

Correlogram of LOG(Z1)

Date: 10/01/15 Time: 20:17
Sample: 1995 2013
Included observations: 19

	AC	PAC	Q-Stat	Prob
1	0.799	0.799	14.137	0.000
2	0.623	-0.041	23.238	0.000
3	0.466	-0.053	28.645	0.000
4	0.324	-0.059	31.445	0.000
5	0.200	-0.056	32.582	0.000
6	0.090	-0.057	32.834	0.000
7	0.003	-0.037	32.834	0.000
8	-0.076	-0.064	33.042	0.000
9	-0.161	-0.110	34.077	0.000
10	-0.231	-0.067	36.438	0.000
11	-0.287	-0.069	40.548	0.000
12	-0.340	-0.097	47.141	0.000
13	-0.381	-0.082	56.797	0.000
14	-0.391	-0.029	69.024	0.000
15	-0.379	-0.030	83.372	0.000
16	-0.337	0.012	98.513	0.000
17	-0.265	0.048	112.52	0.000
18	-0.156	0.104	122.19	0.000

附图 1-5　LnZ_1 自相关图

Correlogram of LOG(Z_2)

Date: 10/01/15　Time: 20:19
Sample: 1995 2013
Included observations: 19

	AC	PAC	Q-Stat	Prob
1	0.775	0.775	13.329	0.000
2	0.670	0.172	23.857	0.000
3	0.530	-0.085	30.868	0.000
4	0.356	-0.204	34.231	0.000
5	0.223	-0.063	35.651	0.000
6	0.089	-0.070	35.893	0.000
7	-0.048	-0.121	35.971	0.000
8	-0.174	-0.132	37.066	0.000
9	-0.285	-0.109	40.316	0.000
10	-0.365	-0.053	46.206	0.000
11	-0.410	-0.022	54.571	0.000
12	-0.402	0.048	63.788	0.000
13	-0.376	0.015	73.180	0.000
14	-0.327	0.004	81.720	0.000
15	-0.336	-0.208	92.972	0.000
16	-0.188	0.271	97.692	0.000
17	-0.147	-0.087	102.00	0.000
18	-0.085	-0.068	104.90	0.000

附图 1－6　LnZ_2 自相关图

Correlogram of LOG(Z_3)

Date: 10/01/15　Time: 20:20
Sample: 1995 2013
Included observations: 19

	AC	PAC	Q-Stat	Prob
1	0.793	0.793	13.948	0.000
2	0.632	0.006	23.311	0.000
3	0.481	-0.060	29.071	0.000
4	0.343	-0.062	32.191	0.000
5	0.221	-0.053	33.579	0.000
6	0.113	-0.056	33.968	0.000
7	-0.049	-0.239	34.047	0.000
8	-0.123	0.068	34.593	0.000
9	-0.198	-0.081	36.165	0.000
10	-0.256	-0.058	39.070	0.000
11	-0.324	-0.135	44.307	0.000
12	-0.366	-0.051	51.933	0.000
13	-0.357	0.067	60.407	0.000
14	-0.362	-0.153	70.876	0.000
15	-0.363	-0.050	84.006	0.000
16	-0.306	0.076	96.470	0.000
17	-0.238	0.045	107.81	0.000
18	-0.139	0.056	115.53	0.000

附图 1－7　LnZ_3 自相关图

Correlogram of LOG(Z_4)

Date: 10/01/15　Time: 20:21
Sample: 1995 2013
Included observations: 19

	AC	PAC	Q-Stat	Prob
1	0.784	0.784	13.614	0.000
2	0.589	-0.064	21.769	0.000
3	0.423	-0.049	26.222	0.000
4	0.274	-0.065	28.222	0.000
5	0.169	0.002	29.040	0.000
6	0.092	-0.015	29.301	0.000
7	0.055	0.034	29.402	0.000
8	-0.080	-0.297	29.632	0.000
9	-0.172	-0.013	30.805	0.000
10	-0.233	-0.038	33.209	0.000
11	-0.265	-0.003	36.719	0.000
12	-0.249	0.025	40.267	0.000
13	-0.325	-0.312	47.310	0.000
14	-0.375	-0.085	58.504	0.000
15	-0.387	0.059	73.437	0.000
16	-0.353	0.039	90.054	0.000
17	-0.282	0.034	105.88	0.000
18	-0.166	0.074	116.88	0.000

附图 1－8　LnZ_4 自相关图

Correlogram of LOG(Z_5)

Date: 10/01/15 Time: 20:22
Sample: 1995 2013
Included observations: 19

Autocorrelation	Partial Correlation		AC	PAC	Q-Stat	Prob
		1	0.818	0.818	14.832	0.000
		2	0.661	-0.026	25.077	0.000
		3	0.512	-0.065	31.611	0.000
		4	0.374	-0.061	35.340	0.000
		5	0.233	-0.109	36.886	0.000
		6	0.085	-0.134	37.110	0.000
		7	-0.075	-0.177	37.296	0.000
		8	-0.170	0.034	38.339	0.000
		9	-0.266	-0.118	41.171	0.000
		10	-0.329	-0.030	45.973	0.000
		11	-0.357	0.005	52.324	0.000
		12	-0.381	-0.084	60.601	0.000
		13	-0.377	-0.018	70.070	0.000
		14	-0.329	0.045	78.733	0.000
		15	-0.299	-0.078	87.646	0.000
		16	-0.271	-0.091	97.412	0.000
		17	-0.209	0.061	106.09	0.000
		18	-0.120	0.081	111.83	0.000

附图 1－9　LnZ_5 自相关图

Correlogram of LOG(Z_6)

Date: 10/01/15 Time: 20:23
Sample: 1995 2013
Included observations: 16

Autocorrelation	Partial Correlation		AC	PAC	Q-Stat	Prob
		1	0.691	0.691	9.1637	0.002
		2	0.488	0.020	14.061	0.001
		3	0.338	-0.013	16.586	0.001
		4	0.149	-0.162	17.120	0.002
		5	0.040	-0.014	17.162	0.004
		6	-0.009	0.020	17.165	0.009
		7	-0.099	-0.114	17.481	0.015
		8	-0.169	-0.088	18.511	0.018
		9	-0.225	-0.091	20.600	0.015
		10	-0.260	-0.040	23.850	0.008
		11	-0.331	-0.168	30.171	0.001
		12	-0.362	-0.092	39.603	0.000
		13	-0.313	0.034	49.012	0.000
		14	-0.265	-0.010	59.091	0.000
		15	-0.172	0.044	67.608	0.000

附图 1－10　LnZ_6 自相关图

Correlogram of LOG(Z_7)

Date: 10/01/15 Time: 20:24
Sample: 1995 2013
Included observations: 19

Autocorrelation	Partial Correlation		AC	PAC	Q-Stat	Prob
		1	0.816	0.816	14.773	0.000
		2	0.652	-0.044	24.740	0.000
		3	0.505	-0.042	31.110	0.000
		4	0.358	-0.097	34.516	0.000
		5	0.220	-0.076	35.901	0.000
		6	0.125	0.015	36.377	0.000
		7	-0.016	-0.220	36.386	0.000
		8	-0.133	-0.065	37.032	0.000
		9	-0.217	-0.041	38.916	0.000
		10	-0.285	-0.059	42.522	0.000
		11	-0.346	-0.086	48.493	0.000
		12	-0.362	-0.007	55.962	0.000
		13	-0.360	-0.003	64.563	0.000
		14	-0.392	-0.185	76.831	0.000
		15	-0.372	0.038	90.636	0.000
		16	-0.314	0.045	103.76	0.000
		17	-0.241	0.048	115.31	0.000
		18	-0.137	0.077	122.85	0.000

附图 1－11　LnZ_7 自相关图

Correlogram of LOG(Z_8)

Date: 10/01/15　Time: 20:25
Sample: 1995 2013
Included observations: 19

	AC	PAC	Q-Stat	Prob
1	0.712	0.712	11.248	0.001
2	0.491	-0.032	16.917	0.000
3	0.313	-0.052	19.356	0.000
4	0.204	0.018	20.464	0.000
5	0.124	-0.016	20.905	0.001
6	0.072	-0.007	21.063	0.002
7	0.087	0.098	21.315	0.003
8	-0.011	-0.210	21.320	0.006
9	-0.107	-0.091	21.773	0.010
10	-0.157	0.003	22.864	0.011
11	-0.186	-0.055	24.594	0.010
12	-0.192	-0.019	26.698	0.009
13	-0.272	-0.198	31.623	0.003
14	-0.319	-0.111	39.767	0.000
15	-0.352	-0.045	52.124	0.000
16	-0.387	-0.115	72.009	0.000
17	-0.320	0.080	92.433	0.000
18	-0.201	0.098	108.49	0.000

附图 1 – 12　LnZ_8 自相关图

附录 2　Ln*Y* 的 *ADF* 检验结果

Augmented Dickey-Fuller Unit Root Test on LOG(*Y*)

Null Hypothesis: LOG(*Y*) has a unit root
Exogenous: Constant, Linear Trend
Lag Length: 0 (Automatic - based on SIC, maxlag=3)

		t-Statistic	Prob.*
Augmented Dickey-Fuller test statistic		0.236428	0.9961
Test critical values:	1% level	-4.571559	
	5% level	-3.690814	
	10% level	-3.286909	

*MacKinnon (1996) one-sided p-values.
Warning: Probabilities and critical values calculated for 20 observations and may not be accurate for a sample size of 18

Augmented Dickey-Fuller Test Equation
Dependent Variable: D(LOG(*Y*))
Method: Least Squares
Date: 10/01/15　Time: 21:35
Sample (adjusted): 1996 2013
Included observations: 18 after adjustments

Variable	Coefficient	Std. Error	t-Statistic	Prob.
LOG(*Y*(-1))	0.049131	0.207803	0.236428	0.8163
C	-0.185204	1.493123	-0.124038	0.9029
@TREND("1995")	-0.010009	0.030972	-0.323173	0.7510

R-squared	0.227398	Mean dependent var	0.142214
Adjusted R-squared	0.124384	S.D. dependent var	0.030341
S.E. of regression	0.028391	Akaike info criterion	-4.134454
Sum squared resid	0.012091	Schwarz criterion	-3.986059
Log likelihood	40.21009	Hannan-Quinn criter.	-4.113992
F-statistic	2.207451	Durbin-Watson stat	1.710044
Prob(F-statistic)	0.144434		

附图 2 – 1　Ln*Y* 单位根检验（含斜率和截距项）

Augmented Dickey-Fuller Unit Root Test on LOG(*Y*)

Null Hypothesis: LOG(*Y*) has a unit root
Exogenous: Constant
Lag Length: 0 (Automatic - based on SIC, maxlag=3)

		t-Statistic	Prob.*
Augmented Dickey-Fuller test statistic		-2.136828	0.2338
Test critical values:	1% level	-3.857386	
	5% level	-3.040391	
	10% level	-2.660551	

*MacKinnon (1996) one-sided p-values.
Warning: Probabilities and critical values calculated for 20 observations and may not be accurate for a sample size of 18

Augmented Dickey-Fuller Test Equation
Dependent Variable: D(LOG(*Y*))
Method: Least Squares
Date: 10/01/15　Time: 21:49
Sample (adjusted): 1996 2013
Included observations: 18 after adjustments

Variable	Coefficient	Std. Error	t-Statistic	Prob.
LOG(*Y*(-1))	-0.017967	0.008408	-2.136828	0.0484
C	0.296728	0.072602	4.087074	0.0009

R-squared	0.222018	Mean dependent var	0.142214
Adjusted R-squared	0.173394	S.D. dependent var	0.030341
S.E. of regression	0.027585	Akaike info criterion	-4.238627
Sum squared resid	0.012175	Schwarz criterion	-4.139696
Log likelihood	40.14764	Hannan-Quinn criter.	-4.224986
F-statistic	4.566034	Durbin-Watson stat	1.601989
Prob(F-statistic)	0.048403		

附图 2－2　Ln*Y* 单位根检验（只含截距项）

Augmented Dickey-Fuller Unit Root Test on LOG(*Y*)

Null Hypothesis: LOG(*Y*) has a unit root
Exogenous: None
Lag Length: 3 (Automatic - based on SIC, maxlag=3)

		t-Statistic	Prob.*
Augmented Dickey-Fuller test statistic		-0.395439	0.5240
Test critical values:	1% level	-2.728252	
	5% level	-1.966270	
	10% level	-1.605026	

*MacKinnon (1996) one-sided p-values.
Warning: Probabilities and critical values calculated for 20 observations and may not be accurate for a sample size of 15

Augmented Dickey-Fuller Test Equation
Dependent Variable: D(LOG(*Y*))
Method: Least Squares
Date: 10/01/15　Time: 21:51
Sample (adjusted): 1999 2013
Included observations: 15 after adjustments

Variable	Coefficient	Std. Error	t-Statistic	Prob.
LOG(*Y*(-1))	-0.002413	0.006101	-0.395439	0.7001
D(LOG(*Y*(-1)))	0.591964	0.241422	2.451987	0.0321
D(LOG(*Y*(-2)))	-0.256354	0.289853	-0.884429	0.3954
D(LOG(*Y*(-3)))	0.763701	0.263286	2.900656	0.0144

R-squared	0.376929	Mean dependent var	0.140301
Adjusted R-squared	0.207001	S.D. dependent var	0.032353
S.E. of regression	0.028810	Akaike info criterion	-4.032975
Sum squared resid	0.009130	Schwarz criterion	-3.844162
Log likelihood	34.24731	Hannan-Quinn criter.	-4.034987
Durbin-Watson stat	2.206272		

附图 2－3　Ln*Y* 单位根检验（不含斜率项和截距项）

附录 3 LnX_1、LnX_2、LnX_3、LnZ_1、LnZ_2、LnZ_3、LnZ_4、LnZ_5、LnZ_6、LnZ_7、LnZ_8 的 *ADF* 检验结果

Augmented Dickey-Fuller Unit Root Test on LOG(X_1)

Null Hypothesis: LOG(X1) has a unit root
Exogenous: Constant, Linear Trend
Lag Length: 0 (Automatic - based on SIC, maxlag=3)

		t-Statistic	Prob.*
Augmented Dickey-Fuller test statistic		-0.105193	0.9900
Test critical values:	1% level	-4.571559	
	5% level	-3.690814	
	10% level	-3.286909	

*MacKinnon (1996) one-sided p-values.
Warning: Probabilities and critical values calculated for 20 observations and may not be accurate for a sample size of 18

Augmented Dickey-Fuller Test Equation
Dependent Variable: D(LOG(X_1))
Method: Least Squares
Date: 10/01/15 Time: 22:27
Sample (adjusted): 1996 2013
Included observations: 18 after adjustments

Variable	Coefficient	Std. Error	t-Statistic	Prob.
LOG(X_1 (-1))	-0.009892	0.094036	-0.105193	0.9176
C	0.036762	0.391882	0.093809	0.9265
@TREND("1995")	0.005465	0.003911	1.397352	0.1826

R-squared	0.467579	Mean dependent var	0.043838
Adjusted R-squared	0.396590	S.D. dependent var	0.039684
S.E. of regression	0.030826	Akaike info criterion	-3.969906
Sum squared resid	0.014254	Schwarz criterion	-3.821511
Log likelihood	38.72916	Hannan-Quinn criter.	-3.949444
F-statistic	6.586599	Durbin-Watson stat	1.736226
Prob(F-statistic)	0.008849		

（a） LnX_1 单位根检验（含斜率和截距项）

Augmented Dickey-Fuller Unit Root Test on LOG(X_1)

Null Hypothesis: LOG(X_1) has a unit root
Exogenous: Constant
Lag Length: 0 (Automatic - based on SIC, maxlag=3)

		t-Statistic	Prob.*
Augmented Dickey-Fuller test statistic		3.254244	1.0000
Test critical values:	1% level	-3.857386	
	5% level	-3.040391	
	10% level	-2.660551	

*MacKinnon (1996) one-sided p-values.
Warning: Probabilities and critical values calculated for 20 observations and may not be accurate for a sample size of 18

Augmented Dickey-Fuller Test Equation
Dependent Variable: D(LOG(X_1))
Method: Least Squares
Date: 10/01/15 Time: 22:28
Sample (adjusted): 1996 2013
Included observations: 18 after adjustments

Variable	Coefficient	Std. Error	t-Statistic	Prob.
LOG(X_1 (-1))	0.112796	0.034661	3.254244	0.0050
C	-0.467483	0.157302	-2.971880	0.0090

R-squared	0.398272	Mean dependent var	0.043838
Adjusted R-squared	0.360664	S.D. dependent var	0.039684
S.E. of regression	0.031730	Akaike info criterion	-3.958647
Sum squared resid	0.016109	Schwarz criterion	-3.859716
Log likelihood	37.62782	Hannan-Quinn criter.	-3.945006
F-statistic	10.59010	Durbin-Watson stat	1.742183
Prob(F-statistic)	0.004976		

（b） LnX_1 单位根检验（只含截距项）

Augmented Dickey-Fuller Unit Root Test on LOG(X_1)

Null Hypothesis: LOG(X_1) has a unit root
Exogenous: None
Lag Length: 1 (Automatic - based on SIC, maxlag=3)

		t-Statistic	Prob.*
Augmented Dickey-Fuller test statistic		1.913612	0.9820
Test critical values:	1% level	-2.708094	
	5% level	-1.962813	
	10% level	-1.606129	

*MacKinnon (1996) one-sided p-values.
Warning: Probabilities and critical values calculated for 20 observations and may not be accurate for a sample size of 17

Augmented Dickey-Fuller Test Equation
Dependent Variable: D(LOG(X_1))
Method: Least Squares
Date: 10/01/15 Time: 22:30
Sample (adjusted): 1997 2013
Included observations: 17 after adjustments

Variable	Coefficient	Std. Error	t-Statistic	Prob.
LOG(X_1 (-1))	0.005510	0.002879	1.913612	0.0749
D(LOG(X_1 (-1)))	0.490042	0.228709	2.142645	0.0490

R-squared	0.284190	Mean dependent var	0.045228
Adjusted R-squared	0.236470	S.D. dependent var	0.040450
S.E. of regression	0.035346	Akaike info criterion	-3.737148
Sum squared resid	0.018740	Schwarz criterion	-3.639123
Log likelihood	33.76576	Hannan-Quinn criter.	-3.727404
Durbin-Watson stat	1.850382		

（c）　LnX_1 单位根检验（不含斜率项和截距项）

附图 3－1　LnX_1 的 *ADF* 检验结果

Augmented Dickey-Fuller Unit Root Test on LOG(X_2)

Null Hypothesis: LOG(X_2) has a unit root
Exogenous: Constant, Linear Trend
Lag Length: 3 (Automatic - based on SIC, maxlag=3)

		t-Statistic	Prob.*
Augmented Dickey-Fuller test statistic		-2.208430	0.4520
Test critical values:	1% level	-4.728363	
	5% level	-3.759743	
	10% level	-3.324976	

*MacKinnon (1996) one-sided p-values.
Warning: Probabilities and critical values calculated for 20 observations and may not be accurate for a sample size of 15

Augmented Dickey-Fuller Test Equation
Dependent Variable: D(LOG(X_2))
Method: Least Squares
Date: 10/01/15 Time: 22:42
Sample (adjusted): 1999 2013
Included observations: 15 after adjustments

Variable	Coefficient	Std. Error	t-Statistic	Prob.
LOG(X_2 (-1))	-0.760893	0.344540	-2.208430	0.0546
D(LOG(X_2 (-1)))	0.723054	0.319698	2.261679	0.0500
D(LOG(X_2 (-2)))	-0.084128	0.280937	-0.299455	0.7714
D(LOG(X_2 (-3)))	0.578873	0.275748	2.099281	0.0652
C	4.772787	2.111266	2.260628	0.0501
@TREND("1995")	0.085529	0.039784	2.149804	0.0601

R-squared	0.541087	Mean dependent var	0.109623
Adjusted R-squared	0.286135	S.D. dependent var	0.047500
S.E. of regression	0.040133	Akaike info criterion	-3.304054
Sum squared resid	0.014496	Schwarz criterion	-3.020834
Log likelihood	30.78041	Hannan-Quinn criter.	-3.307071
F-statistic	2.122313	Durbin-Watson stat	1.675401
Prob(F-statistic)	0.154143		

（a）　LnX_2 单位根检验（含斜率和截距项）

Augmented Dickey-Fuller Unit Root Test on LOG(X_2)

Null Hypothesis: LOG(X_2) has a unit root
Exogenous: Constant
Lag Length: 0 (Automatic - based on SIC, maxlag=3)

		t-Statistic	Prob.*
Augmented Dickey-Fuller test statistic		-0.273325	0.9114
Test critical values:	1% level	-3.857386	
	5% level	-3.040391	
	10% level	-2.660551	

*MacKinnon (1996) one-sided p-values.
Warning: Probabilities and critical values calculated for 20 observations and may not be accurate for a sample size of 18

Augmented Dickey-Fuller Test Equation
Dependent Variable: D(LOG(X_2))
Method: Least Squares
Date: 10/01/15 Time: 22:44
Sample (adjusted): 1996 2013
Included observations: 18 after adjustments

Variable	Coefficient	Std. Error	t-Statistic	Prob.
LOG(X_2 (-1))	-0.004984	0.018236	-0.273325	0.7881
C	0.142778	0.134989	1.057698	0.3059

R-squared	0.004647	Mean dependent var	0.105998
Adjusted R-squared	-0.057562	S.D. dependent var	0.044187
S.E. of regression	0.045440	Akaike info criterion	-3.240387
Sum squared resid	0.033037	Schwarz criterion	-3.141457
Log likelihood	31.16349	Hannan-Quinn criter.	-3.226746
F-statistic	0.074707	Durbin-Watson stat	1.705555
Prob(F-statistic)	0.788100		

（b） LnX_2 单位根检验（只含截距项）

Augmented Dickey-Fuller Unit Root Test on LOG(X_2)

Null Hypothesis: LOG(X_2) has a unit root
Exogenous: None
Lag Length: 0 (Automatic - based on SIC, maxlag=3)

		t-Statistic	Prob.*
Augmented Dickey-Fuller test statistic		9.809661	1.0000
Test critical values:	1% level	-2.699769	
	5% level	-1.961409	
	10% level	-1.606610	

*MacKinnon (1996) one-sided p-values.
Warning: Probabilities and critical values calculated for 20 observations and may not be accurate for a sample size of 18

Augmented Dickey-Fuller Test Equation
Dependent Variable: D(LOG(X_2))
Method: Least Squares
Date: 10/01/15 Time: 22:44
Sample (adjusted): 1996 2013
Included observations: 18 after adjustments

Variable	Coefficient	Std. Error	t-Statistic	Prob.
LOG(X_2 (-1))	0.014243	0.001452	9.809661	0.0000

R-squared	-0.064948	Mean dependent var	0.105998
Adjusted R-squared	-0.064948	S.D. dependent var	0.044187
S.E. of regression	0.045599	Akaike info criterion	-3.283914
Sum squared resid	0.035347	Schwarz criterion	-3.234449
Log likelihood	30.55523	Hannan-Quinn criter.	-3.277094
Durbin-Watson stat	1.629020		

（c） LnX_2 单位根检验（不含斜率项和截距项）

附图 3-2 LnX_2 的 *ADF* 检验结果

Augmented Dickey-Fuller Unit Root Test on LOG(X_3)

Null Hypothesis: LOG(X_3) has a unit root
Exogenous: Constant, Linear Trend
Lag Length: 2 (Automatic - based on SIC, maxlag=3)

		t-Statistic	Prob.*
Augmented Dickey-Fuller test statistic		1.071298	0.9996
Test critical values:	1% level	-4.667883	
	5% level	-3.733200	
	10% level	-3.310349	

*MacKinnon (1996) one-sided p-values.
Warning: Probabilities and critical values calculated for 20 observations and may not be accurate for a sample size of 16

Augmented Dickey-Fuller Test Equation
Dependent Variable: D(LOG(X_3))
Method: Least Squares
Date: 10/01/15 Time: 22:46
Sample (adjusted): 1998 2013
Included observations: 16 after adjustments

Variable	Coefficient	Std. Error	t-Statistic	Prob.
LOG(X_3 (-1))	0.211719	0.197629	1.071298	0.3070
D(LOG(X_3 (-1)))	0.054573	0.314811	0.173351	0.8655
D(LOG(X_3 (-2)))	-0.606599	0.269465	-2.251126	0.0458
C	-1.080432	1.259302	-0.857961	0.4092
@TREND("1995")	-0.042128	0.033853	-1.244460	0.2392

R-squared	0.597554	Mean dependent var	0.156866
Adjusted R-squared	0.451210	S.D. dependent var	0.036989
S.E. of regression	0.027401	Akaike info criterion	-4.106152
Sum squared resid	0.008259	Schwarz criterion	-3.864718
Log likelihood	37.84921	Hannan-Quinn criter.	-4.093788
F-statistic	4.083215	Durbin-Watson stat	2.185118
Prob(F-statistic)	0.028708		

（a） LnX_3 单位根检验（含斜率和截距项）

Augmented Dickey-Fuller Unit Root Test on LOG(X_3)

Null Hypothesis: LOG(X_3) has a unit root
Exogenous: Constant
Lag Length: 0 (Automatic - based on SIC, maxlag=3)

		t-Statistic	Prob.*
Augmented Dickey-Fuller test statistic		-4.089450	0.0062
Test critical values:	1% level	-3.857386	
	5% level	-3.040391	
	10% level	-2.660551	

*MacKinnon (1996) one-sided p-values.
Warning: Probabilities and critical values calculated for 20 observations and may not be accurate for a sample size of 18

Augmented Dickey-Fuller Test Equation
Dependent Variable: D(LOG(X_3))
Method: Least Squares
Date: 10/01/15 Time: 22:48
Sample (adjusted): 1996 2013
Included observations: 18 after adjustments

Variable	Coefficient	Std. Error	t-Statistic	Prob.
LOG(X_3(-1))	-0.032018	0.007829	-4.089450	0.0009
C	0.426370	0.064621	6.598010	0.0000

R-squared	0.511056	Mean dependent var	0.163606
Adjusted R-squared	0.480497	S.D. dependent var	0.040469
S.E. of regression	0.029168	Akaike info criterion	-4.127020
Sum squared resid	0.013613	Schwarz criterion	-4.028090
Log likelihood	39.14318	Hannan-Quinn criter.	-4.113379
F-statistic	16.72361	Durbin-Watson stat	1.493640
Prob(F-statistic)	0.000855		

（b） LnX_3 单位根检验（只含截距项）

Augmented Dickey-Fuller Unit Root Test on LOG(X_3)

Null Hypothesis: LOG(X_3) has a unit root
Exogenous: None
Lag Length: 1 (Automatic - based on SIC, maxlag=3)

		t-Statistic	Prob.*
Augmented Dickey-Fuller test statistic		1.260164	0.9401
Test critical values:	1% level	-2.708094	
	5% level	-1.962813	
	10% level	-1.606129	

*MacKinnon (1996) one-sided p-values.
Warning: Probabilities and critical values calculated for 20 observations and may not be accurate for a sample size of 17

Augmented Dickey-Fuller Test Equation
Dependent Variable: D(LOG(X_3))
Method: Least Squares
Date: 10/01/15 Time: 22:48
Sample (adjusted): 1997 2013
Included observations: 17 after adjustments

Variable	Coefficient	Std. Error	t-Statistic	Prob.
LOG(X_3 (-1))	0.004472	0.003549	1.260164	0.2269
D(LOG(X_3 (-1)))	0.721936	0.172318	4.189552	0.0008

R-squared	0.197157	Mean dependent var	0.159274
Adjusted R-squared	0.143635	S.D. dependent var	0.037164
S.E. of regression	0.034392	Akaike info criterion	-3.791876
Sum squared resid	0.017742	Schwarz criterion	-3.693851
Log likelihood	34.23095	Hannan-Quinn criter.	-3.782132
Durbin-Watson stat	1.930744		

（c）　LnX_3 单位根检验（不含斜率项和截距项）

附图 3－3　LnX_3 的 *ADF* 检验结果

Augmented Dickey-Fuller Unit Root Test on LOG(Z_1)

Null Hypothesis: LOG(Z_1) has a unit root
Exogenous: Constant, Linear Trend
Lag Length: 0 (Automatic - based on SIC, maxlag=3)

		t-Statistic	Prob.*
Augmented Dickey-Fuller test statistic		-6.173345	0.0005
Test critical values:	1% level	-4.571559	
	5% level	-3.690814	
	10% level	-3.286909	

*MacKinnon (1996) one-sided p-values.
Warning: Probabilities and critical values calculated for 20 observations and may not be accurate for a sample size of 18

Augmented Dickey-Fuller Test Equation
Dependent Variable: D(LOG(Z_1))
Method: Least Squares
Date: 10/01/15 Time: 22:49
Sample (adjusted): 1996 2013
Included observations: 18 after adjustments

Variable	Coefficient	Std. Error	t-Statistic	Prob.
LOG(Z_1(-1))	-0.302933	0.049071	-6.173345	0.0000
C	2.386761	0.355596	6.711992	0.0000
@TREND("1995")	0.020297	0.004900	4.141926	0.0009

R-squared	0.884648	Mean dependent var	0.104831
Adjusted R-squared	0.869268	S.D. dependent var	0.064178
S.E. of regression	0.023205	Akaike info criterion	-4.537896
Sum squared resid	0.008077	Schwarz criterion	-4.389501
Log likelihood	43.84107	Hannan-Quinn criter.	-4.517435
F-statistic	57.51857	Durbin-Watson stat	1.827050
Prob(F-statistic)	0.000000		

（a）　LnZ_1 单位根检验（含斜率和截距项）

Augmented Dickey-Fuller Unit Root Test on LOG(Z_1)

Null Hypothesis: LOG(Z_1) has a unit root
Exogenous: Constant
Lag Length: 0 (Automatic - based on SIC, maxlag=3)

		t-Statistic	Prob.*
Augmented Dickey-Fuller test statistic		-6.978828	0.0000
Test critical values:	1% level	-3.857386	
	5% level	-3.040391	
	10% level	-2.660551	

*MacKinnon (1996) one-sided p-values.
Warning: Probabilities and critical values calculated for 20 observations and may not be accurate for a sample size of 18

Augmented Dickey-Fuller Test Equation
Dependent Variable: D(LOG(Z_1))
Method: Least Squares
Date: 10/01/15 Time: 22:52
Sample (adjusted): 1996 2013
Included observations: 18 after adjustments

Variable	Coefficient	Std. Error	t-Statistic	Prob.
LOG(Z_1 (-1))	-0.104443	0.014966	-6.978828	0.0000
C	0.958058	0.122505	7.820563	0.0000

R-squared	0.752720	Mean dependent var	0.104831
Adjusted R-squared	0.737265	S.D. dependent var	0.064178
S.E. of regression	0.032896	Akaike info criterion	-3.886472
Sum squared resid	0.017315	Schwarz criterion	-3.787542
Log likelihood	36.97825	Hannan-Quinn criter.	-3.872831
F-statistic	48.70404	Durbin-Watson stat	1.110386
Prob(F-statistic)	0.000003		

（b） LnZ_1 单位根检验（只含截距项）

Augmented Dickey-Fuller Unit Root Test on LOG(Z_1)

Null Hypothesis: LOG(Z_1) has a unit root
Exogenous: None
Lag Length: 1 (Automatic - based on SIC, maxlag=3)

		t-Statistic	Prob.*
Augmented Dickey-Fuller test statistic		1.679787	0.9718
Test critical values:	1% level	-2.708094	
	5% level	-1.962813	
	10% level	-1.606129	

*MacKinnon (1996) one-sided p-values.
Warning: Probabilities and critical values calculated for 20 observations and may not be accurate for a sample size of 17

Augmented Dickey-Fuller Test Equation
Dependent Variable: D(LOG(Z_1))
Method: Least Squares
Date: 10/01/15 Time: 22:54
Sample (adjusted): 1997 2013
Included observations: 17 after adjustments

Variable	Coefficient	Std. Error	t-Statistic	Prob.
LOG(Z_1 (-1))	0.002870	0.001708	1.679787	0.1137
D(LOG(Z_1 (-1)))	0.656891	0.112763	5.825439	0.0000

R-squared	0.638066	Mean dependent var	0.095064
Adjusted R-squared	0.613937	S.D. dependent var	0.050516
S.E. of regression	0.031388	Akaike info criterion	-3.974663
Sum squared resid	0.014778	Schwarz criterion	-3.876638
Log likelihood	35.78463	Hannan-Quinn criter.	-3.964919
Durbin-Watson stat	2.799689		

（c） LnZ_1 单位根检验（不含斜率项和截距项）

附图 3－4 LnZ_1 的 *ADF* 检验结果

Augmented Dickey-Fuller Unit Root Test on LOG(Z_2)

Null Hypothesis: LOG(Z_2) has a unit root
Exogenous: Constant, Linear Trend
Lag Length: 1 (Automatic - based on SIC, maxlag=3)

		t-Statistic	Prob.*
Augmented Dickey-Fuller test statistic		-0.606120	0.9643
Test critical values:	1% level	-4.616209	
	5% level	-3.710482	
	10% level	-3.297799	

*MacKinnon (1996) one-sided p-values.
Warning: Probabilities and critical values calculated for 20 observations and may not be accurate for a sample size of 17

Augmented Dickey-Fuller Test Equation
Dependent Variable: D(LOG(Z_2))
Method: Least Squares
Date: 10/01/15 Time: 22:56
Sample (adjusted): 1997 2013
Included observations: 17 after adjustments

Variable	Coefficient	Std. Error	t-Statistic	Prob.
LOG(Z_2 (-1))	-0.211975	0.349725	-0.606120	0.5549
D(LOG(Z_2 (-1)))	-0.530814	0.290435	-1.827654	0.0906
C	1.562419	2.120638	0.736769	0.4744
@TREND("1995")	0.000157	0.029604	0.005292	0.9959

R-squared	0.474658	Mean dependent var	0.062457
Adjusted R-squared	0.353425	S.D. dependent var	0.202268
S.E. of regression	0.162643	Akaike info criterion	-0.592189
Sum squared resid	0.343887	Schwarz criterion	-0.396139
Log likelihood	9.033608	Hannan-Quinn criter.	-0.572701
F-statistic	3.915259	Durbin-Watson stat	2.251333
Prob(F-statistic)	0.034124		

（a） $\mathrm{Ln}Z_2$ 单位根检验（含斜率和截距项）

Augmented Dickey-Fuller Unit Root Test on LOG(Z_2)

Null Hypothesis: LOG(Z_2) has a unit root
Exogenous: Constant
Lag Length: 1 (Automatic - based on SIC, maxlag=3)

		t-Statistic	Prob.*
Augmented Dickey-Fuller test statistic		-2.205548	0.2113
Test critical values:	1% level	-3.886751	
	5% level	-3.052169	
	10% level	-2.666593	

*MacKinnon (1996) one-sided p-values.
Warning: Probabilities and critical values calculated for 20 observations and may not be accurate for a sample size of 17

Augmented Dickey-Fuller Test Equation
Dependent Variable: D(LOG(Z_2))
Method: Least Squares
Date: 10/01/15 Time: 22:57
Sample (adjusted): 1997 2013
Included observations: 17 after adjustments

Variable	Coefficient	Std. Error	t-Statistic	Prob.
LOG(Z_2 (-1))	-0.210200	0.095305	-2.205548	0.0446
D(LOG(Z_2 (-1)))	-0.531928	0.192745	-2.759756	0.0153
C	1.551798	0.659567	2.352753	0.0338

R-squared	0.474657	Mean dependent var	0.062457
Adjusted R-squared	0.399608	S.D. dependent var	0.202268
S.E. of regression	0.156727	Akaike info criterion	-0.709834
Sum squared resid	0.343888	Schwarz criterion	-0.562796
Log likelihood	9.033590	Hannan-Quinn criter.	-0.695218
F-statistic	6.324621	Durbin-Watson stat	2.253147
Prob(F-statistic)	0.011043		

（b） $\mathrm{Ln}Z_2$ 单位根检验（只含截距项）

Augmented Dickey-Fuller Unit Root Test on LOG(Z_2)

Null Hypothesis: LOG(Z_2) has a unit root
Exogenous: None
Lag Length: 1 (Automatic - based on SIC, maxlag=3)

		t-Statistic	Prob.*
Augmented Dickey-Fuller test statistic		2.048040	0.9862
Test critical values:	1% level	-2.708094	
	5% level	-1.962813	
	10% level	-1.606129	

*MacKinnon (1996) one-sided p-values.
Warning: Probabilities and critical values calculated for 20 observations and may not be accurate for a sample size of 17

Augmented Dickey-Fuller Test Equation
Dependent Variable: D(LOG(Z_2))
Method: Least Squares
Date: 10/01/15 Time: 22:58
Sample (adjusted): 1997 2013
Included observations: 17 after adjustments

Variable	Coefficient	Std. Error	t-Statistic	Prob.
LOG(Z_2 (-1))	0.013610	0.006646	2.048040	0.0585
D(LOG(Z_2 (-1)))	-0.528904	0.219958	-2.404573	0.0296

R-squared	0.266942	Mean dependent var	0.062457
Adjusted R-squared	0.218071	S.D. dependent var	0.202268
S.E. of regression	0.178859	Akaike info criterion	-0.494308
Sum squared resid	0.479858	Schwarz criterion	-0.396283
Log likelihood	6.201616	Hannan-Quinn criter.	-0.484564
Durbin-Watson stat	2.010709		

（c）　LnZ_2 单位根检验（不含斜率项和截距项）

附图 3-5　LnZ_2 的 *ADF* 检验结果

Augmented Dickey-Fuller Unit Root Test on LOG(Z_3)

Null Hypothesis: LOG(Z_3) has a unit root
Exogenous: Constant, Linear Trend
Lag Length: 0 (Automatic - based on SIC, maxlag=3)

		t-Statistic	Prob.*
Augmented Dickey-Fuller test statistic		-2.462028	0.3399
Test critical values:	1% level	-4.571559	
	5% level	-3.690814	
	10% level	-3.286909	

*MacKinnon (1996) one-sided p-values.
Warning: Probabilities and critical values calculated for 20 observations and may not be accurate for a sample size of 18

Augmented Dickey-Fuller Test Equation
Dependent Variable: D(LOG(Z_3))
Method: Least Squares
Date: 10/01/15 Time: 22:59
Sample (adjusted): 1996 2013
Included observations: 18 after adjustments

Variable	Coefficient	Std. Error	t-Statistic	Prob.
LOG(Z_3 (-1))	-0.415361	0.168707	-2.462028	0.0264
C	2.601314	0.974280	2.669986	0.0175
@TREND("1995")	0.031185	0.017678	1.764000	0.0981

R-squared	0.424826	Mean dependent var	0.104197
Adjusted R-squared	0.348137	S.D. dependent var	0.130425
S.E. of regression	0.105302	Akaike info criterion	-1.512951
Sum squared resid	0.166329	Schwarz criterion	-1.364555
Log likelihood	16.61655	Hannan-Quinn criter.	-1.492489
F-statistic	5.539540	Durbin-Watson stat	2.735654
Prob(F-statistic)	0.015794		

（a）　LnZ_3 单位根检验（含斜率和截距项）

Augmented Dickey-Fuller Unit Root Test on LOG(Z_3)

Null Hypothesis: LOG(Z_3) has a unit root
Exogenous: Constant
Lag Length: 1 (Automatic - based on SIC, maxlag=3)

		t-Statistic	Prob.*
Augmented Dickey-Fuller test statistic		-3.217293	0.0367
Test critical values:	1% level	-3.886751	
	5% level	-3.052169	
	10% level	-2.666593	

*MacKinnon (1996) one-sided p-values.
Warning: Probabilities and critical values calculated for 20 observations and may not be accurate for a sample size of 17

Augmented Dickey-Fuller Test Equation
Dependent Variable: D(LOG(Z_3))
Method: Least Squares
Date: 10/01/15 Time: 23:00
Sample (adjusted): 1997 2013
Included observations: 17 after adjustments

Variable	Coefficient	Std. Error	t-Statistic	Prob.
LOG(Z_3 (-1))	-0.171938	0.053442	-3.217293	0.0062
D(LOG(Z_3 (-1)))	-0.504798	0.196600	-2.567634	0.0223
C	1.317210	0.371630	3.544416	0.0032

R-squared	0.477567	Mean dependent var	0.094617
Adjusted R-squared	0.402934	S.D. dependent var	0.127743
S.E. of regression	0.098707	Akaike info criterion	-1.634530
Sum squared resid	0.136404	Schwarz criterion	-1.487492
Log likelihood	16.89351	Hannan-Quinn criter.	-1.619914
F-statistic	6.398852	Durbin-Watson stat	2.309427
Prob(F-statistic)	0.010622		

（b） LnZ_3 单位根检验（只含截距项）

Augmented Dickey-Fuller Unit Root Test on LOG(Z_3)

Null Hypothesis: LOG(Z_3) has a unit root
Exogenous: None
Lag Length: 1 (Automatic - based on SIC, maxlag=3)

		t-Statistic	Prob.*
Augmented Dickey-Fuller test statistic		2.821555	0.9973
Test critical values:	1% level	-2.708094	
	5% level	-1.962813	
	10% level	-1.606129	

*MacKinnon (1996) one-sided p-values.
Warning: Probabilities and critical values calculated for 20 observations and may not be accurate for a sample size of 17

Augmented Dickey-Fuller Test Equation
Dependent Variable: D(LOG(Z_3))
Method: Least Squares
Date: 10/01/15 Time: 23:01
Sample (adjusted): 1997 2013
Included observations: 17 after adjustments

Variable	Coefficient	Std. Error	t-Statistic	Prob.
LOG(Z_3 (-1))	0.016816	0.005960	2.821555	0.0129
D(LOG(Z_3 (-1)))	-0.232879	0.240882	-0.966776	0.3490

R-squared	0.008763	Mean dependent var	0.094617
Adjusted R-squared	-0.057320	S.D. dependent var	0.127743
S.E. of regression	0.131353	Akaike info criterion	-1.111719
Sum squared resid	0.258806	Schwarz criterion	-1.013694
Log likelihood	11.44962	Hannan-Quinn criter.	-1.101976
Durbin-Watson stat	2.015792		

（c） LnZ_3 单位根检验（不含斜率项和截距项）

附图 3－6 LnZ_3 的 *ADF* 检验结果

Augmented Dickey-Fuller Unit Root Test on LOG(Z_4)

Null Hypothesis: LOG(Z_4) has a unit root
Exogenous: Constant, Linear Trend
Lag Length: 0 (Automatic - based on SIC, maxlag=3)

		t-Statistic	Prob.*
Augmented Dickey-Fuller test statistic		-2.231608	0.4459
Test critical values:	1% level	-4.571559	
	5% level	-3.690814	
	10% level	-3.286909	

*MacKinnon (1996) one-sided p-values.
Warning: Probabilities and critical values calculated for 20 observations and may not be accurate for a sample size of 18

Augmented Dickey-Fuller Test Equation
Dependent Variable: D(LOG(Z_4))
Method: Least Squares
Date: 10/01/15 Time: 23:02
Sample (adjusted): 1996 2013
Included observations: 18 after adjustments

Variable	Coefficient	Std. Error	t-Statistic	Prob.
LOG(Z_4 (-1))	-0.474396	0.212580	-2.231608	0.0413
C	2.992728	1.305156	2.293005	0.0367
@TREND("1995")	0.029559	0.014259	2.072979	0.0558

R-squared	0.251115	Mean dependent var	0.073128
Adjusted R-squared	0.151263	S.D. dependent var	0.098070
S.E. of regression	0.090349	Akaike info criterion	-1.819268
Sum squared resid	0.122443	Schwarz criterion	-1.670873
Log likelihood	19.37341	Hannan-Quinn criter.	-1.798806
F-statistic	2.514886	Durbin-Watson stat	1.736144
Prob(F-statistic)	0.114318		

（a）　$\mathrm{Ln}Z_4$ 单位根检验（含斜率和截距项）

Augmented Dickey-Fuller Unit Root Test on LOG(Z_4)

Null Hypothesis: LOG(Z_4) has a unit root
Exogenous: Constant
Lag Length: 0 (Automatic - based on SIC, maxlag=3)

		t-Statistic	Prob.*
Augmented Dickey-Fuller test statistic		-0.779337	0.8008
Test critical values:	1% level	-3.857386	
	5% level	-3.040391	
	10% level	-2.660551	

*MacKinnon (1996) one-sided p-values.
Warning: Probabilities and critical values calculated for 20 observations and may not be accurate for a sample size of 18

Augmented Dickey-Fuller Test Equation
Dependent Variable: D(LOG(Z_4))
Method: Least Squares
Date: 10/01/15 Time: 23:03
Sample (adjusted): 1996 2013
Included observations: 18 after adjustments

Variable	Coefficient	Std. Error	t-Statistic	Prob.
LOG(Z_4 (-1))	-0.052374	0.067203	-0.779337	0.4472
C	0.426455	0.453971	0.939387	0.3615

R-squared	0.036572	Mean dependent var	0.073128
Adjusted R-squared	-0.023642	S.D. dependent var	0.098070
S.E. of regression	0.099222	Akaike info criterion	-1.678467
Sum squared resid	0.157521	Schwarz criterion	-1.579537
Log likelihood	17.10621	Hannan-Quinn criter.	-1.664826
F-statistic	0.607366	Durbin-Watson stat	2.041427
Prob(F-statistic)	0.447156		

（b）　$\mathrm{Ln}Z_4$ 单位根检验（只含截距项）

Augmented Dickey-Fuller Unit Root Test on LOG(Z_4)

Null Hypothesis: LOG(Z_4) has a unit root
Exogenous: None
Lag Length: 0 (Automatic - based on SIC, maxlag=3)

		t-Statistic	Prob.*
Augmented Dickey-Fuller test statistic		3.093285	0.9986
Test critical values:	1% level	-2.699769	
	5% level	-1.961409	
	10% level	-1.606610	

*MacKinnon (1996) one-sided p-values.
Warning: Probabilities and critical values calculated for 20 observations
and may not be accurate for a sample size of 18

Augmented Dickey-Fuller Test Equation
Dependent Variable: D(LOG(Z_4))
Method: Least Squares
Date: 10/01/15 Time: 23:04
Sample (adjusted): 1996 2013
Included observations: 18 after adjustments

Variable	Coefficient	Std. Error	t-Statistic	Prob.
LOG(Z_4 (-1))	0.010672	0.003450	3.093285	0.0066

R-squared	-0.016564	Mean dependent var	0.073128
Adjusted R-squared	-0.016564	S.D. dependent var	0.098070
S.E. of regression	0.098879	Akaike info criterion	-1.735893
Sum squared resid	0.166209	Schwarz criterion	-1.686428
Log likelihood	16.62303	Hannan-Quinn criter.	-1.729072
Durbin-Watson stat	2.066017		

（c）　LnZ_4 单位根检验（不含斜率项和截距项）

附图 3-7　LnZ_4 的 *ADF* 检验结果

Augmented Dickey-Fuller Unit Root Test on LOG(Z_5)

Null Hypothesis: LOG(Z_5) has a unit root
Exogenous: Constant, Linear Trend
Lag Length: 0 (Automatic - based on SIC, maxlag=3)

		t-Statistic	Prob.*
Augmented Dickey-Fuller test statistic		-1.372986	0.8334
Test critical values:	1% level	-4.571559	
	5% level	-3.690814	
	10% level	-3.286909	

*MacKinnon (1996) one-sided p-values.
Warning: Probabilities and critical values calculated for 20 observations
and may not be accurate for a sample size of 18

Augmented Dickey-Fuller Test Equation
Dependent Variable: D(LOG(Z_5))
Method: Least Squares
Date: 10/01/15 Time: 23:05
Sample (adjusted): 1996 2013
Included observations: 18 after adjustments

Variable	Coefficient	Std. Error	t-Statistic	Prob.
LOG(Z_5(-1))	-0.189387	0.137938	-1.372986	0.1899
C	1.306919	0.819940	1.593921	0.1318
@TREND("1995")	0.007245	0.013200	0.548903	0.5911

R-squared	0.333771	Mean dependent var	0.088442
Adjusted R-squared	0.244941	S.D. dependent var	0.106126
S.E. of regression	0.092217	Akaike info criterion	-1.778332
Sum squared resid	0.127560	Schwarz criterion	-1.629936
Log likelihood	19.00499	Hannan-Quinn criter.	-1.757870
F-statistic	3.757399	Durbin-Watson stat	2.598519
Prob(F-statistic)	0.047553		

（a）　LnZ_5 单位根检验（含斜率和截距项）

Augmented Dickey-Fuller Unit Root Test on LOG(Z_5)

Null Hypothesis: LOG(Z_5) has a unit root
Exogenous: Constant
Lag Length: 0 (Automatic - based on SIC, maxlag=3)

		t-Statistic	Prob.*
Augmented Dickey-Fuller test statistic		-2.746433	0.0859
Test critical values:	1% level	-3.857386	
	5% level	-3.040391	
	10% level	-2.660551	

*MacKinnon (1996) one-sided p-values.
Warning: Probabilities and critical values calculated for 20 observations and may not be accurate for a sample size of 18

Augmented Dickey-Fuller Test Equation
Dependent Variable: D(LOG(Z_5))
Method: Least Squares
Date: 10/01/15 Time: 23:06
Sample (adjusted): 1996 2013
Included observations: 18 after adjustments

Variable	Coefficient	Std. Error	t-Statistic	Prob.
LOG(Z_5 (-1))	-0.117587	0.042815	-2.746433	0.0143
C	0.887711	0.291796	3.042233	0.0078

R-squared	0.320389	Mean dependent var	0.088442
Adjusted R-squared	0.277914	S.D. dependent var	0.106126
S.E. of regression	0.090181	Akaike info criterion	-1.869556
Sum squared resid	0.130122	Schwarz criterion	-1.770625
Log likelihood	18.82600	Hannan-Quinn criter.	-1.855915
F-statistic	7.542894	Durbin-Watson stat	2.743200
Prob(F-statistic)	0.014339		

（b） LnZ_5 单位根检验（只含截距项）

Augmented Dickey-Fuller Unit Root Test on LOG(Z_5)

Null Hypothesis: LOG(Z_5) has a unit root
Exogenous: None
Lag Length: 0 (Automatic - based on SIC, maxlag=3)

		t-Statistic	Prob.*
Augmented Dickey-Fuller test statistic		3.240529	0.9990
Test critical values:	1% level	-2.699769	
	5% level	-1.961409	
	10% level	-1.606610	

*MacKinnon (1996) one-sided p-values.
Warning: Probabilities and critical values calculated for 20 observations and may not be accurate for a sample size of 18

Augmented Dickey-Fuller Test Equation
Dependent Variable: D(LOG(Z_5))
Method: Least Squares
Date: 10/01/15 Time: 23:07
Sample (adjusted): 1996 2013
Included observations: 18 after adjustments

Variable	Coefficient	Std. Error	t-Statistic	Prob.
LOG(Z_5(-1))	0.012318	0.003801	3.240529	0.0048

R-squared	-0.072731	Mean dependent var	0.088442
Adjusted R-squared	-0.072731	S.D. dependent var	0.106126
S.E. of regression	0.109917	Akaike info criterion	-1.524224
Sum squared resid	0.205391	Schwarz criterion	-1.474759
Log likelihood	14.71802	Hannan-Quinn criter.	-1.517404
Durbin-Watson stat	1.994799		

（c） LnZ_5 单位根检验（不含斜率项和截距项）

附图 3－8 LnZ_5 的 *ADF* 检验结果

Augmented Dickey-Fuller Unit Root Test on LOG(Z_6)

Null Hypothesis: LOG(Z_6) has a unit root
Exogenous: Constant, Linear Trend
Lag Length: 2 (Automatic - based on SIC, maxlag=3)

		t-Statistic	Prob.*
Augmented Dickey-Fuller test statistic		-4.016236	0.0376
Test critical values:	1% level	-4.886426	
	5% level	-3.828975	
	10% level	-3.362984	

*MacKinnon (1996) one-sided p-values.
Warning: Probabilities and critical values calculated for 20 observations
and may not be accurate for a sample size of 13

Augmented Dickey-Fuller Test Equation
Dependent Variable: D(LOG(Z_6))
Method: Least Squares
Date: 10/01/15 Time: 23:08
Sample (adjusted): 2001 2013
Included observations: 13 after adjustments

Variable	Coefficient	Std. Error	t-Statistic	Prob.
LOG(Z_6 (-1))	-0.695840	0.173257	-4.016236	0.0039
D(LOG(Z_6 (-1)))	-0.148181	0.180091	-0.822815	0.4345
D(LOG(Z_6 (-2)))	-0.484758	0.152587	-3.176923	0.0131
C	4.950429	1.087706	4.551257	0.0019
@TREND("1995")	0.047653	0.022648	2.104101	0.0685

R-squared	0.777906	Mean dependent var	0.134655
Adjusted R-squared	0.666859	S.D. dependent var	0.153468
S.E. of regression	0.088579	Akaike info criterion	-1.726112
Sum squared resid	0.062770	Schwarz criterion	-1.508824
Log likelihood	16.21973	Hannan-Quinn criter.	-1.770775
F-statistic	7.005188	Durbin-Watson stat	1.958290
Prob(F-statistic)	0.010004		

（a） $\mathrm{Ln}Z_6$ 单位根检验（含斜率和截距项）

Augmented Dickey-Fuller Unit Root Test on LOG(Z_6)

Null Hypothesis: LOG(Z_6) has a unit root
Exogenous: Constant
Lag Length: 0 (Automatic - based on SIC, maxlag=3)

		t-Statistic	Prob.*
Augmented Dickey-Fuller test statistic		-5.902295	0.0003
Test critical values:	1% level	-3.959148	
	5% level	-3.081002	
	10% level	-2.681330	

*MacKinnon (1996) one-sided p-values.
Warning: Probabilities and critical values calculated for 20 observations
and may not be accurate for a sample size of 15

Augmented Dickey-Fuller Test Equation
Dependent Variable: D(LOG(Z_6))
Method: Least Squares
Date: 10/01/15 Time: 23:09
Sample (adjusted): 1999 2013
Included observations: 15 after adjustments

Variable	Coefficient	Std. Error	t-Statistic	Prob.
LOG(Z_6 (-1))	-0.240458	0.040740	-5.902295	0.0001
C	1.956830	0.299022	6.544093	0.0000

R-squared	0.728244	Mean dependent var	0.203207
Adjusted R-squared	0.707340	S.D. dependent var	0.241805
S.E. of regression	0.130812	Akaike info criterion	-1.106546
Sum squared resid	0.222453	Schwarz criterion	-1.012140
Log likelihood	10.29910	Hannan-Quinn criter.	-1.107552
F-statistic	34.83708	Durbin-Watson stat	2.192772
Prob(F-statistic)	0.000052		

（b） $\mathrm{Ln}Z_6$ 单位根检验（只含截距项）

Augmented Dickey-Fuller Unit Root Test on LOG(Z_6)

Null Hypothesis: LOG(Z_6) has a unit root
Exogenous: None
Lag Length: 3 (Automatic - based on SIC, maxlag=3)

		t-Statistic	Prob.*
Augmented Dickey-Fuller test statistic		0.412165	0.7859
Test critical values:	1% level	-2.771926	
	5% level	-1.974028	
	10% level	-1.602922	

*MacKinnon (1996) one-sided p-values.
Warning: Probabilities and critical values calculated for 20 observations and may not be accurate for a sample size of 12

Augmented Dickey-Fuller Test Equation
Dependent Variable: D(LOG(Z_6))
Method: Least Squares
Date: 10/01/15 Time: 23:10
Sample (adjusted): 2002 2013
Included observations: 12 after adjustments

Variable	Coefficient	Std. Error	t-Statistic	Prob.
LOG(Z_6 (-1))	0.002971	0.007208	0.412165	0.6910
D(LOG(Z_6 (-1)))	0.034866	0.216719	0.160881	0.8762
D(LOG(Z_6 (-2)))	-0.161794	0.206019	-0.785336	0.4549
D(LOG(Z_6 (-3)))	0.538602	0.144824	3.719003	0.0059

R-squared	0.625837	Mean dependent var	0.132934
Adjusted R-squared	0.485526	S.D. dependent var	0.160161
S.E. of regression	0.114879	Akaike info criterion	-1.228678
Sum squared resid	0.105577	Schwarz criterion	-1.067042
Log likelihood	11.37207	Hannan-Quinn criter.	-1.288521
Durbin-Watson stat	2.269710		

（c） LnZ_6 单位根检验（不含斜率项和截距项）

附图 3－9 LnZ_6 的 *ADF* 检验结果

Augmented Dickey-Fuller Unit Root Test on LOG(Z_7)

Null Hypothesis: LOG(Z_7) has a unit root
Exogenous: Constant, Linear Trend
Lag Length: 0 (Automatic - based on SIC, maxlag=3)

		t-Statistic	Prob.*
Augmented Dickey-Fuller test statistic		-2.095674	0.5137
Test critical values:	1% level	-4.571559	
	5% level	-3.690814	
	10% level	-3.286909	

*MacKinnon (1996) one-sided p-values.
Warning: Probabilities and critical values calculated for 20 observations and may not be accurate for a sample size of 18

Augmented Dickey-Fuller Test Equation
Dependent Variable: D(LOG(Z_7))
Method: Least Squares
Date: 10/01/15 Time: 23:11
Sample (adjusted): 1996 2013
Included observations: 18 after adjustments

Variable	Coefficient	Std. Error	t-Statistic	Prob.
LOG(Z_7 (-1))	-0.389472	0.185846	-2.095674	0.0535
C	2.778262	1.266540	2.193584	0.0444
@TREND("1995")	0.022932	0.013896	1.650201	0.1197

R-squared	0.335973	Mean dependent var	0.072905
Adjusted R-squared	0.247436	S.D. dependent var	0.077685
S.E. of regression	0.067392	Akaike info criterion	-2.405577
Sum squared resid	0.068125	Schwarz criterion	-2.257181
Log likelihood	24.65019	Hannan-Quinn criter.	-2.385115
F-statistic	3.794726	Durbin-Watson stat	2.236532
Prob(F-statistic)	0.046387		

（a） LnZ_7 单位根检验（含斜率和截距项）

Augmented Dickey-Fuller Unit Root Test on LOG(Z_7)

Null Hypothesis: LOG(Z_7) has a unit root
Exogenous: Constant
Lag Length: 0 (Automatic - based on SIC, maxlag=3)

		t-Statistic	Prob.*
Augmented Dickey-Fuller test statistic		-2.095986	0.2481
Test critical values:	1% level	-3.857386	
	5% level	-3.040391	
	10% level	-2.660551	

*MacKinnon (1996) one-sided p-values.
Warning: Probabilities and critical values calculated for 20 observations and may not be accurate for a sample size of 18

Augmented Dickey-Fuller Test Equation
Dependent Variable: D(LOG(Z_7))
Method: Least Squares
Date: 10/01/15 Time: 23:13
Sample (adjusted): 1996 2013
Included observations: 18 after adjustments

Variable	Coefficient	Std. Error	t-Statistic	Prob.
LOG(Z_7 (-1))	-0.090325	0.043094	-2.095986	0.0523
C	0.750848	0.323880	2.318291	0.0340

R-squared	0.215423	Mean dependent var	0.072905
Adjusted R-squared	0.166387	S.D. dependent var	0.077685
S.E. of regression	0.070928	Akaike info criterion	-2.349865
Sum squared resid	0.080492	Schwarz criterion	-2.250935
Log likelihood	23.14879	Hannan-Quinn criter.	-2.336224
F-statistic	4.393155	Durbin-Watson stat	2.567195
Prob(F-statistic)	0.052340		

(b) LnZ_7 单位根检验（只含截距项）

Augmented Dickey-Fuller Unit Root Test on LOG(Z_7)

Null Hypothesis: LOG(Z_7) has a unit root
Exogenous: None
Lag Length: 0 (Automatic - based on SIC, maxlag=3)

		t-Statistic	Prob.*
Augmented Dickey-Fuller test statistic		3.787470	0.9997
Test critical values:	1% level	-2.699769	
	5% level	-1.961409	
	10% level	-1.606610	

*MacKinnon (1996) one-sided p-values.
Warning: Probabilities and critical values calculated for 20 observations and may not be accurate for a sample size of 18

Augmented Dickey-Fuller Test Equation
Dependent Variable: D(LOG(Z_7))
Method: Least Squares
Date: 10/01/15 Time: 23:14
Sample (adjusted): 1996 2013
Included observations: 18 after adjustments

Variable	Coefficient	Std. Error	t-Statistic	Prob.
LOG(Z_7 (-1))	0.009447	0.002494	3.787470	0.0015

R-squared	-0.048120	Mean dependent var	0.072905
Adjusted R-squared	-0.048120	S.D. dependent var	0.077685
S.E. of regression	0.079532	Akaike info criterion	-2.171368
Sum squared resid	0.107530	Schwarz criterion	-2.121903
Log likelihood	20.54231	Hannan-Quinn criter.	-2.164547
Durbin-Watson stat	2.134512		

(c) LnZ_7 单位根检验（不含斜率项和截距项）

附图 3－10 LnZ_7 的 *ADF* 检验结果

Augmented Dickey-Fuller Unit Root Test on LOG(Z_8)

Null Hypothesis: LOG(Z_8) has a unit root
Exogenous: Constant, Linear Trend
Lag Length: 0 (Automatic - based on SIC, maxlag=3)

		t-Statistic	Prob.*
Augmented Dickey-Fuller test statistic		-3.613775	0.0573
Test critical values:	1% level	-4.571559	
	5% level	-3.690814	
	10% level	-3.286909	

*MacKinnon (1996) one-sided p-values.
Warning: Probabilities and critical values calculated for 20 observations and may not be accurate for a sample size of 18

Augmented Dickey-Fuller Test Equation
Dependent Variable: D(LOG(Z_8))
Method: Least Squares
Date: 10/01/15 Time: 23:15
Sample (adjusted): 1996 2013
Included observations: 18 after adjustments

Variable	Coefficient	Std. Error	t-Statistic	Prob.
LOG(Z_8 (-1))	-0.538158	0.148918	-3.613775	0.0026
C	2.999624	0.761179	3.940759	0.0013
@TREND("1995")	0.049598	0.018355	2.702195	0.0164

R-squared	0.517109	Mean dependent var	0.148926
Adjusted R-squared	0.452723	S.D. dependent var	0.204449
S.E. of regression	0.151248	Akaike info criterion	-0.788783
Sum squared resid	0.343138	Schwarz criterion	-0.640388
Log likelihood	10.09905	Hannan-Quinn criter.	-0.768321
F-statistic	8.031453	Durbin-Watson stat	1.690977
Prob(F-statistic)	0.004255		

（a） LnZ_8 单位根检验（含斜率和截距项）

Augmented Dickey-Fuller Unit Root Test on LOG(Z_8)

Null Hypothesis: LOG(Z_8) has a unit root
Exogenous: Constant
Lag Length: 0 (Automatic - based on SIC, maxlag=3)

		t-Statistic	Prob.*
Augmented Dickey-Fuller test statistic		-2.507076	0.1302
Test critical values:	1% level	-3.857386	
	5% level	-3.040391	
	10% level	-2.660551	

*MacKinnon (1996) one-sided p-values.
Warning: Probabilities and critical values calculated for 20 observations and may not be accurate for a sample size of 18

Augmented Dickey-Fuller Test Equation
Dependent Variable: D(LOG(Z_8))
Method: Least Squares
Date: 10/01/15 Time: 23:16
Sample (adjusted): 1996 2013
Included observations: 18 after adjustments

Variable	Coefficient	Std. Error	t-Statistic	Prob.
LOG(Z_8 (-1))	-0.165013	0.065819	-2.507076	0.0233
C	1.167501	0.408454	2.858339	0.0114

R-squared	0.282042	Mean dependent var	0.148926
Adjusted R-squared	0.237170	S.D. dependent var	0.204449
S.E. of regression	0.178566	Akaike info criterion	-0.503274
Sum squared resid	0.510175	Schwarz criterion	-0.404344
Log likelihood	6.529470	Hannan-Quinn criter.	-0.489633
F-statistic	6.285431	Durbin-Watson stat	1.652357
Prob(F-statistic)	0.023339		

（b） LnZ_8 单位根检验（只含截距项）

Augmented Dickey-Fuller Unit Root Test on LOG(Z_8)

Null Hypothesis: LOG(Z_8) has a unit root
Exogenous: None
Lag Length: 0 (Automatic - based on SIC, maxlag=3)

		t-Statistic	Prob.*
Augmented Dickey-Fuller test statistic		2.735056	0.9968
Test critical values:	1% level	-2.699769	
	5% level	-1.961409	
	10% level	-1.606610	

*MacKinnon (1996) one-sided p-values.
Warning: Probabilities and critical values calculated for 20 observations and may not be accurate for a sample size of 18

Augmented Dickey-Fuller Test Equation
Dependent Variable: D(LOG(Z_8))
Method: Least Squares
Date: 10/01/15 Time: 23:16
Sample (adjusted): 1996 2013
Included observations: 18 after adjustments

Variable	Coefficient	Std. Error	t-Statistic	Prob.
LOG(Z_8 (-1))	0.022118	0.008087	2.735056	0.0141

R-squared	-0.084570	Mean dependent var	0.148926
Adjusted R-squared	-0.084570	S.D. dependent var	0.204449
S.E. of regression	0.212919	Akaike info criterion	-0.201858
Sum squared resid	0.770686	Schwarz criterion	-0.152393
Log likelihood	2.816720	Hannan-Quinn criter.	-0.195037
Durbin-Watson stat	1.384035		

（c） LnZ_8 单位根检验（不含斜率项和截距项）

附图 3 – 11 LnZ_8 的 *ADF* 检验结果

附录 4 LnY、LnZ_1、LnZ_4、LnZ_5 和 LnZ_8 单整性检验

Augmented Dickey-Fuller Unit Root Test on D(D(LOG(Y)))

Null Hypothesis: D(D(LOG(Y))) has a unit root
Exogenous: Constant, Linear Trend
Lag Length: 1 (Automatic - based on SIC, maxlag=3)

		t-Statistic	Prob.*
Augmented Dickey-Fuller test statistic		-6.586922	0.0005
Test critical values:	1% level	-4.728363	
	5% level	-3.759743	
	10% level	-3.324976	

*MacKinnon (1996) one-sided p-values.
Warning: Probabilities and critical values calculated for 20 observations and may not be accurate for a sample size of 15

Augmented Dickey-Fuller Test Equation
Dependent Variable: D(D(LOG(Y)),2)
Method: Least Squares
Date: 10/02/15 Time: 15:59
Sample (adjusted): 1999 2013
Included observations: 15 after adjustments

Variable	Coefficient	Std. Error	t-Statistic	Prob.
D(D(LOG(Y (-1))))	-2.188246	0.332211	-6.586922	0.0000
D(D(LOG(Y (-1))),2)	0.720751	0.212569	3.390661	0.0060
C	0.014877	0.019513	0.762386	0.4619
@TREND("1995")	-0.001928	0.001659	-1.162052	0.2698

R-squared	0.828791	Mean dependent var	0.000374
Adjusted R-squared	0.782098	S.D. dependent var	0.058816
S.E. of regression	0.027455	Akaike info criterion	-4.129325
Sum squared resid	0.008292	Schwarz criterion	-3.940512
Log likelihood	34.96994	Hannan-Quinn criter.	-4.131336
F-statistic	17.74970	Durbin-Watson stat	2.299103
Prob(F-statistic)	0.000159		

附图 4 – 1 LnY 的单整性检验

Augmented Dickey-Fuller Unit Root Test on D(D(LOG(Z_1)))

Null Hypothesis: D(D(LOG(Z_1))) has a unit root
Exogenous: Constant, Linear Trend
Lag Length: 0 (Automatic - based on SIC, maxlag=3)

		t-Statistic	Prob.*
Augmented Dickey-Fuller test statistic		-5.784175	0.0015
Test critical values:	1% level	-4.667883	
	5% level	-3.733200	
	10% level	-3.310349	

*MacKinnon (1996) one-sided p-values.
Warning: Probabilities and critical values calculated for 20 observations and may not be accurate for a sample size of 16

Augmented Dickey-Fuller Test Equation
Dependent Variable: D(D(LOG(Z_1)),2)
Method: Least Squares
Date: 10/02/15 Time: 15:54
Sample (adjusted): 1998 2013
Included observations: 16 after adjustments

Variable	Coefficient	Std. Error	t-Statistic	Prob.
D(D(LOG(Z_1 (-1))))	-1.422757	0.245974	-5.784175	0.0001
C	-0.046479	0.024457	-1.900427	0.0798
@TREND("1995")	0.002894	0.002044	1.415380	0.1805

R-squared	0.721338	Mean dependent var	0.003468
Adjusted R-squared	0.678467	S.D. dependent var	0.063049
S.E. of regression	0.035751	Akaike info criterion	-3.657119
Sum squared resid	0.016616	Schwarz criterion	-3.512258
Log likelihood	32.25695	Hannan-Quinn criter.	-3.649701
F-statistic	16.82578	Durbin-Watson stat	2.122258
Prob(F-statistic)	0.000247		

附图 4－2 LnZ_1 的单整性检验

Augmented Dickey-Fuller Unit Root Test on D(D(LOG(Z_4)))

Null Hypothesis: D(D(LOG(Z_4))) has a unit root
Exogenous: Constant, Linear Trend
Lag Length: 0 (Automatic - based on SIC, maxlag=3)

		t-Statistic	Prob.*
Augmented Dickey-Fuller test statistic		-5.948889	0.0011
Test critical values:	1% level	-4.667883	
	5% level	-3.733200	
	10% level	-3.310349	

*MacKinnon (1996) one-sided p-values.
Warning: Probabilities and critical values calculated for 20 observations and may not be accurate for a sample size of 16

Augmented Dickey-Fuller Test Equation
Dependent Variable: D(D(LOG(Z_4)),2)
Method: Least Squares
Date: 10/02/15 Time: 15:55
Sample (adjusted): 1998 2013
Included observations: 16 after adjustments

Variable	Coefficient	Std. Error	t-Statistic	Prob.
D(D(LOG(Z_4 (-1))))	-1.462813	0.245897	-5.948889	0.0000
C	-0.025921	0.089101	-0.290914	0.7757
@TREND("1995")	0.001845	0.007766	0.237586	0.8159

R-squared	0.731353	Mean dependent var	0.000904
Adjusted R-squared	0.690023	S.D. dependent var	0.256922
S.E. of regression	0.143043	Akaike info criterion	-0.883985
Sum squared resid	0.265996	Schwarz criterion	-0.739124
Log likelihood	10.07188	Hannan-Quinn criter.	-0.876566
F-statistic	17.69536	Durbin-Watson stat	2.388395
Prob(F-statistic)	0.000195		

附图 4－3 LnZ_4 的单整性检验

Augmented Dickey-Fuller Unit Root Test on D(D(LOG(Z_5)))

Null Hypothesis: D(D(LOG(Z_5))) has a unit root
Exogenous: Constant, Linear Trend
Lag Length: 1 (Automatic - based on SIC, maxlag=3)

		t-Statistic	Prob.*
Augmented Dickey-Fuller test statistic		-5.287662	0.0040
Test critical values:	1% level	-4.728363	
	5% level	-3.759743	
	10% level	-3.324976	

*MacKinnon (1996) one-sided p-values.
Warning: Probabilities and critical values calculated for 20 observations and may not be accurate for a sample size of 15

Augmented Dickey-Fuller Test Equation
Dependent Variable: D(D(LOG(Z_5)),2)
Method: Least Squares
Date: 10/02/15 Time: 15:55
Sample (adjusted): 1999 2013
Included observations: 15 after adjustments

Variable	Coefficient	Std. Error	t-Statistic	Prob.
D(D(LOG(Z_5 (-1))))	-2.504051	0.473565	-5.287662	0.0003
D(D(LOG(Z_5 (-1))),2)	0.516887	0.261013	1.980311	0.0732
C	-0.054635	0.089113	-0.613094	0.5523
@TREND("1995")	0.003320	0.007509	0.442115	0.6670

R-squared	0.871327	Mean dependent var	0.001426
Adjusted R-squared	0.836234	S.D. dependent var	0.307860
S.E. of regression	0.124585	Akaike info criterion	-1.104487
Sum squared resid	0.170734	Schwarz criterion	-0.915673
Log likelihood	12.28365	Hannan-Quinn criter.	-1.106498
F-statistic	24.82935	Durbin-Watson stat	2.335231
Prob(F-statistic)	0.000034		

附图 4－4 LnZ_5 的单整性检验

Augmented Dickey-Fuller Unit Root Test on D(D(LOG(Z_8)))

Null Hypothesis: D(D(LOG(Z_8))) has a unit root
Exogenous: Constant, Linear Trend
Lag Length: 0 (Automatic - based on SIC, maxlag=3)

		t-Statistic	Prob.*
Augmented Dickey-Fuller test statistic		-5.979802	0.0011
Test critical values:	1% level	-4.667883	
	5% level	-3.733200	
	10% level	-3.310349	

*MacKinnon (1996) one-sided p-values.
Warning: Probabilities and critical values calculated for 20 observations and may not be accurate for a sample size of 16

Augmented Dickey-Fuller Test Equation
Dependent Variable: D(D(LOG(Z_8)),2)
Method: Least Squares
Date: 10/02/15 Time: 15:55
Sample (adjusted): 1998 2013
Included observations: 16 after adjustments

Variable	Coefficient	Std. Error	t-Statistic	Prob.
D(D(LOG(Z_8 (-1))))	-1.458360	0.243881	-5.979802	0.0000
C	-0.117568	0.154171	-0.762581	0.4593
@TREND("1995")	0.008068	0.013362	0.603811	0.5564

R-squared	0.733829	Mean dependent var	0.012683
Adjusted R-squared	0.692880	S.D. dependent var	0.439641
S.E. of regression	0.243642	Akaike info criterion	0.181129
Sum squared resid	0.771700	Schwarz criterion	0.325989
Log likelihood	1.550970	Hannan-Quinn criter.	0.188547
F-statistic	17.92040	Durbin-Watson stat	2.311776
Prob(F-statistic)	0.000183		

附图 4－5 LnZ_8 的单整性检验

附录 5　LnX_1、LnZ_1、LnZ_2 和 LnZ_6 单整性检验

Augmented Dickey-Fuller Unit Root Test on D(D(LOG(X_1)))

Null Hypothesis: D(D(LOG(X_1))) has a unit root
Exogenous: Constant, Linear Trend
Lag Length: 1 (Automatic - based on SIC, maxlag=3)

		t-Statistic	Prob.*
Augmented Dickey-Fuller test statistic		-5.422667	0.0032
Test critical values:	1% level	-4.728363	
	5% level	-3.759743	
	10% level	-3.324976	

*MacKinnon (1996) one-sided p-values.
Warning: Probabilities and critical values calculated for 20 observations and may not be accurate for a sample size of 15

Augmented Dickey-Fuller Test Equation
Dependent Variable: D(D(LOG(X_1)),2)
Method: Least Squares
Date: 10/02/15　Time: 15:57
Sample (adjusted): 1999 2013
Included observations: 15 after adjustments

Variable	Coefficient	Std. Error	t-Statistic	Prob.
D(D(LOG(X_1 (-1))))	-1.924777	0.354950	-5.422667	0.0002
D(D(LOG(X_1 (-1))),2)	0.657942	0.231587	2.841010	0.0161
C	0.001150	0.025054	0.045918	0.9642
@TREND("1995")	0.000686	0.002142	0.320000	0.7550

R-squared	0.755308	Mean dependent var	-0.000189
Adjusted R-squared	0.688573	S.D. dependent var	0.063257
S.E. of regression	0.035301	Akaike info criterion	-3.626632
Sum squared resid	0.013708	Schwarz criterion	-3.437819
Log likelihood	31.19974	Hannan-Quinn criter.	-3.628644
F-statistic	11.31813	Durbin-Watson stat	2.358806
Prob(F-statistic)	0.001090		

附图 5 - 1　LnX_1 的单整性检验

Augmented Dickey-Fuller Unit Root Test on D(D(LOG(Z_1)))

Null Hypothesis: D(D(LOG(Z_1))) has a unit root
Exogenous: Constant, Linear Trend
Lag Length: 0 (Automatic - based on SIC, maxlag=3)

		t-Statistic	Prob.*
Augmented Dickey-Fuller test statistic		-5.784175	0.0015
Test critical values:	1% level	-4.667883	
	5% level	-3.733200	
	10% level	-3.310349	

*MacKinnon (1996) one-sided p-values.
Warning: Probabilities and critical values calculated for 20 observations and may not be accurate for a sample size of 16

Augmented Dickey-Fuller Test Equation
Dependent Variable: D(D(LOG(Z_1)),2)
Method: Least Squares
Date: 10/02/15　Time: 15:54
Sample (adjusted): 1998 2013
Included observations: 16 after adjustments

Variable	Coefficient	Std. Error	t-Statistic	Prob.
D(D(LOG(Z_1 (-1))))	-1.422757	0.245974	-5.784175	0.0001
C	-0.046479	0.024457	-1.900427	0.0798
@TREND("1995")	0.002894	0.002044	1.415380	0.1805

R-squared	0.721338	Mean dependent var	0.003468
Adjusted R-squared	0.678467	S.D. dependent var	0.063049
S.E. of regression	0.035751	Akaike info criterion	-3.657119
Sum squared resid	0.016616	Schwarz criterion	-3.512258
Log likelihood	32.25695	Hannan-Quinn criter.	-3.649701
F-statistic	16.82578	Durbin-Watson stat	2.122258
Prob(F-statistic)	0.000247		

附图 5 - 2　LnZ_1 的单整性检验

Augmented Dickey-Fuller Unit Root Test on D(D(LOG(Z_2)))

Null Hypothesis: D(D(LOG(Z_2))) has a unit root
Exogenous: Constant, Linear Trend
Lag Length: 2 (Automatic - based on SIC, maxlag=3)

		t-Statistic	Prob.*
Augmented Dickey-Fuller test statistic		-3.907922	0.0416
Test critical values:	1% level	-4.800080	
	5% level	-3.791172	
	10% level	-3.342253	

*MacKinnon (1996) one-sided p-values.
Warning: Probabilities and critical values calculated for 20 observations and may not be accurate for a sample size of 14

Augmented Dickey-Fuller Test Equation
Dependent Variable: D(D(LOG(Z_2)),2)
Method: Least Squares
Date: 10/02/15 Time: 15:56
Sample (adjusted): 2000 2013
Included observations: 14 after adjustments

Variable	Coefficient	Std. Error	t-Statistic	Prob.
D(D(LOG(Z_2 (-1))))	-5.514050	1.410993	-3.907922	0.0036
D(D(LOG(Z_2 (-1))),2)	2.782812	1.189401	2.339675	0.0440
D(D(LOG(Z_2 (-2))),2)	1.033142	0.641369	1.610839	0.1417
C	0.035071	0.160277	0.218814	0.8317
@TREND("1995")	-0.008590	0.013422	-0.639960	0.5381

R-squared	0.954335	Mean dependent var	0.000795
Adjusted R-squared	0.934040	S.D. dependent var	0.742284
S.E. of regression	0.190638	Akaike info criterion	-0.204424
Sum squared resid	0.327087	Schwarz criterion	0.023811
Log likelihood	6.430969	Hannan-Quinn criter.	-0.225551
F-statistic	47.02233	Durbin-Watson stat	1.905956
Prob(F-statistic)	0.000005		

附图 5-3 LnZ_2 的单整性检验

Augmented Dickey-Fuller Unit Root Test on D(D(LOG(Z_6)))

Null Hypothesis: D(D(LOG(Z_6))) has a unit root
Exogenous: Constant, Linear Trend
Lag Length: 1 (Automatic - based on SIC, maxlag=2)

		t-Statistic	Prob.*
Augmented Dickey-Fuller test statistic		-8.172348	0.0002
Test critical values:	1% level	-4.992279	
	5% level	-3.875302	
	10% level	-3.388330	

*MacKinnon (1996) one-sided p-values.
Warning: Probabilities and critical values calculated for 20 observations and may not be accurate for a sample size of 12

Augmented Dickey-Fuller Test Equation
Dependent Variable: D(D(LOG(Z_6)),2)
Method: Least Squares
Date: 10/02/15 Time: 15:56
Sample (adjusted): 2002 2013
Included observations: 12 after adjustments

Variable	Coefficient	Std. Error	t-Statistic	Prob.
D(D(LOG(Z_6 (-1))))	-2.357916	0.288524	-8.172348	0.0000
D(D(LOG(Z_6 (-1))),2)	0.660085	0.172072	3.836094	0.0050
C	-0.262338	0.154441	-1.698628	0.1278
@TREND("1995")	0.014733	0.011527	1.278169	0.2370

R-squared	0.917576	Mean dependent var	0.024350
Adjusted R-squared	0.886667	S.D. dependent var	0.387629
S.E. of regression	0.130495	Akaike info criterion	-0.973758
Sum squared resid	0.136232	Schwarz criterion	-0.812122
Log likelihood	9.842547	Hannan-Quinn criter.	-1.033601
F-statistic	29.68631	Durbin-Watson stat	2.205782
Prob(F-statistic)	0.000110		

附图 5-4 LnZ_6 的单整性检验

附录6　LnX_2、LnZ_4、LnZ_7、LnZ_8 单整性检验

Augmented Dickey-Fuller Unit Root Test on D(D(LOG(X_2)))

Null Hypothesis: D(D(LOG(X_2))) has a unit root
Exogenous: Constant, Linear Trend
Lag Length: 1 (Automatic - based on SIC, maxlag=3)

		t-Statistic	Prob.*
Augmented Dickey-Fuller test statistic		-6.099732	0.0011
Test critical values:	1% level	-4.728363	
	5% level	-3.759743	
	10% level	-3.324976	

*MacKinnon (1996) one-sided p-values.
Warning: Probabilities and critical values calculated for 20 observations and may not be accurate for a sample size of 15

Augmented Dickey-Fuller Test Equation
Dependent Variable: D(D(LOG(X_2)),2)
Method: Least Squares
Date: 10/02/15 Time: 15:57
Sample (adjusted): 1999 2013
Included observations: 15 after adjustments

Variable	Coefficient	Std. Error	t-Statistic	Prob.
D(D(LOG(X_2 (-1))))	-2.079898	0.340982	-6.099732	0.0001
D(D(LOG(X_2 (-1))),2)	0.677175	0.217032	3.120162	0.0097
C	0.031989	0.035442	0.902557	0.3861
@TREND("1995")	-0.002950	0.003003	-0.982233	0.3471

R-squared	0.801872	Mean dependent var	0.000555
Adjusted R-squared	0.747837	S.D. dependent var	0.099415
S.E. of regression	0.049922	Akaike info criterion	-2.933523
Sum squared resid	0.027415	Schwarz criterion	-2.744709
Log likelihood	26.00142	Hannan-Quinn criter.	-2.935534
F-statistic	14.83989	Durbin-Watson stat	1.741232
Prob(F-statistic)	0.000350		

附图6－1　LnX_2 的单整性检验

Augmented Dickey-Fuller Unit Root Test on D(D(LOG(Z_4)))

Null Hypothesis: D(D(LOG(Z_4))) has a unit root
Exogenous: Constant, Linear Trend
Lag Length: 0 (Automatic - based on SIC, maxlag=3)

		t-Statistic	Prob.*
Augmented Dickey-Fuller test statistic		-5.948889	0.0011
Test critical values:	1% level	-4.667883	
	5% level	-3.733200	
	10% level	-3.310349	

*MacKinnon (1996) one-sided p-values.
Warning: Probabilities and critical values calculated for 20 observations and may not be accurate for a sample size of 16

Augmented Dickey-Fuller Test Equation
Dependent Variable: D(D(LOG(Z_4)),2)
Method: Least Squares
Date: 10/02/15 Time: 15:55
Sample (adjusted): 1998 2013
Included observations: 16 after adjustments

Variable	Coefficient	Std. Error	t-Statistic	Prob.
D(D(LOG(Z_4(-1))))	-1.462813	0.245897	-5.948889	0.0000
C	-0.025921	0.089101	-0.290914	0.7757
@TREND("1995")	0.001845	0.007766	0.237586	0.8159

R-squared	0.731353	Mean dependent var	0.000904
Adjusted R-squared	0.690023	S.D. dependent var	0.256922
S.E. of regression	0.143043	Akaike info criterion	-0.883985
Sum squared resid	0.265996	Schwarz criterion	-0.739124
Log likelihood	10.07188	Hannan-Quinn criter.	-0.876566
F-statistic	17.69536	Durbin-Watson stat	2.388395
Prob(F-statistic)	0.000195		

附图 6－2 LnZ_4 的单整性检验

Augmented Dickey-Fuller Unit Root Test on D(D(LOG(Z_7)))

Null Hypothesis: D(D(LOG(Z_7))) has a unit root
Exogenous: Constant, Linear Trend
Lag Length: 2 (Automatic - based on SIC, maxlag=3)

		t-Statistic	Prob.*
Augmented Dickey-Fuller test statistic		-4.487005	0.0165
Test critical values:	1% level	-4.800080	
	5% level	-3.791172	
	10% level	-3.342253	

*MacKinnon (1996) one-sided p-values.
Warning: Probabilities and critical values calculated for 20 observations
and may not be accurate for a sample size of 14

Augmented Dickey-Fuller Test Equation
Dependent Variable: D(D(LOG(Z_7)),2)
Method: Least Squares
Date: 10/02/15 Time: 15:57
Sample (adjusted): 2000 2013
Included observations: 14 after adjustments

Variable	Coefficient	Std. Error	t-Statistic	Prob.
D(D(LOG(Z_7 (-1))))	-3.483575	0.776370	-4.487005	0.0015
D(D(LOG(Z_7 (-1))),2)	1.453902	0.558145	2.604882	0.0285
D(D(LOG(Z_7 (-2))),2)	0.528076	0.289879	1.821711	0.1018
C	-0.033527	0.081294	-0.412420	0.6897
@TREND("1995")	0.001222	0.006643	0.183894	0.8582

R-squared	0.866897	Mean dependent var	0.000662
Adjusted R-squared	0.807741	S.D. dependent var	0.227757
S.E. of regression	0.099866	Akaike info criterion	-1.497530
Sum squared resid	0.089758	Schwarz criterion	-1.269295
Log likelihood	15.48271	Hannan-Quinn criter.	-1.518657
F-statistic	14.65426	Durbin-Watson stat	1.998722
Prob(F-statistic)	0.000561		

附图 6－3　LnZ_7 的单整性检验

Augmented Dickey-Fuller Unit Root Test on D(D(LOG(Z_8)))

Null Hypothesis: D(D(LOG(Z_8))) has a unit root
Exogenous: Constant, Linear Trend
Lag Length: 0 (Automatic - based on SIC, maxlag=3)

		t-Statistic	Prob.*
Augmented Dickey-Fuller test statistic		-5.979802	0.0011
Test critical values:	1% level	-4.667883	
	5% level	-3.733200	
	10% level	-3.310349	

*MacKinnon (1996) one-sided p-values.
Warning: Probabilities and critical values calculated for 20 observations and may not be accurate for a sample size of 16

Augmented Dickey-Fuller Test Equation
Dependent Variable: D(D(LOG(Z_8)),2)
Method: Least Squares
Date: 10/02/15 Time: 15:55
Sample (adjusted): 1998 2013
Included observations: 16 after adjustments

Variable	Coefficient	Std. Error	t-Statistic	Prob.
D(D(LOG(Z_8 (-1))))	-1.458360	0.243881	-5.979802	0.0000
C	-0.117568	0.154171	-0.762581	0.4593
@TREND("1995")	0.008068	0.013362	0.603811	0.5564

R-squared	0.733829	Mean dependent var	0.012683
Adjusted R-squared	0.692880	S.D. dependent var	0.439641
S.E. of regression	0.243642	Akaike info criterion	0.181129
Sum squared resid	0.771700	Schwarz criterion	0.325989
Log likelihood	1.550970	Hannan-Quinn criter.	0.188547
F-statistic	17.92040	Durbin-Watson stat	2.311776
Prob(F-statistic)	0.000183		

附图 6－4 LnZ_8 的单整性检验

附录7　LnX_3、LnZ_1、LnZ_5、LnZ_6、LnZ_7 单整性检验

Augmented Dickey-Fuller Unit Root Test on D(D(LOG(X_3)))

Null Hypothesis: D(D(LOG(X_3))) has a unit root
Exogenous: Constant, Linear Trend
Lag Length: 1 (Automatic - based on SIC, maxlag=3)

		t-Statistic	Prob.*
Augmented Dickey-Fuller test statistic		−4.628701	0.0118
Test critical values:	1% level	−4.728363	
	5% level	−3.759743	
	10% level	−3.324976	

*MacKinnon (1996) one-sided p-values.
Warning: Probabilities and critical values calculated for 20 observations and may not be accurate for a sample size of 15

Augmented Dickey-Fuller Test Equation
Dependent Variable: D(D(LOG(X_3)),2)
Method: Least Squares
Date: 10/02/15　Time: 15:57
Sample (adjusted): 1999 2013
Included observations: 15 after adjustments

Variable	Coefficient	Std. Error	t-Statistic	Prob.
D(D(LOG(X_3 (-1))))	−1.765945	0.381521	−4.628701	0.0007
D(D(LOG(X_3 (-1))),2)	0.551079	0.260312	2.116991	0.0579
C	−0.003495	0.025175	−0.138831	0.8921
@TREND("1995")	−0.000623	0.002118	−0.294031	0.7742

R-squared	0.702676	Mean dependent var	0.000601
Adjusted R-squared	0.621588	S.D. dependent var	0.056669
S.E. of regression	0.034860	Akaike info criterion	−3.651779
Sum squared resid	0.013367	Schwarz criterion	−3.462966
Log likelihood	31.38834	Hannan-Quinn criter.	−3.653790
F-statistic	8.665557	Durbin-Watson stat	2.232404
Prob(F-statistic)	0.003092		

附图 7 – 1　LnX_3 的单整性检验

Augmented Dickey-Fuller Unit Root Test on D(D(LOG(Z_1)))

Null Hypothesis: D(D(LOG(Z_1))) has a unit root
Exogenous: Constant, Linear Trend
Lag Length: 0 (Automatic - based on SIC, maxlag=3)

		t-Statistic	Prob.*
Augmented Dickey-Fuller test statistic		-5.784175	0.0015
Test critical values:	1% level	-4.667883	
	5% level	-3.733200	
	10% level	-3.310349	

*MacKinnon (1996) one-sided p-values.
Warning: Probabilities and critical values calculated for 20 observations and may not be accurate for a sample size of 16

Augmented Dickey-Fuller Test Equation
Dependent Variable: D(D(LOG(Z_1)),2)
Method: Least Squares
Date: 10/02/15 Time: 15:54
Sample (adjusted): 1998 2013
Included observations: 16 after adjustments

Variable	Coefficient	Std. Error	t-Statistic	Prob.
D(D(LOG(Z_1(-1))))	-1.422757	0.245974	-5.784175	0.0001
C	-0.046479	0.024457	-1.900427	0.0798
@TREND("1995")	0.002894	0.002044	1.415380	0.1805

R-squared	0.721338	Mean dependent var	0.003468
Adjusted R-squared	0.678467	S.D. dependent var	0.063049
S.E. of regression	0.035751	Akaike info criterion	-3.657119
Sum squared resid	0.016616	Schwarz criterion	-3.512258
Log likelihood	32.25695	Hannan-Quinn criter.	-3.649701
F-statistic	16.82578	Durbin-Watson stat	2.122258
Prob(F-statistic)	0.000247		

附图 7－2 LnZ_1 的单整性检验

Augmented Dickey-Fuller Unit Root Test on D(D(LOG(Z_5)))

Null Hypothesis: D(D(LOG(Z_5))) has a unit root
Exogenous: Constant, Linear Trend
Lag Length: 1 (Automatic - based on SIC, maxlag=3)

		t-Statistic	Prob.*
Augmented Dickey-Fuller test statistic		-5.287662	0.0040
Test critical values:	1% level	-4.728363	
	5% level	-3.759743	
	10% level	-3.324976	

*MacKinnon (1996) one-sided p-values.
Warning: Probabilities and critical values calculated for 20 observations and may not be accurate for a sample size of 15

Augmented Dickey-Fuller Test Equation
Dependent Variable: D(D(LOG(Z_5)),2)
Method: Least Squares
Date: 10/02/15 Time: 15:55
Sample (adjusted): 1999 2013
Included observations: 15 after adjustments

Variable	Coefficient	Std. Error	t-Statistic	Prob.
D(D(LOG(Z_5 (-1))))	-2.504051	0.473565	-5.287662	0.0003
D(D(LOG(Z_5 (-1))),2)	0.516887	0.261013	1.980311	0.0732
C	-0.054635	0.089113	-0.613094	0.5523
@TREND("1995")	0.003320	0.007509	0.442115	0.6670

R-squared	0.871327	Mean dependent var	0.001426
Adjusted R-squared	0.836234	S.D. dependent var	0.307860
S.E. of regression	0.124585	Akaike info criterion	-1.104487
Sum squared resid	0.170734	Schwarz criterion	-0.915673
Log likelihood	12.28365	Hannan-Quinn criter.	-1.106498
F-statistic	24.82935	Durbin-Watson stat	2.335231
Prob(F-statistic)	0.000034		

附图 7－3　LnZ_5 的单整性检验

Augmented Dickey-Fuller Unit Root Test on D(D(LOG(Z_6)))

Null Hypothesis: D(D(LOG(Z_6))) has a unit root
Exogenous: Constant, Linear Trend
Lag Length: 1 (Automatic - based on SIC, maxlag=2)

		t-Statistic	Prob.*
Augmented Dickey-Fuller test statistic		-8.172348	0.0002
Test critical values:	1% level	-4.992279	
	5% level	-3.875302	
	10% level	-3.388330	

*MacKinnon (1996) one-sided p-values.
Warning: Probabilities and critical values calculated for 20 observations and may not be accurate for a sample size of 12

Augmented Dickey-Fuller Test Equation
Dependent Variable: D(D(LOG(Z_6)),2)
Method: Least Squares
Date: 10/02/15 Time: 15:56
Sample (adjusted): 2002 2013
Included observations: 12 after adjustments

Variable	Coefficient	Std. Error	t-Statistic	Prob.
D(D(LOG(Z_6 (-1))))	-2.357916	0.288524	-8.172348	0.0000
D(D(LOG(Z_6 (-1))),2)	0.660085	0.172072	3.836094	0.0050
C	-0.262338	0.154441	-1.698628	0.1278
@TREND("1995")	0.014733	0.011527	1.278169	0.2370

R-squared	0.917576	Mean dependent var	0.024350
Adjusted R-squared	0.886667	S.D. dependent var	0.387629
S.E. of regression	0.130495	Akaike info criterion	-0.973758
Sum squared resid	0.136232	Schwarz criterion	-0.812122
Log likelihood	9.842547	Hannan-Quinn criter.	-1.033601
F-statistic	29.68631	Durbin-Watson stat	2.205782
Prob(F-statistic)	0.000110		

附图 7－4　LnZ_6 的单整性检验

Augmented Dickey-Fuller Unit Root Test on D(D(LOG(Z_7)))

Null Hypothesis: D(D(LOG(Z_7))) has a unit root
Exogenous: Constant, Linear Trend
Lag Length: 2 (Automatic - based on SIC, maxlag=3)

		t-Statistic	Prob.*
Augmented Dickey-Fuller test statistic		-4.487005	0.0165
Test critical values:	1% level	-4.800080	
	5% level	-3.791172	
	10% level	-3.342253	

*MacKinnon (1996) one-sided p-values.
Warning: Probabilities and critical values calculated for 20 observations and may not be accurate for a sample size of 14

Augmented Dickey-Fuller Test Equation
Dependent Variable: D(D(LOG(Z_7)),2)
Method: Least Squares
Date: 10/02/15 Time: 15:57
Sample (adjusted): 2000 2013
Included observations: 14 after adjustments

Variable	Coefficient	Std. Error	t-Statistic	Prob.
D(D(LOG(Z_7 (-1))))	-3.483575	0.776370	-4.487005	0.0015
D(D(LOG(Z_7 (-1))),2)	1.453902	0.558145	2.604882	0.0285
D(D(LOG(Z_7 (-2))),2)	0.528076	0.289879	1.821711	0.1018
C	-0.033527	0.081294	-0.412420	0.6897
@TREND("1995")	0.001222	0.006643	0.183894	0.8582

R-squared	0.866897	Mean dependent var	0.000662
Adjusted R-squared	0.807741	S.D. dependent var	0.227757
S.E. of regression	0.099866	Akaike info criterion	-1.497530
Sum squared resid	0.089758	Schwarz criterion	-1.269295
Log likelihood	15.48271	Hannan-Quinn criter.	-1.518657
F-statistic	14.65426	Durbin-Watson stat	1.998722
Prob(F-statistic)	0.000561		

附图 7 – 5 LnZ_7 的单整性检验

6 北京市居民消费需求不足的微观形成机制

6.1 北京市居民消费决策行为模型

第5章已经分析了消费对经济增长的影响方式，表明消费是拉动经济增长的关键因素。众所周知，收入是消费的前提，收入水平的高低决定着消费能力的高低，并直接影响居民的消费信心、消费欲望和消费潜能。因此，收入是消费的来源和基础，是影响消费的最重要因素。

绝对收入假说认为，不同收入群体的消费倾向不同，一般来说，高收入居民的消费倾向低于低收入居民的消费倾向。因此，如果收入分配更加平等，则会提高整个社会的消费倾向。反之，收入分配差距越大，社会的消费倾向就越低。

此外，收入分配差距的存在，会导致不同收入阶层之间、城乡之间和地区之间的消费水平和消费结构存在一定程度的差异，而且收入分配差距不断扩大和两极分化现象日趋严重将会导致整个社会平均消费倾向降低。高收入者的边际消费倾向呈现递减趋势，低收入者虽然消费倾向很高，但受限于收入水平而无力消费。这种“富人低消费和穷人无钱消费”的双重现象最终导致整个社会有效需求不足。

6.2 实证分析

下面基于北京市1995—2013年年均收入 I 和消费的相关数据（单位：亿元），对收入对消费的影响进行实证分析。分别考虑收入 I 对总的人均消费 Z 及食品消费支出 Z_1、衣着消费支出 Z_2、居住消费支出 Z_3、家庭设备用品及服务消费支出 Z_4、医疗保健消费支出 Z_5、交通和通信消费支出 Z_6、教育文化娱乐服务 Z_7、杂项商品和服务消费支出 Z_8 各类型消费支出的影响。

6.2.1 收入与人均消费

经初步分析，本期人均消费不仅受到收入的影响，还受到前一期人均消费的影响。要建立收入对消费的影响关系模型，必须先对相关变量的平稳性和协整性进行分析。

1. 单位根检验

从图 6－1 可以看出，1995—2013 年，平均工资收入 I 和人均消费支出 Z（取对数后）均呈持续上升趋势，因此，初步判断两者均为非平稳的时间序列。

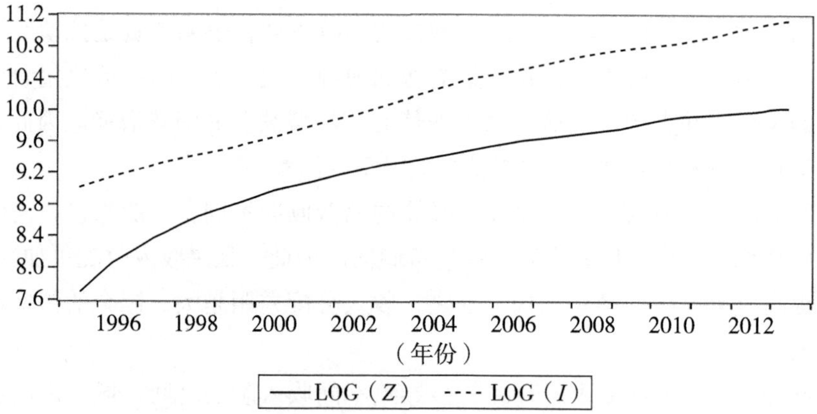

图 6－1 1995—2013 年北京市平均收入和人均消费趋势

图 6－2 中给出了 LnI 和 LnZ 的样本自相关图。从图中可以看出，它们均呈缓慢下降的趋势，这再次表明，这两个序列是非平稳的。

2. 单整性检验

在第 5 章中，已经验证了食品消费支出 Z_1、衣着消费支出 Z_2、居住消费支出 Z_3、家庭设备用品及服务消费支出 Z_4、医疗保健消费支出 Z_5、交通和通信消费支出 Z_6、教育文化娱乐服务 Z_7 和杂项商品和服务消费支出 Z_8 的单整性（均为取对数以后）均是二阶单整的。下面检验 LnZ 和 LnI 的单整性。

图 6－3 表明，LnZ 的二阶差分的 ADF 检验在只含截距项的情形下，其检验统计量的值为 －4.591647，小于 ADF 临界值 －3.119910，表明 LnZ 经二阶差分后通过单位根检验，变为平稳序列，从而说明 LnZ 是二阶单整的。

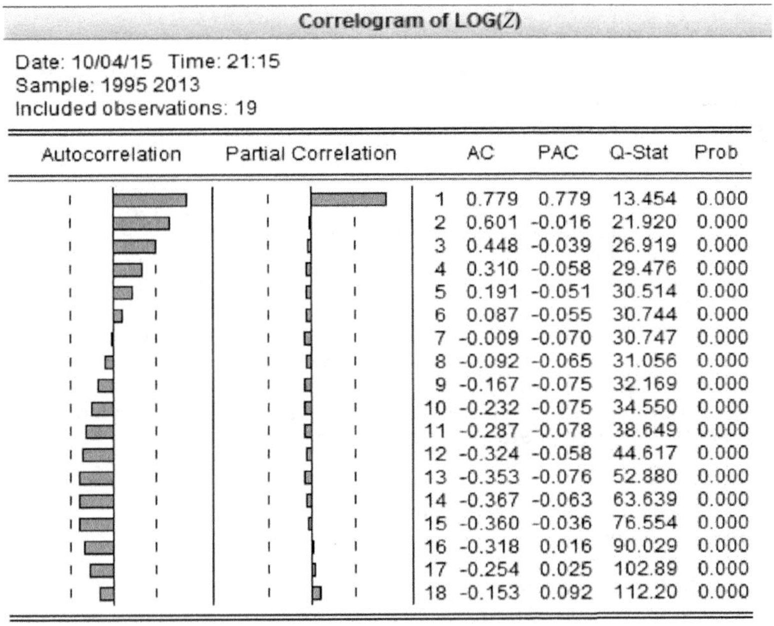

Correlogram of LOG(*Z*)

Date: 10/04/15 Time: 21:15
Sample: 1995 2013
Included observations: 19

Autocorrelation	Partial Correlation		AC	PAC	Q-Stat	Prob
		1	0.779	0.779	13.454	0.000
		2	0.601	-0.016	21.920	0.000
		3	0.448	-0.039	26.919	0.000
		4	0.310	-0.058	29.476	0.000
		5	0.191	-0.051	30.514	0.000
		6	0.087	-0.055	30.744	0.000
		7	-0.009	-0.070	30.747	0.000
		8	-0.092	-0.065	31.056	0.000
		9	-0.167	-0.075	32.169	0.000
		10	-0.232	-0.075	34.550	0.000
		11	-0.287	-0.078	38.649	0.000
		12	-0.324	-0.058	44.617	0.000
		13	-0.353	-0.076	52.880	0.000
		14	-0.367	-0.063	63.639	0.000
		15	-0.360	-0.036	76.554	0.000
		16	-0.318	0.016	90.029	0.000
		17	-0.254	0.025	102.89	0.000
		18	-0.153	0.092	112.20	0.000

（a）Ln*Z* 的变量自相关图

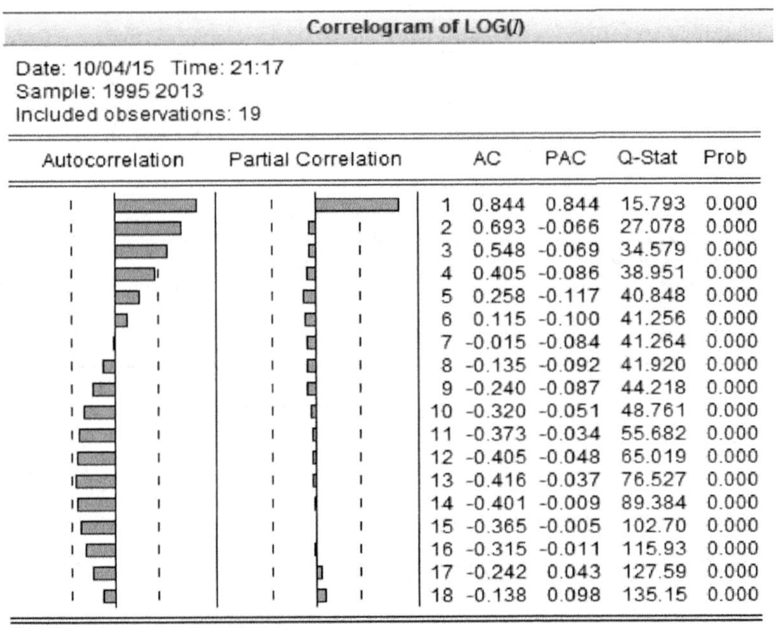

Correlogram of LOG(*I*)

Date: 10/04/15 Time: 21:17
Sample: 1995 2013
Included observations: 19

Autocorrelation	Partial Correlation		AC	PAC	Q-Stat	Prob
		1	0.844	0.844	15.793	0.000
		2	0.693	-0.066	27.078	0.000
		3	0.548	-0.069	34.579	0.000
		4	0.405	-0.086	38.951	0.000
		5	0.258	-0.117	40.848	0.000
		6	0.115	-0.100	41.256	0.000
		7	-0.015	-0.084	41.264	0.000
		8	-0.135	-0.092	41.920	0.000
		9	-0.240	-0.087	44.218	0.000
		10	-0.320	-0.051	48.761	0.000
		11	-0.373	-0.034	55.682	0.000
		12	-0.405	-0.048	65.019	0.000
		13	-0.416	-0.037	76.527	0.000
		14	-0.401	-0.009	89.384	0.000
		15	-0.365	-0.005	102.70	0.000
		16	-0.315	-0.011	115.93	0.000
		17	-0.242	0.043	127.59	0.000
		18	-0.138	0.098	135.15	0.000

（b）Ln*I* 的变量自相关图

图 6－2　Ln*Z* 和 Ln*I* 自相关图

Augmented Dickey-Fuller Unit Root Test on D(D(LOG(Z)))

Null Hypothesis: D(D(LOG(Z))) has a unit root
Exogenous: Constant
Lag Length: 3 (Automatic - based on SIC, maxlag=3)

		t-Statistic	Prob.*
Augmented Dickey-Fuller test statistic		-4.591647	0.0041
Test critical values:	1% level	-4.057910	
	5% level	-3.119910	
	10% level	-2.701103	

*MacKinnon (1996) one-sided p-values.
Warning: Probabilities and critical values calculated for 20 observations and may not be accurate for a sample size of 13

Augmented Dickey-Fuller Test Equation
Dependent Variable: D(D(LOG(Z)),2)
Method: Least Squares
Date: 10/04/15 Time: 21:53
Sample (adjusted): 2001 2013
Included observations: 13 after adjustments

Variable	Coefficient	Std. Error	t-Statistic	Prob.
D(D(LOG(Z(-1))))	-1.738615	0.378647	-4.591647	0.0018
D(D(LOG(Z(-1))),2)	0.180770	0.289666	0.624065	0.5500
D(D(LOG(Z(-2))),2)	-0.258422	0.201228	-1.284226	0.2350
D(D(LOG(Z(-3))),2)	-0.617781	0.138039	-4.475395	0.0021
C	-0.009499	0.008356	-1.136768	0.2885

R-squared	0.941914	Mean dependent var	0.002037
Adjusted R-squared	0.912872	S.D. dependent var	0.075367
S.E. of regression	0.022247	Akaike info criterion	-4.489539
Sum squared resid	0.003959	Schwarz criterion	-4.272250
Log likelihood	34.18200	Hannan-Quinn criter.	-4.534201
F-statistic	32.43196	Durbin-Watson stat	2.371140
Prob(F-statistic)	0.000054		

图 6－3 LnZ 二阶差分的 *ADF* 检验

图 6－4 表明，Ln*I* 的二阶差分的 *ADF* 检验在既含截距项又含斜率项的情形下，其检验统计量的值为 －4.552508，小于 *ADF* 临界值 －3.759743，表明 Ln*I* 经二阶差分后通过单位根检验也变为平稳序列，从而说明 Ln*I* 也是二阶单整的。

从图 6 －5 可看出，两者的二阶差分序列也变为平稳序列。

Augmented Dickey-Fuller Unit Root Test on D(D(LOG(*I*)))

Null Hypothesis: D(D(LOG(*I*))) has a unit root
Exogenous: Constant, Linear Trend
Lag Length: 1 (Automatic - based on SIC, maxlag=3)

		t-Statistic	Prob.*
Augmented Dickey-Fuller test statistic		-4.552508	0.0134
Test critical values:	1% level	-4.728363	
	5% level	-3.759743	
	10% level	-3.324976	

*MacKinnon (1996) one-sided p-values.
Warning: Probabilities and critical values calculated for 20 observations and may not be accurate for a sample size of 15

Augmented Dickey-Fuller Test Equation
Dependent Variable: D(D(LOG(*I*)),2)
Method: Least Squares
Date: 10/04/15 Time: 21:57
Sample (adjusted): 1999 2013
Included observations: 15 after adjustments

Variable	Coefficient	Std. Error	t-Statistic	Prob.
D(D(LOG(*I*(-1))))	-1.586405	0.348468	-4.552508	0.0008
D(D(LOG(*I*(-1))),2)	0.511907	0.242545	2.110565	0.0585
C	-0.001572	0.019311	-0.081381	0.9366
@TREND("1995")	-7.52E-05	0.001623	-0.046362	0.9639

R-squared	0.683112	Mean dependent var	0.001558
Adjusted R-squared	0.596689	S.D. dependent var	0.042340
S.E. of regression	0.026889	Akaike info criterion	-4.171046
Sum squared resid	0.007953	Schwarz criterion	-3.982233
Log likelihood	35.28285	Hannan-Quinn criter.	-4.173058
F-statistic	7.904209	Durbin-Watson stat	1.845742
Prob(F-statistic)	0.004341		

图 6－4　Ln*I* 二阶差分的 *ADF* 检验

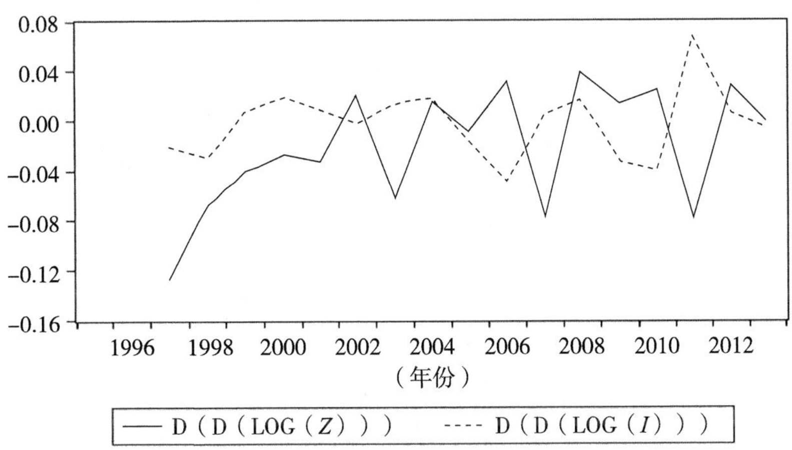

图 6－5　Ln*Z* 和 Ln*I* 的二阶差分序列

3. 协整检验与长期均衡模型

为了检验变量 LnZ、LnI 和 LnZ（-1）之间的协整性，首先应用 OLS 估计模型 $\mathrm{Ln}Z=\beta_0+\beta_1\mathrm{Ln}I+\beta_2\mathrm{Ln}Z(-1)+\mu$，得到回归结果如图 6-6 所示。

Dependent Variable: LnZ
Method: Least Squares
Date: 10/06/15 Time: 10:27
Sample (adjusted): 1996 2013
Included observations: 18 after adjustments

Variable	Coefficient	Std. Error	t-Statistic	Prob.
C	1.147697	0.091190	12.58575	0.0000
LnI	0.185689	0.033561	5.532805	0.0001
LnZ(-1)	0.683253	0.032285	21.16348	0.0000

R-squared	0.998736	Mean dependent var	9.337049
Adjusted R-squared	0.998567	S.D. dependent var	0.567291
S.E. of regression	0.021474	Akaike info criterion	-4.692923
Sum squared resid	0.006917	Schwarz criterion	-4.544528
Log likelihood	45.23631	Hannan-Quinn criter.	-4.672462
F-statistic	5924.484	Durbin-Watson stat	2.452658
Prob(F-statistic)	0.000000		

图 6-6 LnZ 对 LnI 和 LnZ（-1）回归结果

对残差序列进行 *ADF* 检验，检验结果如图 6-7 所示。

从图 6-7 可以看出，对应的 *ADF* 检验统计量 t 值为 -4.787293，小于显著性水平 5% 下的 *ADF* 临界值 -3.710482，因此在该显著性水平下拒绝存在单位根的假设，表明残差项是平稳的。因此 LnZ、LnI 和 LnZ（-1）之间存在（2，2）阶的协整关系，即它们存在长期稳定的均衡关系。

根据图 6-6 中的回归结果，可得长期均衡关系的回归模型为：

$$\mathrm{L\hat{n}}Z_1=1.147697+0.185689\mathrm{Ln}I+0.683253\mathrm{Ln}Z(-1) \quad (6-1)$$

该模型表明，收入 I 每增长 1%，将促进消费平均增长 0.185689%，表明收入的提高对消费的刺激程度并不高，反映了国内消费需求不足的现实。从上述回归结果也可看到，前期消费 Z（-1）也会对本期消费产

Augmented Dickey-Fuller Unit Root Test on *E*

Null Hypothesis: *E* has a unit root
Exogenous: Constant, Linear Trend
Lag Length: 0 (Automatic - based on SIC, maxlag=3)

		t-Statistic	Prob.*
Augmented Dickey-Fuller test statistic		-4.787293	0.0074
Test critical values:	1% level	-4.616209	
	5% level	-3.710482	
	10% level	-3.297799	

*MacKinnon (1996) one-sided p-values.
Warning: Probabilities and critical values calculated for 20 observations and may not be accurate for a sample size of 17

Augmented Dickey-Fuller Test Equation
Dependent Variable: D(*E*)
Method: Least Squares
Date: 10/06/15 Time: 10:32
Sample (adjusted): 1997 2013
Included observations: 17 after adjustments

Variable	Coefficient	Std. Error	t-Statistic	Prob.
E(-1)	-1.236673	0.258324	-4.787293	0.0003
C	-0.003842	0.011823	-0.324988	0.7500
@TREND("1995")	0.000343	0.001062	0.322944	0.7515

R-squared	0.620850	Mean dependent var	-0.000710
Adjusted R-squared	0.566686	S.D. dependent var	0.032554
S.E. of regression	0.021429	Akaike info criterion	-4.689312
Sum squared resid	0.006429	Schwarz criterion	-4.542275
Log likelihood	42.85915	Hannan-Quinn criter.	-4.674696
F-statistic	11.46234	Durbin-Watson stat	2.039764
Prob(F-statistic)	0.001126		

图 6－7 残差序列的 *ADF* 检验结果

生某种程度刺激作用，即前期消费每增长 1%，本期消费将平均增加 0.683253%。这表明，在利好的经济环境或较高的消费需求下，消费者的消费水平有着某种自我助推效应。长期均衡模型的拟合效果如图6－8所示。

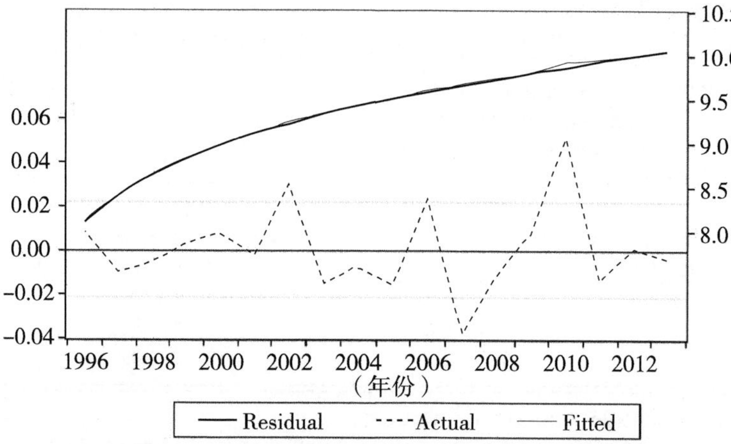

图 6 – 8　长期均衡模型的拟合效果

4. 误差修正模型

前述分析已经得到，LnZ、LnI、LnZ（-1）之间是（2，2）阶协整的，并已得到 LnZ、LnI、LnZ（-1）的长期均衡关系模型（6-1）。以该回归模型的残差序列为误差修正项，可得误差修正模型的回归结果如图 6-9 所示。拟合效果见图 6-10。

Dependent Variable: LnZ_1
Method: Least Squares
Date: 10/06/15 Time: 22:33
Sample (adjusted): 1996 2013
Included observations: 18 after adjustments

Variable	Coefficient	Std. Error	t-Statistic	Prob.
C	0.842633	0.100347	8.397166	0.0000
LnI	0.173646	0.050455	3.441604	0.0036
LnZ_1 (-1)	0.692277	0.060185	11.50253	0.0000

R-squared	0.997514	Mean dependent var	8.274145
Adjusted R-squared	0.997183	S.D. dependent var	0.478507
S.E. of regression	0.025397	Akaike info criterion	-4.357377
Sum squared resid	0.009675	Schwarz criterion	-4.208982
Log likelihood	42.21639	Hannan-Quinn criter.	-4.336915
F-statistic	3009.933	Durbin-Watson stat	1.506207
Prob(F-statistic)	0.000000		

图 6 – 9　误差修正模型回归结果

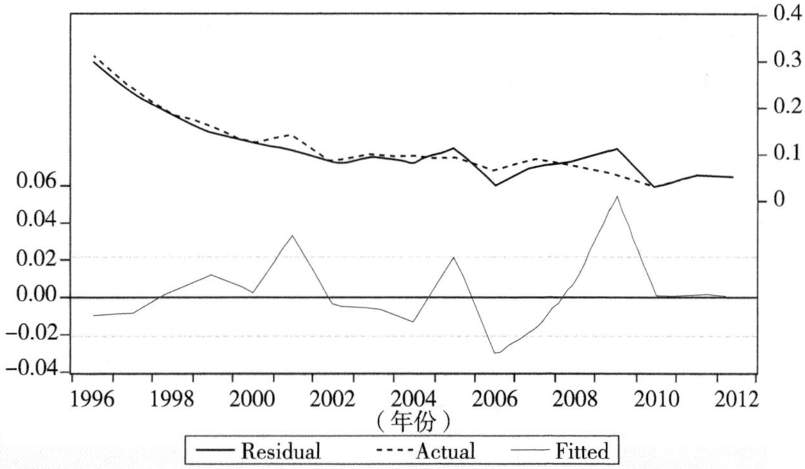

图 6－10　误差修正模型拟合效果

根据图 6－9，可建立误差修正模型如下：

$$\Delta \mathrm{Ln}Z_t = 0.144\Delta \mathrm{Ln}I_t + 0.670\Delta \mathrm{Ln}Z_{t-1} - 1.25e_{t-1} \quad (6-2)$$

该模型反映了 LnZ、LnI 和 LnZ（－1）之间的短期均衡关系。其中变量系数的符号与长期均衡模型（6－1）中的系数符号一致，误差修正系数为负，符合反向修正机制。该短期均衡模型表明，本期收入 I_1 和上一期消费 Z_{t-1} 的短期变动均对本期的消费存在正向影响，它们的变动每增加 1%，本期消费将分别平均增加 0.144% 和 0.670%。

6.2.2　收入与食品消费

经初步分析，本期食品消费 Z_{1t} 不仅受本期收入 I_t 的影响，也受前一期食品消费 Z_{t-1} 的影响。为了建立收入对食品消费的影响关系模型，首先对相关变量的协整性进行分析。

1. 协整检验与长期均衡模型

为了检验变量 LnZ_1、LnI 和 LnZ_1（－1）之间的协整性，首先应用 OLS 估计模型 $\mathrm{Ln}Z_1 = \beta_0 + \beta_1 \mathrm{Ln}I + \beta_2 \mathrm{Ln}Z_1(-1) + \mu$，得到回归结果如图 6－11 所示。

对残差序列进行 ADF 检验，检验结果如图 6－12 所示。

Dependent Variable: LnZ_1
Method: Least Squares
Date: 10/06/15 Time: 22:33
Sample (adjusted): 1996 2013
Included observations: 18 after adjustments

Variable	Coefficient	Std. Error	t-Statistic	Prob.
C	0.842633	0.100347	8.397166	0.0000
Ln*I*	0.173646	0.050455	3.441604	0.0036
LnZ_1 (−1)	0.692277	0.060185	11.50253	0.0000

R-squared	0.997514	Mean dependent var	8.274145
Adjusted R-squared	0.997183	S.D. dependent var	0.478507
S.E. of regression	0.025397	Akaike info criterion	-4.357377
Sum squared resid	0.009675	Schwarz criterion	-4.208982
Log likelihood	42.21639	Hannan-Quinn criter.	-4.336915
F-statistic	3009.933	Durbin-Watson stat	1.506207
Prob(F-statistic)	0.000000		

图 6－11　LnZ_1 对 Ln*I* 和 LnZ_1（−1）回归结果

Augmented Dickey-Fuller Unit Root Test on *E*

Null Hypothesis: *E* has a unit root
Exogenous: None
Lag Length: 0 (Automatic - based on SIC, maxlag=3)

		t-Statistic	Prob.*
Augmented Dickey-Fuller test statistic		-3.108580	0.0040
Test critical values:	1% level	-2.708094	
	5% level	-1.962813	
	10% level	-1.606129	

*MacKinnon (1996) one-sided p-values.
Warning: Probabilities and critical values calculated for 20 observations and may not be accurate for a sample size of 17

Augmented Dickey-Fuller Test Equation
Dependent Variable: D(*E*)
Method: Least Squares
Date: 10/06/15 Time: 22:40
Sample (adjusted): 1997 2013
Included observations: 17 after adjustments

Variable	Coefficient	Std. Error	t-Statistic	Prob.
E(-1)	-0.753173	0.242288	-3.108580	0.0068

R-squared	0.376539	Mean dependent var	-5.23E-05
Adjusted R-squared	0.376539	S.D. dependent var	0.030179
S.E. of regression	0.023829	Akaike info criterion	-4.578782
Sum squared resid	0.009085	Schwarz criterion	-4.529770
Log likelihood	39.91965	Hannan-Quinn criter.	-4.573910
Durbin-Watson stat	2.067672		

图 6－12　残差序列的 *ADF* 检验结果

从图 6 - 10 可以看出，在既不包含截距项也不包含斜率项的情形下，对应的 *ADF* 检验统计量 t 值为 - 3.11，小于显著性水平 5% 下的 *ADF* 临界值 - 1.96，因此在该显著性水平下拒绝存在单位根的假设，表明残差项是平稳的。因此 $\mathrm{Ln}Z_1$、$\mathrm{Ln}I$ 和 $\mathrm{Ln}Z_1$（-1）之间存在（2，2）阶的协整关系，即它们存在长期稳定的均衡关系。

根据图 6 - 9 中的回归结果，可得长期均衡关系的回归模型为：

$$\mathrm{L\hat{n}}Z_1 = 0.842633 + 0.173646\mathrm{Ln}I + 0.692277\mathrm{Ln}Z_1(-1) \qquad (6-3)$$

该模型表明，收入 I 每增长 1%，将促进食品消费平均增长 0.173646%，同样，这表明收入的提高对食品消费的刺激程度并不高，也从侧面反映了国内消费需求不足的现实。回归结果同样表明，前期食品消费 Z_1（-1）也会对本期食品消费产生某种程度刺激作用，即前期食品消费每增长 1%，本期食品消费将平均增加 0.692277%。这表明，在利好的经济环境或较高的消费需求下，消费者的食品消费也同样有着自我助推效应。长期均衡模型拟合效果如图 6 - 13 所示。

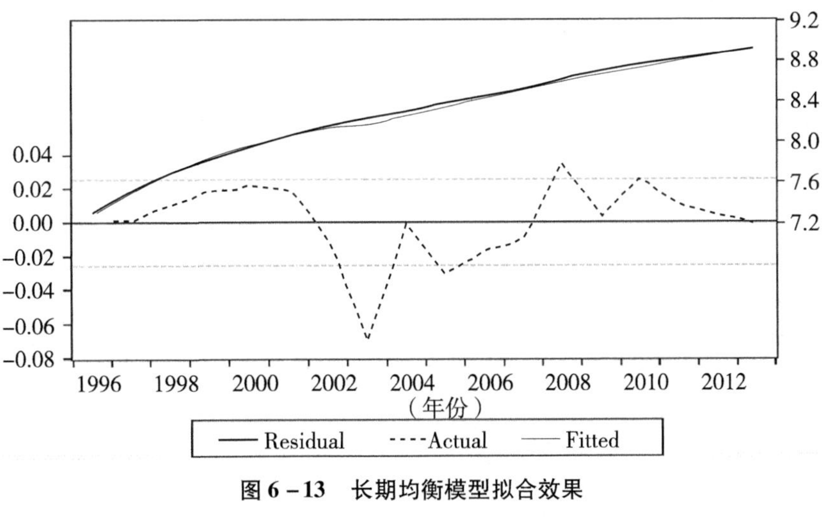

图 6 - 13 长期均衡模型拟合效果

2. 误差修正模型

前述分析已经得到，$\mathrm{Ln}Z_1$、$\mathrm{Ln}I$ 和 $\mathrm{Ln}Z_1$（-1）之间是（2，2）阶协整的，并已得到 $\mathrm{Ln}Z_1$、$\mathrm{Ln}I$ 和 $\mathrm{Ln}Z_1$（-1）的长期均衡关系模型（6 - 3）。以该回归模型的残差序列为误差修正项，可得误差修正模型的回归结果如图 6 - 14 所示。拟合效果见图 6 - 15。

Dependent Variable: D($\mathrm{Ln}Z_1$)
Method: Least Squares
Date: 10/06/15 Time: 23:07
Sample (adjusted): 1997 2013
Included observations: 17 after adjustments

Variable	Coefficient	Std. Error	t-Statistic	Prob.
D(LnI)	0.067390	0.108166	0.623027	0.5433
D($\mathrm{Ln}Z_1$(-1))	0.793590	0.105706	7.507507	0.0000
E(-1)	-0.892075	0.287145	-3.106699	0.0077

R-squared	0.792323	Mean dependent var	0.095064
Adjusted R-squared	0.762655	S.D. dependent var	0.050516
S.E. of regression	0.024611	Akaike info criterion	-4.412496
Sum squared resid	0.008480	Schwarz criterion	-4.265458
Log likelihood	40.50621	Hannan-Quinn criter.	-4.397880
Durbin-Watson stat	2.181326		

图 6－14　误差修正模型回归结果

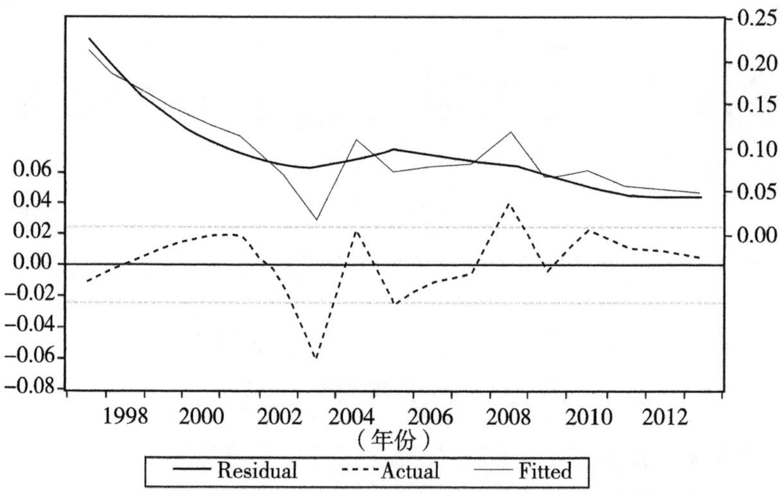

图 6－15　误差修正模型拟合效果

根据图 6－13，可建立误差修正模型如下：

$$\Delta \mathrm{Ln}Z_{1t} = 0.067\Delta \mathrm{Ln}I_t + 0.794\Delta \mathrm{Ln}Z_{1t-1} - 0.892e_{t-1} \qquad (6-4)$$

该模型反映了 $\mathrm{Ln}Z_1$、$\mathrm{Ln}I$、$\mathrm{Ln}Z_1$（－1）之间的短期均衡关系。其中变量系数的符号与长期均衡模型（6－3）中的系数符号一致，误差修正系数为负，符合反向修正机制。该短期均衡模型表明，本期收入 I_t 和上一期食品消费 Z_{1t-1}的短期变动均对本期的消费存在正向影响，它们的变动每增加 1%，本期消费变动将分别平均增加 0.067% 和 0.794%。

6.2.3 收入与衣着消费

经初步分析，本期食品消费 Z_{2t}主要受本期收入 I_t 的影响。为了建立收入对食品消费的影响关系模型，首先对相关变量的协整性进行分析。

1. 协整检验与长期均衡模型

为了检验变量 $\mathrm{Ln}Z_1$ 和 $\mathrm{Ln}I$ 之间的协整性，首先应用 OLS 估计模型 $\mathrm{Ln}Z = \beta_0 + \beta_1 \mathrm{Ln}I + \mu$，得到回归结果如图 6－16 所示。

Dependent Variable: $\mathrm{Ln}Z_2$
Method: Least Squares
Date: 10/06/15 Time: 23:22
Sample: 1995 2013
Included observations: 19

Variable	Coefficient	Std. Error	t-Statistic	Prob.
C	0.610793	0.563203	1.084499	0.2933
Ln*I*	0.616808	0.055296	11.15462	0.0000

R-squared	0.879795	Mean dependent var	6.879881
Adjusted R-squared	0.872725	S.D. dependent var	0.446330
S.E. of regression	0.159231	Akaike info criterion	-0.737618
Sum squared resid	0.431028	Schwarz criterion	-0.638204
Log likelihood	9.007373	Hannan-Quinn criter.	-0.720793
F-statistic	124.4255	Durbin-Watson stat	1.580299
Prob(F-statistic)	0.000000		

图 6－16 $\mathrm{Ln}Z_2$ 对 $\mathrm{Ln}I$ 回归结果

对残差序列进行 *ADF* 检验，检验结果如图 6－17 所示。

Augmented Dickey-Fuller Unit Root Test on E

Null Hypothesis: E has a unit root
Exogenous: Constant
Lag Length: 0 (Automatic - based on SIC, maxlag=3)

		t-Statistic	Prob.*
Augmented Dickey-Fuller test statistic		-3.320093	0.0292
Test critical values:	1% level	-3.857386	
	5% level	-3.040391	
	10% level	-2.660551	

*MacKinnon (1996) one-sided p-values.
Warning: Probabilities and critical values calculated for 20 observations and may not be accurate for a sample size of 18

Augmented Dickey-Fuller Test Equation
Dependent Variable: D(E)
Method: Least Squares
Date: 10/06/15 Time: 23:20
Sample (adjusted): 1996 2013
Included observations: 18 after adjustments

Variable	Coefficient	Std. Error	t-Statistic	Prob.
E(-1)	-0.873607	0.263127	-3.320093	0.0043
C	0.006301	0.037585	0.167633	0.8690

R-squared	0.407912	Mean dependent var	-0.005955
Adjusted R-squared	0.370907	S.D. dependent var	0.200076
S.E. of regression	0.158691	Akaike info criterion	-0.739279
Sum squared resid	0.402924	Schwarz criterion	-0.640349
Log likelihood	8.653510	Hannan-Quinn criter.	-0.725638
F-statistic	11.02302	Durbin-Watson stat	1.955697
Prob(F-statistic)	0.004332		

图 6－17　残差序列的 *ADF* 检验结果

从图 6－17 可以看出，在只存在截距项的情形下，对应的 *ADF* 检验统计量 t 值为－3.32，小于显著性水平 5% 下的 *ADF* 临界值－3.04，因此在该显著性水平下拒绝存在单位根的假设，表明残差项是平稳的。因此 $\mathrm{Ln}Z_2$ 和 $\mathrm{Ln}I$ 之间存在（2，2）阶的协整关系，即它们存在长期稳定的均衡关系。

根据图 6－16 中的回归结果，可得长期均衡关系的回归模型为：

$$\mathrm{L\hat{n}}Z_2 = 0.610793 + 0.616808\mathrm{Ln}I \qquad (6-5)$$

该模型表明，收入 I 每增长 1%，将促进衣着消费平均增长 0.616808%，相比收入的提高对食品消费的刺激程度，其对衣着消费的刺激作用要强。从上述回归结果我们也注意到，前期衣着消费 Z_2（－1）不再对本期衣着消费有显著刺激作用，即消费者衣着消费的自我助推效应并不明显。长期均衡模型的拟合效果如图 6－18 所示。

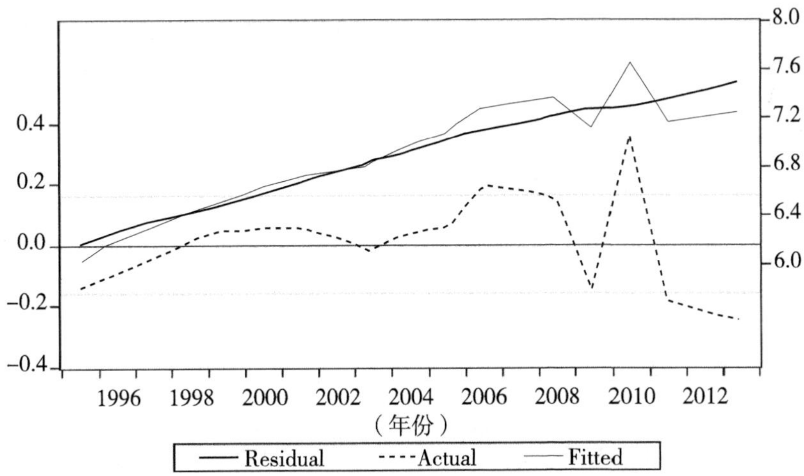

图 6 – 18 长期均衡模型拟合效果

2. 误差修正模型

由前述分析可知，$\mathrm{Ln}Z_2$ 和 $\mathrm{Ln}I$ 之间是（2，2）阶协整的，并已得到 $\mathrm{Ln}Z_2$ 和 $\mathrm{Ln}I$ 的长期均衡关系模型。以该回归模型的残差序列为误差修正项，可得误差修正模型的回归结果如图 6 – 19 所示。拟合效果见图 6 – 20。

Dependent Variable: D($\mathrm{Ln}Z_2$)
Method: Least Squares
Date: 10/06/15 Time: 23:37
Sample (adjusted): 1996 2013
Included observations: 18 after adjustments

Variable	Coefficient	Std. Error	t-Statistic	Prob.
D(Ln*I*)	0.581657	0.305664	1.902929	0.0752
E(-1)	-0.866751	0.262895	-3.296952	0.0045

R-squared	0.391210	Mean dependent var	0.067526
Adjusted R-squared	0.353161	S.D. dependent var	0.197404
S.E. of regression	0.158765	Akaike info criterion	-0.738350
Sum squared resid	0.403299	Schwarz criterion	-0.639420
Log likelihood	8.645153	Hannan-Quinn criter.	-0.724709
Durbin-Watson stat	1.959597		

图 6 – 19 误差修正模型回归结果

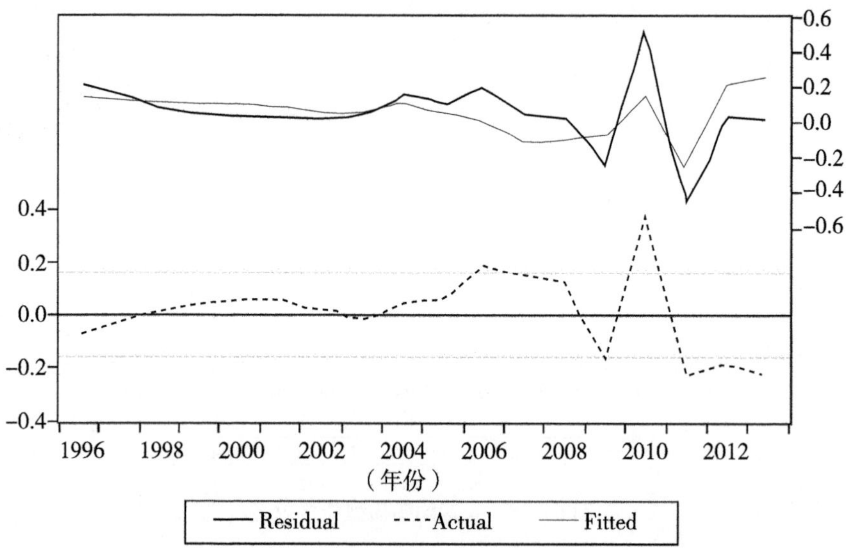

图 6－20 误差修正模型拟合效果

根据图 6－19，可建立误差修正模型如下：

$$\Delta \mathrm{Ln}Z_{2t} = 0.582\Delta \mathrm{Ln}I_t - 0.867e_{t-1} \quad (6-6)$$

该模型反映了 $\mathrm{Ln}Z_2$ 与 $\mathrm{Ln}I$ 之间的短期均衡关系。其中变量系数的符号与长期均衡模型（6－5）中的系数符号一致，误差修正系数为负，符合反向修正机制。该短期均衡模型表明，本期收入 I_t 的短期变动均对本期衣着消费存在正向影响，它们的变动每增加 1%，本期消费将平均增加 0.582%。

6.2.4 收入与居住消费

经初步分析，本期居住消费 Z_{3t} 主要受本期收入 I_t 的影响。为了建立收入对居住消费的影响关系模型，首先对相关变量的协整性进行分析。

1. 协整检验与长期均衡模型

为了检验变量 $\mathrm{Ln}Z_3$ 和 $\mathrm{Ln}I$ 之间的协整性，首先应用 OLS 估计模型 $\mathrm{Ln}Z_3 = \beta_0 + \beta_1 \mathrm{Ln}I + \mu$，回归结果如图 6－21 所示。

对残差序列进行 *ADF* 检验，检验结果如图 6－22 所示。

Dependent Variable: LnZ_3
Method: Least Squares
Date: 10/06/15 Time: 23:48
Sample: 1995 2013
Included observations: 19

Variable	Coefficient	Std. Error	t-Statistic	Prob.
C	-1.512852	0.461691	-3.276767	0.0044
LnI	0.814161	0.045329	17.96096	0.0000

R-squared	0.949941	Mean dependent var	6.762089
Adjusted R-squared	0.946996	S.D. dependent var	0.566969
S.E. of regression	0.130531	Akaike info criterion	-1.135110
Sum squared resid	0.289652	Schwarz criterion	-1.035695
Log likelihood	12.78354	Hannan-Quinn criter.	-1.118285
F-statistic	322.5959	Durbin-Watson stat	1.011388
Prob(F-statistic)	0.000000		

图 6－21　LnZ_3 对 LnI 回归结果

Augmented Dickey-Fuller Unit Root Test on E

Null Hypothesis: E has a unit root
Exogenous: Constant
Lag Length: 0 (Automatic - based on SIC, maxlag=3)

		t-Statistic	Prob.*
Augmented Dickey-Fuller test statistic		-3.155519	0.0402
Test critical values:	1% level	-3.857386	
	5% level	-3.040391	
	10% level	-2.660551	

*MacKinnon (1996) one-sided p-values.
Warning: Probabilities and critical values calculated for 20 observations and may not be accurate for a sample size of 18

Augmented Dickey-Fuller Test Equation
Dependent Variable: D(E)
Method: Least Squares
Date: 10/06/15 Time: 23:46
Sample (adjusted): 1996 2013
Included observations: 18 after adjustments

Variable	Coefficient	Std. Error	t-Statistic	Prob.
E(-1)	-0.644630	0.204286	-3.155519	0.0061
C	0.012146	0.025049	0.484878	0.6343

R-squared	0.383603	Mean dependent var	0.007206
Adjusted R-squared	0.345078	S.D. dependent var	0.131063
S.E. of regression	0.106065	Akaike info criterion	-1.545082
Sum squared resid	0.179998	Schwarz criterion	-1.446152
Log likelihood	15.90574	Hannan-Quinn criter.	-1.531441
F-statistic	9.957303	Durbin-Watson stat	2.151740
Prob(F-statistic)	0.006124		

图 6－22　残差序列的 *ADF* 检验结果

从图 6－21 可以看出，在只存在截距项的情形下，对应的 *ADF* 检验统计量 t 值为－3.16，小于显著性水平 5% 下的 *ADF* 临界值－3.04，因此在该显著性水平下拒绝存在单位根的假设，表明残差项是平稳的。因此 LnZ_3 与 LnI 之间存在（2，2）阶的协整关系，即它们存在长期稳定的均衡关系。

根据图 6－21 中的回归结果，可得长期均衡关系的回归模型为：

$$L\hat{n}Z_3 = -1.512852 + 0.814161LnI \qquad (6-7)$$

该模型表明，收入 I 每增长 1%，将促进居住消费平均增长 0.814161%，表明收入的提高对消费的刺激程度相对较高，但并不充分，也反映了国内居住消费需求仍需进一步扩大的现实。从上述分析也可看出，前期居住消费 Z_3（－1）对本期居住消费 Z_3 的刺激作用也不显著，自我助推效应未曾显现，这与居住消费这一消费类型的特点是密不可分的。长期均衡模型拟合效果如图 6－23所示。

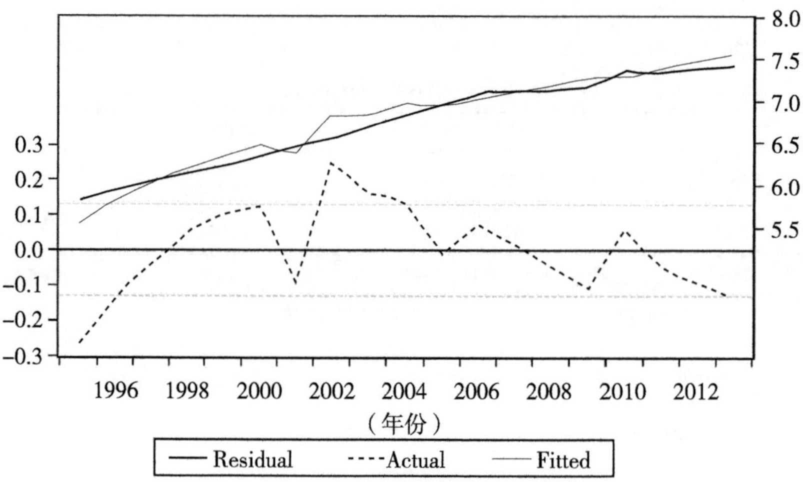

图 6－23　长期均衡模型拟合效果

2. 误差修正模型

由前述分析可知，LnZ_3 和 LnI 之间是（2，2）阶协整的，并已得到 LnZ_3 和 LnI 的长期均衡关系模型（6－7）。以该回归模型的残差序列为误差修正项，可得误差修正模型的回归结果如图 6－24 所示。拟合效果见图 6－25。

Dependent Variable: D($\mathrm{Ln}Z_3$)
Method: Least Squares
Date: 10/07/15 Time: 00:02
Sample (adjusted): 1996 2013
Included observations: 18 after adjustments

Variable	Coefficient	Std. Error	t-Statistic	Prob.
D(Ln*I*)	0.920189	0.204837	4.492293	0.0004
E(-1)	-0.651489	0.205236	-3.174346	0.0059

R-squared	0.378813	Mean dependent var	0.104197
Adjusted R-squared	0.339989	S.D. dependent var	0.130425
S.E. of regression	0.105958	Akaike info criterion	-1.547102
Sum squared resid	0.179635	Schwarz criterion	-1.448172
Log likelihood	15.92392	Hannan-Quinn criter.	-1.533461
Durbin-Watson stat	2.177226		

图 6－24 误差修正模型回归结果

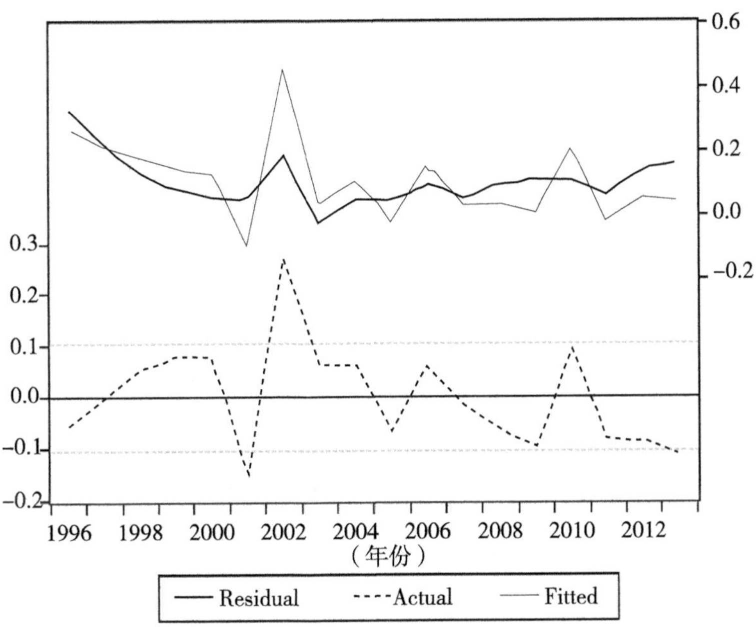

图 6－25 误差修正模型拟合效果

由图 6－24，可以建立误差修正模型如下：

$$\Delta \mathrm{Ln}Z_{3t}=0.920\Delta \mathrm{Ln}I_t-0.651e_{t-1} \tag{6-8}$$

该模型反映了 $\mathrm{Ln}Z_3$ 与 $\mathrm{Ln}I$ 之间的短期均衡关系。其中变量系数的符号与长期均衡模型（6－7）中的系数符号一致，误差修正系数为负，符合反向修正机制。该短期均衡模型表明，本期收入 I_t 的短期变动均对本期的居住消费存在正向影响，它们的变动每增加 1%，本期居住消费将平均增加 0.920%。

6.2.5 收入与家庭设备用品及服务消费

经初步分析，本期家庭设备用品及服务消费 Z_{4t} 主要受本期收入 I_t 的影响。为了建立收入对家庭设备用品及服务消费的影响关系模型，需要先分析相关变量的协整性。

1. 协整检验与长期均衡模型

为了检验变量 $\mathrm{Ln}Z_4$ 和 $\mathrm{Ln}I$ 之间的协整性，首先应用普通最小二乘法（OLS）估计模型 $\mathrm{Ln}Z_4=\beta_0+\beta_1\mathrm{Ln}I+\mu$，得到回归结果如图 6－26 所示。

Dependent Variable: $\mathrm{Ln}Z_4$
Method: Least Squares
Date: 10/07/15 Time: 00:07
Sample: 1995 2013
Included observations: 19

Variable	Coefficient	Std. Error	t-Statistic	Prob.
C	1.383311	0.442569	3.125639	0.0062
LnI	0.531127	0.043452	12.22326	0.0000

R-squared	0.897842	Mean dependent var	6.781558
Adjusted R-squared	0.891832	S.D. dependent var	0.380448
S.E. of regression	0.125125	Akaike info criterion	-1.219706
Sum squared resid	0.266157	Schwarz criterion	-1.120291
Log likelihood	13.58721	Hannan-Quinn criter.	-1.202881
F-statistic	149.4081	Durbin-Watson stat	0.652355
Prob(F-statistic)	0.000000		

图 6－26 普通最小二乘回归结果

对残差序列进行 *ADF* 检验，检验结果如图 6－27 所示。

Augmented Dickey-Fuller Unit Root Test on *E*

Null Hypothesis: *E* has a unit root
Exogenous: None
Lag Length: 0 (Automatic - based on SIC, maxlag=3)

		t-Statistic	Prob.*
Augmented Dickey-Fuller test statistic		-1.769903	0.0733
Test critical values:	1% level	-2.699769	
	5% level	-1.961409	
	10% level	-1.606610	

*MacKinnon (1996) one-sided p-values.
Warning: Probabilities and critical values calculated for 20 observations and may not be accurate for a sample size of 18

Augmented Dickey-Fuller Test Equation
Dependent Variable: D(*E*)
Method: Least Squares
Date: 10/07/15　Time: 00:13
Sample (adjusted): 1996 2013
Included observations: 18 after adjustments

Variable	Coefficient	Std. Error	t-Statistic	Prob.
E(-1)	-0.326285	0.184352	-1.769903	0.0947

R-squared	0.147009	Mean dependent var	0.009855
Adjusted R-squared	0.147009	S.D. dependent var	0.100552
S.E. of regression	0.092867	Akaike info criterion	-1.861345
Sum squared resid	0.146613	Schwarz criterion	-1.811879
Log likelihood	17.75210	Hannan-Quinn criter.	-1.854524
Durbin-Watson stat	1.684205		

图 6－27　残差序列的 *ADF* 检验结果

从图 6－27 可以看出，在既没有斜率项也没有截距项的情形下，对应的 *ADF* 检验统计量 t 值为－1.77，小于显著性水平 10% 下的 *ADF* 临界值－1.61，因此，在该显著性水平下拒绝存在单位根的假设，表明残差项是平稳的。因此，$\mathrm{Ln}Z_4$ 与 $\mathrm{Ln}I$ 之间存在（2，2）阶的协整关系，即它们存在长期稳定的均衡关系。

根据图 6－26 中的回归结果，可得长期均衡关系的回归模型为：

$$\mathrm{L\hat{n}}Z_4 = 1.383311 + 0.531127\mathrm{Ln}I \qquad (6-9)$$

上述 $\mathrm{Ln}Z_4$ 与 $\mathrm{Ln}I$ 之间的长期均衡关系模型表明，收入 I 每增长 1%，将促进消费平均增长 0.531127%，表明收入的提高对消费的刺激程度不是很高，反映了国内该项消费需求不足的现实。对于家庭设备与服务消费，前期消费 Z_5（－1）对本期消费也无明显自我助推效应。长期均衡模型拟合效果如图 6－28 所示。

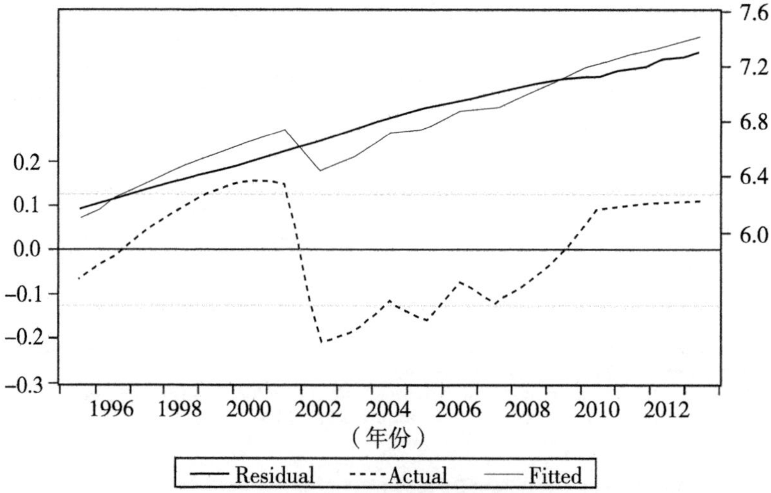

图 6－28　长期均衡模型拟合效果

2. 误差修正模型

由前述分析可知，$\mathrm{Ln}Z_4$ 和 $\mathrm{Ln}I$ 之间在 10% 的显著性水平下是（2，2）阶协整的，并已得到 $\mathrm{Ln}Z_4$ 与 $\mathrm{Ln}I$ 的长期均衡关系模型（6－9）。以该回归模型的残差序列为误差修正项，可得误差修正模型的回归结果如图 6－29 所示。拟合效果见图 6－30。

Dependent Variable: D($\mathrm{Ln}Z_4$)
Method: Least Squares
Date: 10/07/15 Time: 00:25
Sample (adjusted): 1996 2013
Included observations: 18 after adjustments

Variable	Coefficient	Std. Error	t-Statistic	Prob.
D(LnI)	0.537491	0.184301	2.916369	0.0101
E(-1)	-0.325730	0.190697	-1.708107	0.1069

R-squared	0.103358	Mean dependent var	0.073128
Adjusted R-squared	0.047318	S.D. dependent var	0.098070
S.E. of regression	0.095722	Akaike info criterion	-1.750308
Sum squared resid	0.146602	Schwarz criterion	-1.651378
Log likelihood	17.75277	Hannan-Quinn criter.	-1.736667
Durbin-Watson stat	1.685691		

图 6－29　误差修正模型回归结果

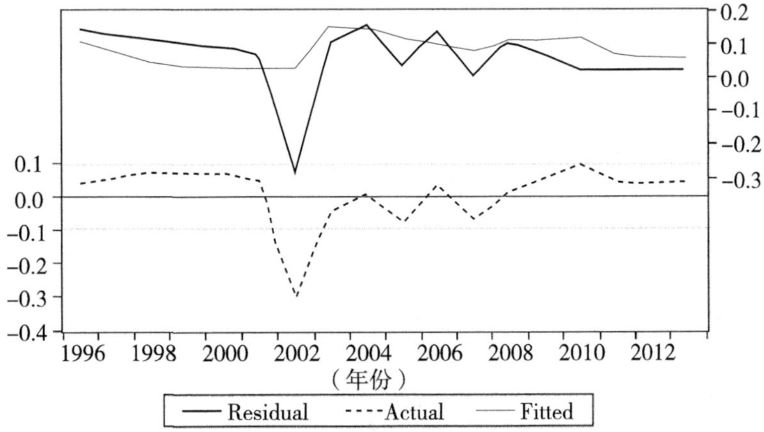

图 6－30　误差修正模型拟合效果

根据图 6－29，可建立误差修正模型如下：

$$\Delta \text{Ln}Z_{4t}=0.537\Delta \text{Ln}I_t-0.326e_{t-1} \tag{6-10}$$

该模型反映了取对数后的家庭设备与服务消费与收入即 $\text{Ln}Z_4$ 与 $\text{Ln}I$ 之间的短期均衡关系。其中变量系数的符号与长期均衡模型（6－9）中的系数符号一致，误差修正系数为负，符合反向修正机制。同时也表明，本期收入 I_t 的短期变动均对本期的家庭设备与服务消费 Z_{4t-1} 存在正向影响，它的变动每增加 1%，本期家庭设备与服务消费将平均增加 0.537%。

6.2.6　收入与医疗保健消费

经初步分析，本期医疗保健消费 Z_{5t} 主要受本期收入 I_t 的影响，受前期该项消费 Z_{5t-1} 与前一期收入的影响并不明显。为了建立收入对医疗保健消费的影响关系模型，需先对医疗保健消费 Z_{5t} 和本期收入 I_t（取对数以后）的协整性进行分析。

1. 协整检验与长期均衡模型

为了检验变量 $\text{Ln}Z_5$ 和 $\text{Ln}I$ 的协整性，首先应用 OLS 估计模型 $\text{Ln}Z_5=\beta_0+\beta_1\text{Ln}I+\mu$，得到回归结果如图 6－31 所示。

对残差序列进行 ADF 检验，检验结果如图 6－32 所示。

Dependent Variable: LnZ_5
Method: Least Squares
Date: 10/07/15 Time: 00:32
Sample: 1995 2013
Included observations: 19

Variable	Coefficient	Std. Error	t-Statistic	Prob.
C	-0.621317	0.464805	-1.336726	0.1989
Ln*I*	0.732868	0.045635	16.05923	0.0000

R-squared	0.938159	Mean dependent var	6.827378
Adjusted R-squared	0.934521	S.D. dependent var	0.513552
S.E. of regression	0.131412	Akaike info criterion	-1.121663
Sum squared resid	0.293573	Schwarz criterion	-1.022248
Log likelihood	12.65580	Hannan-Quinn criter.	-1.104838
F-statistic	257.8990	Durbin-Watson stat	0.512062
Prob(F-statistic)	0.000000		

图 6－31 回归结果

Augmented Dickey-Fuller Unit Root Test on *E*

Null Hypothesis: *E* has a unit root
Exogenous: None
Lag Length: 0 (Automatic - based on SIC, maxlag=3)

		t-Statistic	Prob.*
Augmented Dickey-Fuller test statistic		-1.793552	0.0700
Test critical values:	1% level	-2.699769	
	5% level	-1.961409	
	10% level	-1.606610	

*MacKinnon (1996) one-sided p-values.
Warning: Probabilities and critical values calculated for 20 observations and may not be accurate for a sample size of 18

Augmented Dickey-Fuller Test Equation
Dependent Variable: D(*E*)
Method: Least Squares
Date: 10/07/15 Time: 00:38
Sample (adjusted): 1996 2013
Included observations: 18 after adjustments

Variable	Coefficient	Std. Error	t-Statistic	Prob.
E(-1)	-0.302595	0.168713	-1.793552	0.0907

R-squared	0.158987	Mean dependent var	0.001135
Adjusted R-squared	0.158987	S.D. dependent var	0.094029
S.E. of regression	0.086231	Akaike info criterion	-2.009623
Sum squared resid	0.126408	Schwarz criterion	-1.960157
Log likelihood	19.08660	Hannan-Quinn criter.	-2.002802
Durbin-Watson stat	2.182961		

图 6－32 残差序列的 *ADF* 检验结果

从图 6 – 31 可以看出，在既不包含斜率项也不包含截距项的情形下，对应的 *ADF* 检验统计量 t 值为 – 1.79，小于显著性水平 10% 下的 *ADF* 临界值 – 1.61，因此在该显著性水平下拒绝存在单位根的假设，表明残差项是平稳的。因此，$\mathrm{Ln}Z_5$ 与 $\mathrm{Ln}I$ 之间存在（2，2）阶的协整关系，即它们存在长期稳定的均衡关系。

根据图 6 – 31 中的回归结果，可得该项消费下的长期均衡关系回归模型为：

$$\mathrm{L\hat{n}}Z_5 = -0.621317 + 0.732868\mathrm{Ln}I \tag{6-11}$$

该模型表明，收入 I 每增长 1%，将促进医疗保健消费平均增长 0.732868%，即收入的提高对消费的刺激程度不是很高，再一次反映了国内消费需求的不足。同时也表明，前期的医疗保健消费 Z_5（ – 1）对本期该项消费并未产生显著刺激作用，消费者的医疗保健消费未表现出自我助推效应。长期均衡模型拟合效果如图 6 – 33 所示。

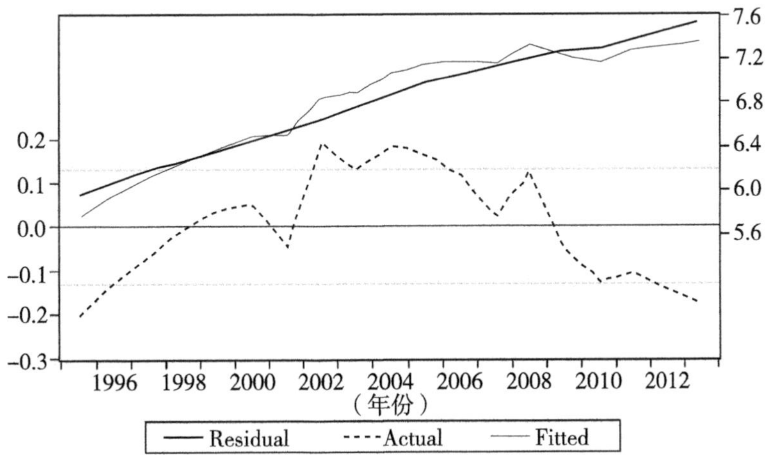

图 6 – 33 长期均衡模型拟合效果

2. 误差修正模型

由前述分析可知，$\mathrm{Ln}Z_5$ 和 $\mathrm{Ln}I$ 之间在 10% 的显著性水平下是（2，2）阶协整的，并已得到 $\mathrm{Ln}Z_5$ 与 $\mathrm{Ln}I$ 的长期均衡关系模型（6 – 11）。以该回归模型的残差序列为误差修正项，可得误差修正模型的回归结果如图 6 – 34 所示。误差修正模型拟合效果见图 6 – 35。

Dependent Variable: D(LnZ_5)
Method: Least Squares
Date: 10/07/15 Time: 00:49
Sample (adjusted): 1996 2013
Included observations: 18 after adjustments

Variable	Coefficient	Std. Error	t-Statistic	Prob.
D(LnI)	0.852575	0.168670	5.054708	0.0001
E(-1)	-0.314189	0.172008	-1.826593	0.0865

R-squared	0.359936	Mean dependent var	0.088442
Adjusted R-squared	0.319932	S.D. dependent var	0.106126
S.E. of regression	0.087518	Akaike info criterion	-1.929507
Sum squared resid	0.122550	Schwarz criterion	-1.830577
Log likelihood	19.36556	Hannan-Quinn criter.	-1.915866
Durbin-Watson stat	2.201858		

图 6－34　误差修正模型回归结果

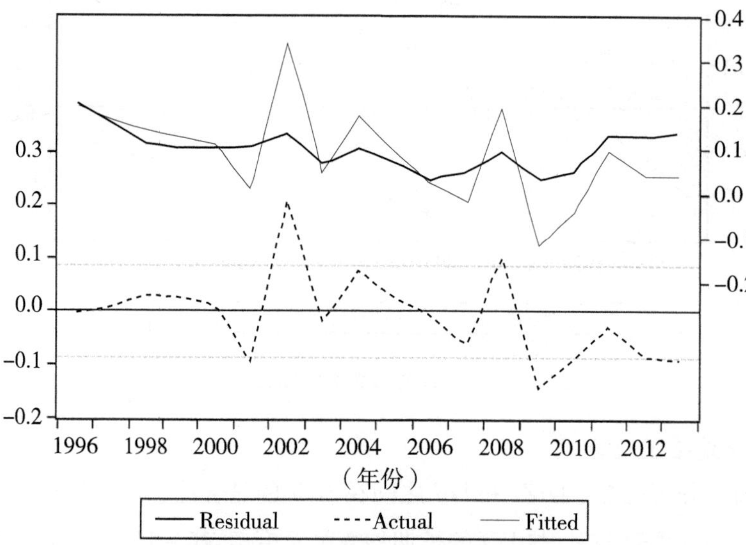

图 6－35　误差修正模型拟合效果

根据图 6－34，可建立误差修正模型如下：

$$\Delta \mathrm{Ln}Z_{5t} = 0.853\Delta \mathrm{Ln}I_t - 0.314e_{t-1} \quad (6-12)$$

该模型（6－12）反映了 $\mathrm{Ln}Z_5$ 与 $\mathrm{Ln}I$ 之间的短期均衡关系。其中变量系数的符号与长期均衡模型（6－11）中的系数符号一致，误差修正系数为负，符合反向修正机制。该短期均衡模型表明，本期收入 I_t 短期变动均对本期的医疗保健消费存在正向影响，它的变动每增加 1%，本期医疗保健消费变动将平均增加 0.853%。前期医疗保健消费的变动与收入的变动对本期医疗保健消费变动未产生显著影响。

6.2.7 收入与交通和通信消费

经初步分析，本期交通和通信消费 Z_{6t} 不仅受本期收入 I_t 的影响，也受前一期交通和通信消费 Z_{6t-1} 的影响。为了建立收入对交通和通信消费的影响关系模型，首先对本期交通和通信消费 Z_{6t}、本期收入 I_t 和前一期交通和通信消费 Z_{6t-1} 取对数后的协整性进行分析。

1. 协整检验与长期均衡模型

为了检验变量 $\mathrm{Ln}Z_6$、$\mathrm{Ln}I$ 和 $\mathrm{Ln}Z_6$（－1）之间的协整性，首先应用普通最小二乘法（OLS）估计模型 $\mathrm{Ln}Z_6 = \beta_0 + \beta_1 \mathrm{Ln}I + \beta_2 \mathrm{Ln}Z_6(-1) + \mu$，得到回归结果如图 6－36 所示。

Dependent Variable: $\mathrm{Ln}Z_6$
Method: Least Squares
Date: 10/07/15 Time: 01:05
Sample (adjusted): 1996 2013
Included observations: 18 after adjustments

Variable	Coefficient	Std. Error	t-Statistic	Prob.
C	-0.413902	1.225406	-0.337767	0.7402
$\mathrm{Ln}I$	0.298550	0.152962	1.951787	0.0699
$\mathrm{Ln}Z_6$(-1)	0.655066	0.057580	11.37669	0.0000

R-squared	0.985574	Mean dependent var	7.008760
Adjusted R-squared	0.983651	S.D. dependent var	1.291397
S.E. of regression	0.165122	Akaike info criterion	-0.613247
Sum squared resid	0.408981	Schwarz criterion	-0.464851
Log likelihood	8.519221	Hannan-Quinn criter.	-0.592785
F-statistic	512.4074	Durbin-Watson stat	2.205614
Prob(F-statistic)	0.000000		

图 6－36 $\mathrm{Ln}Z_6$ 对 $\mathrm{Ln}I$ 和 $\mathrm{Ln}Z_6$（－1）回归结果

对残差序列进行 *ADF* 检验，检验结果如图 6 – 37 所示。

Augmented Dickey-Fuller Unit Root Test on *E*

Null Hypothesis: *E* has a unit root
Exogenous: Constant, Linear Trend
Lag Length: 1 (Automatic - based on SIC, maxlag=3)

		t-Statistic	Prob.*
Augmented Dickey-Fuller test statistic		-5.538710	0.0023
Test critical values:	1% level	-4.667883	
	5% level	-3.733200	
	10% level	-3.310349	

*MacKinnon (1996) one-sided p-values.
Warning: Probabilities and critical values calculated for 20 observations and may not be accurate for a sample size of 16

Augmented Dickey-Fuller Test Equation
Dependent Variable: D(*E*)
Method: Least Squares
Date: 10/07/15 Time: 01:06
Sample (adjusted): 1998 2013
Included observations: 16 after adjustments

Variable	Coefficient	Std. Error	t-Statistic	Prob.
E(-1)	-1.585269	0.286216	-5.538710	0.0001
D(*E*(-1))	0.515654	0.180528	2.856367	0.0145
C	0.022478	0.072012	0.312149	0.7603
@TREND("1995")	-0.001284	0.006270	-0.204745	0.8412

R-squared	0.751299	Mean dependent var	0.018455
Adjusted R-squared	0.689124	S.D. dependent var	0.203378
S.E. of regression	0.113396	Akaike info criterion	-1.303545
Sum squared resid	0.154304	Schwarz criterion	-1.110398
Log likelihood	14.42836	Hannan-Quinn criter.	-1.293654
F-statistic	12.08357	Durbin-Watson stat	1.891666
Prob(F-statistic)	0.000615		

图 6 – 37 残差序列的 ADF 检验结果

从图 6 – 37 可以看出，在既包含斜率项又包含截距项的情形下，对应的 *ADF* 检验统计量 *t* 值为 – 5.54，小于显著性水平 5% 下的 *ADF* 临界值 – 3.73，因此在该显著性水平下拒绝存在单位根的假设，表明残差项是平稳的。因此，LnZ_6 对 LnI 和 LnZ_6（-1）之间存在（2，2）阶的协整关系，即它们存在长期稳定的均衡关系。

根据图 6-36 中的回归结果，可得长期均衡关系的回归模型为：

$$L\hat{n}Z_6 = -0.413902 + 0.298550LnI + 0.655066LnZ_6(-1) \quad (6-13)$$

该模型表明，收入 I 每增长 1%，将促进交通和通信消费平均增长 0.298550%，表明收入的提高对交通和通信消费的刺激程度较低。前期交通和通信消费 Z_6（-1）也会对本期交通和通信消费产生某种程度刺激作用。前期交通和通信消费每增长 1%，本期消费将平均增加 0.65066%。这表明，好的经济环境或较高的消费需求条件下，消费者的交通和通信消费水平也表现出自我助推效应。长期均衡模型拟合效果如图 6-38 所示。

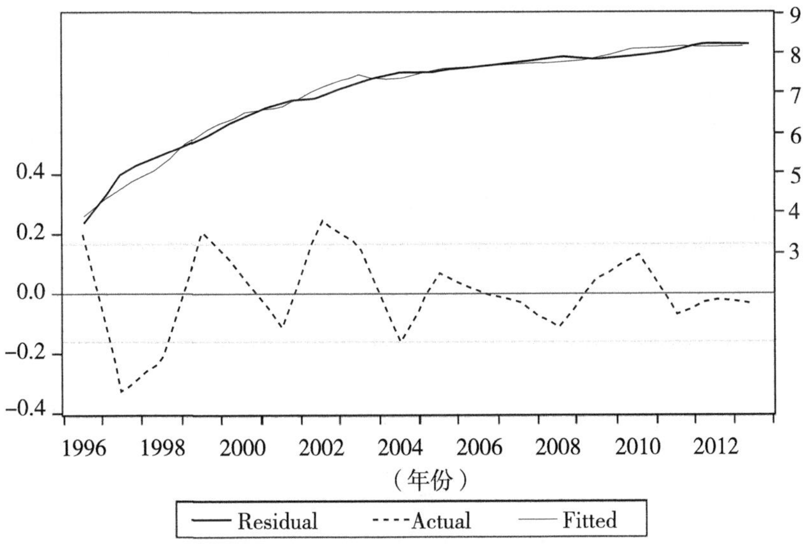

图 6-38　长期均衡模型拟合效果

2. 误差修正模型

在协整性分析中，已经得到，LnZ_6、LnI 和 LnZ_6（-1）之间是（2，2）阶协整的，同时得到了 LnZ_6、LnI 和 LnZ_6（-1）的长期均衡关系模型（6-13）。以该回归模型的残差序列为误差修正项，可得误差修正模型的回归结果如图 6-39 所示。拟合效果见图 6-40。

Dependent Variable: D(LnZ_6)
Method: Least Squares
Date: 10/07/15 Time: 01:17
Sample (adjusted): 1997 2013
Included observations: 17 after adjustments

Variable	Coefficient	Std. Error	t-Statistic	Prob.
D(LnI)	0.600348	0.401391	1.495669	0.1569
D(LnZ_6 (−1))	0.511341	0.088524	5.776321	0.0000
E(-1)	-1.024387	0.241145	-4.248019	0.0008

R-squared	0.740662	Mean dependent var	0.254082
Adjusted R-squared	0.703614	S.D. dependent var	0.268507
S.E. of regression	0.146179	Akaike info criterion	-0.849185
Sum squared resid	0.299156	Schwarz criterion	-0.702147
Log likelihood	10.21807	Hannan-Quinn criter.	-0.834569
Durbin-Watson stat	2.009249		

图 6 – 39　误差修正模型回归结果

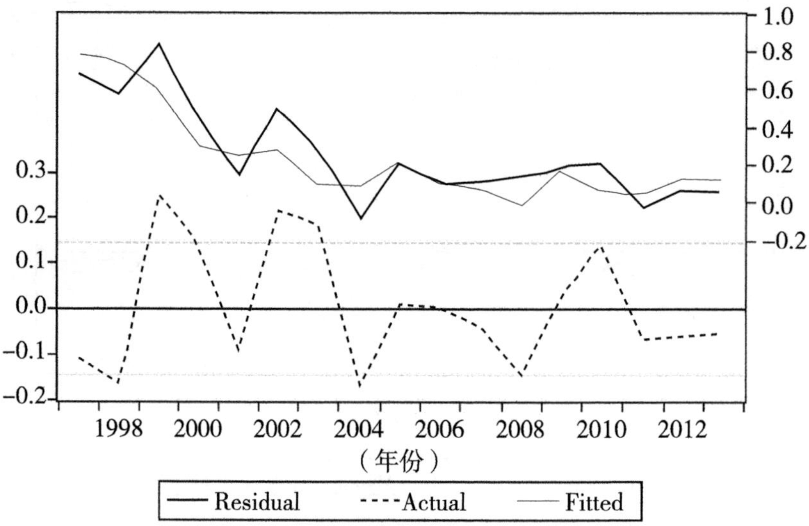

图 6 – 40　误差修正模型拟合效果

根据图 6 – 40，可建立误差修正模型如下：

$$\Delta LnZ_{6t} = 0.600\Delta LnI_t + 0.511\Delta LnZ_{6t-1} - 1.024e_{t-1} \qquad (6-14)$$

该模型反映了 LnZ_6 与 LnI 和 LnZ_6（−1）之间的短期均衡关系。其中变量系数的符号与长期均衡模型（6 – 1）中的系数符号一致，误差修正系数为负，符合反向修正机制。该短期均衡模型表明，本期收入 I_t 和上一期交通和通信消费 Z_{6t-1} 的短期变动均对本期的交通和通信消费 Z_{6t-1} 存在正向影响，它们的变动每增加 1%，本期消费将分别平均增加 0.600% 和 0.511%。

6.2.8 收入与教育文化娱乐服务消费

初步分析和事先判断表明，本期教育文化娱乐服务消费 Z_{7t} 主要受本期收入 I_t 的影响，受前一期教育文化服务消费 Z_{7t-1} 的影响并不十分显著，因此不将其前期消费作为变量引入模型中。为了建立收入对教育文化娱乐服务消费的影响关系模型，先进行协整性检验。

1. 协整检验与长期均衡模型

为了检验变量 $\text{Ln}Z_7$ 和 $\text{Ln}I$ 之间的协整性，首先应用 OLS 估计模型 $\text{Ln}Z_7 = \beta_0 + \beta_1 \text{Ln}I + \mu$，得到回归结果如图 6-41 所示。

Dependent Variable: $\text{Ln}Z_7$
Method: Least Squares
Date: 10/07/15 Time: 01:37
Sample: 1995 2013
Included observations: 19

Variable	Coefficient	Std. Error	t-Statistic	Prob.
C	1.521773	0.255549	5.954921	0.0000
Ln*I*	0.591562	0.025090	23.57743	0.0000

R-squared	0.970326	Mean dependent var	7.534268
Adjusted R-squared	0.968581	S.D. dependent var	0.407604
S.E. of regression	0.072250	Akaike info criterion	-2.318073
Sum squared resid	0.088741	Schwarz criterion	-2.218658
Log likelihood	24.02169	Hannan-Quinn criter.	-2.301248
F-statistic	555.8951	Durbin-Watson stat	1.198000
Prob(F-statistic)	0.000000		

图 6-41 $\text{Ln}Z_7$ 对 Ln*I* 回归结果

对残差序列进行 *ADF* 检验，检验结果如图 6-42 所示。

从图 6-42 可以看出，在只包含截距项的情形下，对应的 *ADF* 检验统计量 t 值为 -3.041036，小于显著性水平 5% 下的 *ADF* 临界值 -3.040391，

Augmented Dickey-Fuller Unit Root Test on E

Null Hypothesis: E has a unit root
Exogenous: Constant
Lag Length: 0 (Automatic - based on SIC, maxlag=3)

		t-Statistic	Prob.*
Augmented Dickey-Fuller test statistic		-3.041036	0.0499
Test critical values:	1% level	-3.857386	
	5% level	-3.040391	
	10% level	-2.660551	

*MacKinnon (1996) one-sided p-values.
Warning: Probabilities and critical values calculated for 20 observations and may not be accurate for a sample size of 18

Augmented Dickey-Fuller Test Equation
Dependent Variable: D(E)
Method: Least Squares
Date: 10/07/15 Time: 01:39
Sample (adjusted): 1996 2013
Included observations: 18 after adjustments

Variable	Coefficient	Std. Error	t-Statistic	Prob.
E(-1)	-0.680237	0.223686	-3.041036	0.0078
C	0.004946	0.015309	0.323060	0.7508

R-squared	0.366284	Mean dependent var	0.002432
Adjusted R-squared	0.326677	S.D. dependent var	0.079040
S.E. of regression	0.064857	Akaike info criterion	-2.528812
Sum squared resid	0.067304	Schwarz criterion	-2.429882
Log likelihood	24.75931	Hannan-Quinn criter.	-2.515171
F-statistic	9.247902	Durbin-Watson stat	1.922921
Prob(F-statistic)	0.007783		

图 6－42　残差序列的 *ADF* 检验结果

因此在该显著性水平下拒绝存在单位根的假设，表明残差项是平稳的。因此 $\mathrm{Ln}Z_7$ 和 $\mathrm{Ln}I$ 之间存在（2，2）阶的协整关系，说明它们存在长期稳定的均衡关系。

根据图 6－41，可以得到长期均衡关系的回归模型为：

$$\mathrm{L\hat{n}}Z_7 = 1.521773 + 0.591562\mathrm{Ln}I \qquad (6-15)$$

该模型表明，收入 I 每增长 1%，将促进教育文化娱乐服务消费平均增长 0.591562%。根据分析，前一期的教育文化娱乐消费 Z_7（－1）未对本期消费产生显著助推作用。长期均衡模型拟合效果如图 6－43 所示。

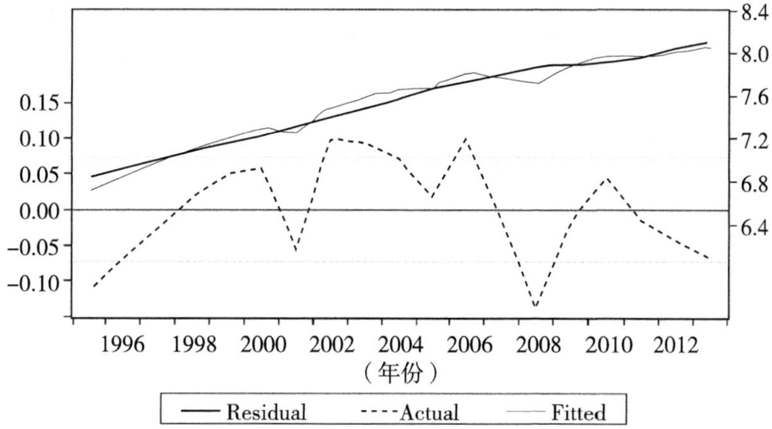

图 6-43 长期均衡模型拟合效果

2. 误差修正模型

前述分析已经得到，LnZ_7 和 LnI 之间是（2，2）阶协整的，并已得到 LnZ_7 和 LnI 的长期均衡关系模型（6-15）。以回归模型（6-15）的残差序列为误差修正项，可以得到误差修正模型的回归结果（见图 6-44）。误差修正模型拟合效果见图 6-45。

Dependent Variable: D(LN Z_7)
Method: Least Squares
Date: 10/07/15 Time: 01:48
Sample (adjusted): 1996 2013
Included observations: 18 after adjustments

Variable	Coefficient	Std. Error	t-Statistic	Prob.
D(LNI)	0.623907	0.125346	4.977465	0.0001
E(-1)	-0.682753	0.225001	-3.034446	0.0079

R-squared	0.342433	Mean dependent var	0.072905
Adjusted R-squared	0.301335	S.D. dependent var	0.077685
S.E. of regression	0.064934	Akaike info criterion	-2.526463
Sum squared resid	0.067462	Schwarz criterion	-2.427533
Log likelihood	24.73817	Hannan-Quinn criter.	-2.512822
Durbin-Watson stat	1.935964		

图 6-44 误差修正模型回归结果

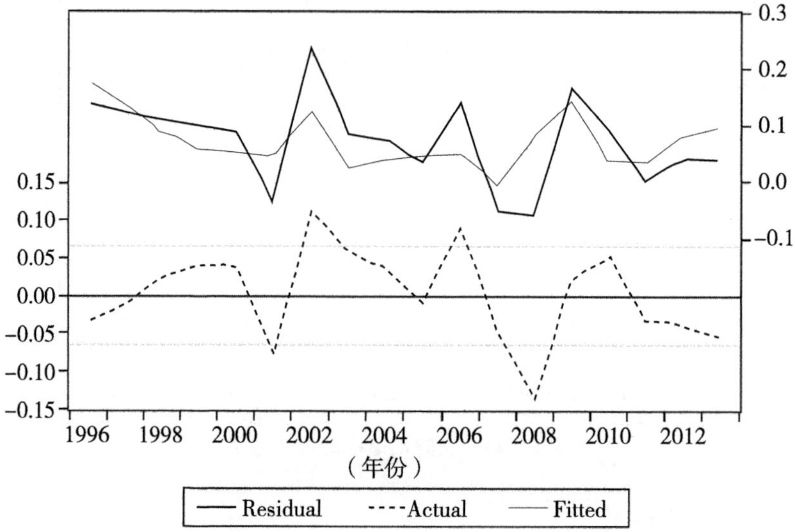

图 6－45　误差修正模型拟合效果

根据图 6－44，可建立误差修正模型如下：

$$\Delta \mathrm{Ln}Z_{7t}=0.624\Delta \mathrm{Ln}I_t-0.683e_{t-1} \qquad (6-16)$$

模型（6－16）反映了 $\mathrm{Ln}Z_7$ 与 $\mathrm{Ln}I$ 之间的短期均衡关系。其中，变量系数的符号与长期均衡模型（6－15）中的系数符号一致，误差修正系数为负，符合反向修正机制。（6－16）中的短期均衡模型表明，本期收入 I_t 的短期变动均对本期的教育文化娱乐服务消费的变动存在正向影响，它的变动每增加 1%，本期教育文化娱乐服务消费的变动将平均增加 0.624%。

6.2.9　收入与杂项商品和服务消费

经验和分析表明，本期杂项商品和服务消费 Z_{8t} 主要受本期收入 I_t 的影响，前一期杂项商品和服务消费 Z_{8t-1} 对本期该项影响不太显著，因此不将前期消费作为变量引入模型。下面建立收入对杂项商品和服务消费的影响关系模型，为此，首先检验相关变量的协整性。

1. 协整检验与长期均衡模型

为了检验变量 $\mathrm{Ln}Z_8$ 和 $\mathrm{Ln}I$ 之间的协整性，首先应用 OLS 估计模型 $\mathrm{Ln}Z_8=\beta_0+\beta_1\mathrm{Ln}I+\mu$，得到回归结果如图 6－46 所示。

Dependent Variable: $\mathrm{Ln}Z_8$
Method: Least Squares
Date: 10/07/15 Time: 02:14
Sample: 1995 2013
Included observations: 19

Variable	Coefficient	Std. Error	t-Statistic	Prob.
C	-3.350615	0.910445	-3.680197	0.0019
$\mathrm{Ln}I$	0.942653	0.089389	10.54553	0.0000

R-squared	0.867403	Mean dependent var	6.230286
Adjusted R-squared	0.859603	S.D. dependent var	0.686971
S.E. of regression	0.257405	Akaike info criterion	0.222967
Sum squared resid	1.126372	Schwarz criterion	0.322381
Log likelihood	-0.118183	Hannan-Quinn criter.	0.239792
F-statistic	111.2082	Durbin-Watson stat	0.625233
Prob(F-statistic)	0.000000		

图 6－46　$\mathrm{Ln}Z_8$ 对 $\mathrm{Ln}I$ 回归结果

对残差序列进行 *ADF* 检验，检验结果如图 6－47 所示。

从图 6－47 可以看出，在既不存在斜率项又不存在截距项的情形下，对应的 *ADF* 检验统计量 t 值为 －2.81，小于显著性水平 5% 下的 *ADF* 临界值 －1.96，因此在该显著性水平下拒绝存在单位根的假设，表明残差项是平稳的。因此，$\mathrm{Ln}Z_8$ 与 $\mathrm{Ln}I$ 之间存在（2，2）阶的协整关系，即它们存在长期稳定的均衡关系。

根据图 6－46 中的回归结果，可得长期均衡关系的回归模型为：

$$\mathrm{L\hat{n}}Z_8 = -3.350615 + 0.942653\mathrm{Ln}I \qquad (6-17)$$

根据（6－17）中的 $\mathrm{Ln}Z_8$ 与 $\mathrm{Ln}I$ 之间的长期均衡关系模型，收入 I 每增加 1%，将促进杂项商品与服务消费平均增长 0.962653%。也可以看出，前期杂项商品与服务消费 Z_8（－1）不会对本期该类消费产生自我助推效应。长期均衡模型拟合效果如图 6－48 所示。

Augmented Dickey-Fuller Unit Root Test on E

Null Hypothesis: E has a unit root
Exogenous: None
Lag Length: 0 (Automatic - based on SIC, maxlag=3)

		t-Statistic	Prob.*
Augmented Dickey-Fuller test statistic		-2.806166	0.0078
Test critical values:	1% level	-2.699769	
	5% level	-1.961409	
	10% level	-1.606610	

*MacKinnon (1996) one-sided p-values.
Warning: Probabilities and critical values calculated for 20 observations and may not be accurate for a sample size of 18

Augmented Dickey-Fuller Test Equation
Dependent Variable: D(E)
Method: Least Squares
Date: 10/07/15 Time: 02:15
Sample (adjusted): 1996 2013
Included observations: 18 after adjustments

Variable	Coefficient	Std. Error	t-Statistic	Prob.
E(-1)	-0.447197	0.159362	-2.806166	0.0121

R-squared	0.292305	Mean dependent var	0.036627
Adjusted R-squared	0.292305	S.D. dependent var	0.200014
S.E. of regression	0.168261	Akaike info criterion	-0.672645
Sum squared resid	0.481301	Schwarz criterion	-0.623180
Log likelihood	7.053805	Hannan-Quinn criter.	-0.665824
Durbin-Watson stat	1.236642		

图 6－47 残差序列的 *ADF* 检验结果

2. 误差修正模型

由前述分析可知，在 5% 的显著性水平下，可以检验 $\mathrm{Ln}Z_8$ 和 $\mathrm{Ln}I$ 之间是（2，2）阶协整的，并已得到 $\mathrm{Ln}Z_8$ 与 $\mathrm{Ln}I$ 的长期均衡关系模型（6－17）。以回归模型（6－17）的残差序列为误差修正项，可得误差修正模型回归结果如图 6－49 所示。拟合效果见图 6－50。

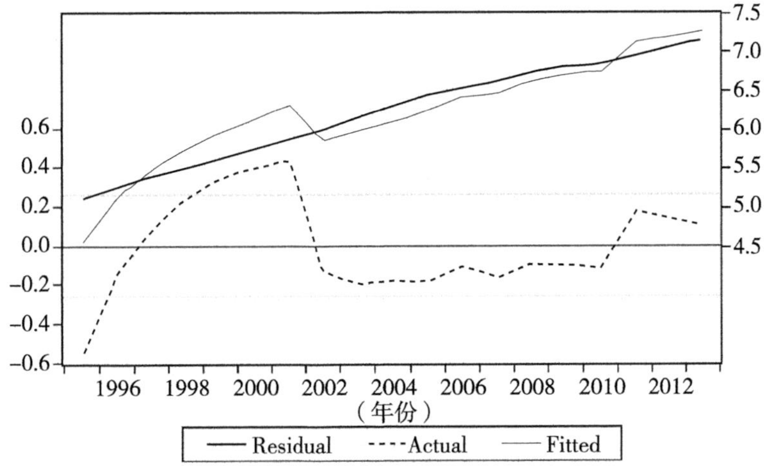

图 6－48　长期均衡模型拟合效果

Dependent Variable: D(LnZ_8)
Method: Least Squares
Date: 10/07/15　Time: 02:19
Sample (adjusted): 1996 2013
Included observations: 18 after adjustments

Variable	Coefficient	Std. Error	t-Statistic	Prob.
D(LnI)	1.226366	0.325393	3.768873	0.0017
E(-1)	-0.441436	0.160634	-2.748087	0.0143

R-squared	0.353398	Mean dependent var	0.148926
Adjusted R-squared	0.312985	S.D. dependent var	0.204449
S.E. of regression	0.169461	Akaike info criterion	-0.607954
Sum squared resid	0.459470	Schwarz criterion	-0.509023
Log likelihood	7.471583	Hannan-Quinn criter.	-0.594313
Durbin-Watson stat	1.274202		

图 6－49　误差修正模型回归结果

根据图 6－49，可建立误差修正模型如下：

$$\Delta LnZ_{8t} = 1.226\Delta LnI_t - 0.441e_{t-1} \qquad (6-18)$$

该模型反映了 LnZ_8 与 LnI 之间的短期均衡关系。其中变量系数的符号与长期均衡模型（6－17）中的系数符号一致，误差修正系数为负，符合反向修正机制。短期均衡模型（6－18）表明，本期收入 I_t 的短期变动均对本期杂项商品和服务消费存在正向影响，具体来说，本期收入的变动每增加 1%，本期杂项商品和服务消费的变动将平均增加 1.226%。

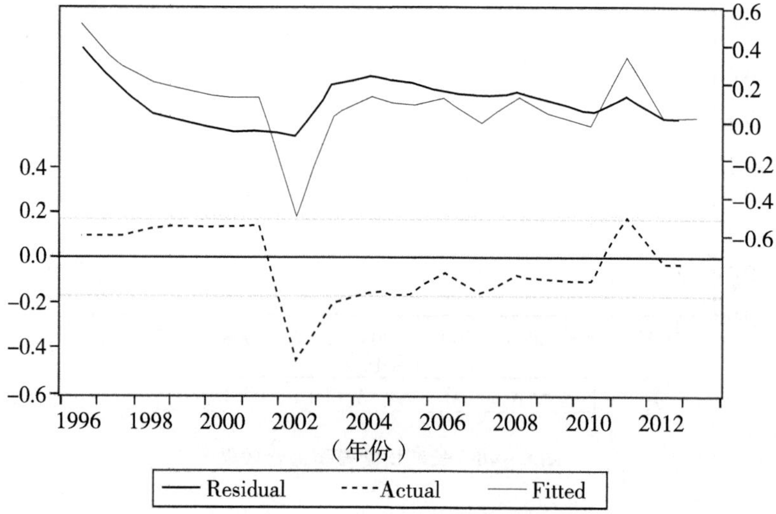

图 6-50 误差修正模型拟合效果

7　北京市居民消费不足的影响因素分析

7.1　影响北京市居民消费不足的宏观因素

7.1.1　收入分配不合理，引发居民消费不足

当前北京市居民消费不足问题日益凸显，收入分配的不合理引起劳动者报酬占比低，居民收入差距进一步扩大，使得居民的可支配收入减少，从各个方面引发居民的消费不足。

1. 初次收入分配引起劳动者报酬占比低，人均可支配收入低

一般收入分配分为初次分配、再次分配和三次分配。其中初次分配是指地区总收入（地区生产总值）直接与生产要素相联系的分配，在收入分配中占有举足轻重的地位。任何生产活动都离不开劳动力、资本、土地和技术等要素。在市场经济条件下，取得这些要素必须支付一定报酬，如工资和薪金是对付出劳动的报酬，租金和赁金是对提供地产或者一段时间内转让其他实物资本的回报，提供货币就能得到利息等，这种报酬就形成各要素提供者的初次分配收入。

地区总收入经过初次分配形成三大板块：劳动者报酬、资本所得和政府收入。初次分配很大程度上决定了一个社会最终收入分配的格局，也会影响到居民的最终消费。在地区总收入一定的条件下，三大板块呈现此消彼长的关系。

在全国范围内，劳动者报酬的统计口径有许多种类，方法不尽相同。根据国家统计局的相关概念，劳动者报酬指劳动者因从事生产活动所获得的全部报酬，包括劳动者获得的各种形式的工资、奖金和津贴，既包括货币形式的，也包括实物形式的，还包括劳动者所享受的公费医疗、上下班交通补贴、单位支付的社会保险费、住房公积金等。北京市的劳动者报酬占比仍然低于西方发达国家的平均水平（见表 7－1）。

表 7 - 1　2005—2013 年北京市劳动者报酬占地区生产总值比重

年份＼指标	地区生产总值（亿元）	劳动者报酬（亿元）	劳动者报酬占比（%）
2005	6969. 52	3179. 91	45. 63
2006	8117. 78	3657. 28	45. 05
2007	9846. 81	4405. 82	44. 74
2008	11115. 00	5615. 80	50. 52
2009	12153. 03	6141. 60	50. 54
2010	14113. 58	6919. 99	49. 03
2011	16251. 93	7992. 38	49. 18
2012	17879. 40	9102. 64	50. 91
2013	19800. 81	10217. 96	51. 60

注：1. 本表中的劳动者报酬和地区生产总值都是采用国家统计局关于国民经济核算的收入法。

2. 劳动者报酬占比根据地区劳动者报酬总额除以地区生产总值得出。

数据来源：国家统计局分省年度数据。

由表 7 - 1 可以看出：按收入法统计的北京市地区生产总值呈直线上升，从 2005 年的 6969. 52 亿元增加到 2013 年的 19800. 81 亿元，增加了 1. 8 倍。北京市居民的劳动者报酬的绝对值一直在不断增加，从 2005 年的 3179. 91 亿元增加到 2013 年的 10217. 96 亿元，单从这一点看，似乎对于居民的消费具有刺激性的作用。劳动者报酬的占比还出现了两次分别持续三年的下跌：第一次是从 2005 年的 45. 63% 跌到了 2007 年的 44. 74%，第二次是在 2009 年的微幅上涨之后又出现大幅的下跌并持续了三年。这两次的下跌无疑使本就不高的劳动者报酬占比雪上加霜，更进一步使得居民在收入分配的初次分配中处于劣势。

当前，北京依旧是以按劳分配为主体，多种分配方式并存的收入分配制度。但劳动要素已不再是唯一的分配依据，土地、资本、技术、知识、创意等多种要素按贡献参与分配。近年来，收入分配向土地和资本过分倾斜，而劳动、技术、管理等要素参与收入分配所占份额偏低，造成不同要素在收入分配中的地位和比重有明显差别，收入差距也由此形成。制度性因素制约了北京收入分配初次分配的不完善，而初次分配的不完善进一步影响了居民的可支配收入及北京市居民的消费水平。

图 7 -1 中，从横向来看，2005—2014 年，北京市居民的可支配收入占比一直呈增长态势，由 2005 年的 35.23% 增加到 2014 年的 41.04%，只有在 2007 年和 2010 年出现了负增长。从纵向来看，虽然 2007 年和 2010 年出现了负增长，但是北京市居民年均可支配收入十年的平均水平只有 36.59%，占比较低。

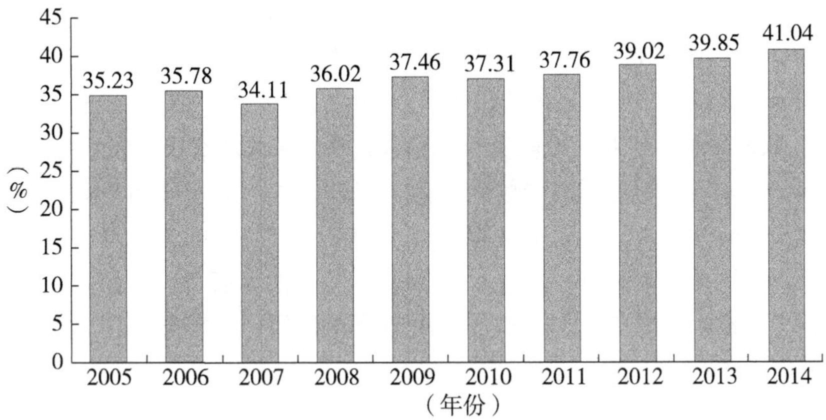

图 7 -1　2005—2014 年北京市城镇居民可支配收入占比

北京市劳动者报酬占比和居民可支配收入占比低下的原因主要有三个方面：

首先是政府。政府对劳动报酬占比下降的影响主要体现为，经济政策和制度创新的制定更多地向企业或资本所有者倾斜，而忽视了对劳动者权益的保障；在产业结构调整方面更多地向资本密集型大企业倾斜而忽视了对劳动密集型中小企业的鼓励和支持。

其次是企业。企业对劳动报酬占比下降的影响主要体现为两个方面：一是企业过分追求利润最大化目标而忽视劳动者权益，社会责任感不强；二是企业因经济效益不高而减少了对劳动力的需求或降低了在岗劳动者的劳动报酬。

最后是劳动者。对劳动报酬占比下降的影响主要体现为劳动者因自身素质差、维权意识差、凝聚力差等降低了与企业谈判和博弈的能力，从而导致劳动报酬占比下降。

无论原因如何，整体低下的劳动者报酬占地区生产总值比重和居民可支配收入占地区生产总值比重都使得北京市居民的可支配收入大大减少。从经济学的角度来分析，居民消费的消费品一般分为三类：正常品、劣质品和奢侈品。其中，正常品和奢侈品的消费需求与经济收入有着正向的关系，劣质品与收入水平有着反向的关系。北京市居民代表着全国居民较高的消费水平，其日常消费更多的也是由正常品和消费品组成的。而劣质品，尤其是吉芬商品在北京市居民消费中的占比是比较小的。当北京市居民收入不足时，严重挫伤了居民消费的积极性，引起了居民对正常品和奢侈品的消费降低，虽然北京代表着中国比较旺盛的消费需求，但整体的消费水平却远远低于大多数发达国家的首都，甚至普通城市的消费水平。

2. 收入分配导致收入差距进一步扩大，整体居民消费不足

理论上，富人的边际消费倾向较低，穷人的边际消费倾向较高，富人和穷人增加相同的收入，富人消费也不会增加或者减少，因为消费需求在收入没有提高的情况下就已获得满足。穷人则不同，很多消费仍待满足，增加的收入会大量投入到消费上，北京市居民消费不足的一个重要原因就是北京市居民的收入差距大，主要表现在以下三个方面。

（1）北京市城乡居民人均收入差距大。

在改革初期，北京市农村居民收入曾经出现较快的增长，城乡居民的差距逐渐缩小。随着北京经济体制改革的进行，城乡居民收入差距又开始扩大。从 1985 年的 2.0 倍扩大到 2005 年的 2.4 倍。

从总量来看，北京市城镇居民的收入水平明显高于农村居民的水平。2005—2014 年，城镇居民人均可支配收入由 17653 元提高到 43910 元，增加了 26257 元，增长了 1.5 倍；农村居民人均纯收入由 7436.3 元提高到 20226 元，增加了 12789.7 元，增长了 1.7 倍。虽然农村居民的增长倍数大于城镇居民的倍数，但是城镇居民的人均可支配收入远远高于农村居民是不可争议的事实（见表 7－2 和图 7－2）。

从相对倍数来看，2005 年，城镇居民的人均可支配收入的平均水平为农村居民的 2.4 倍，到了 2014 年，这一比值下降到了 2.17 倍，达到了近十年的最低水平。在这十年期间，整体的趋势是城乡居民人均收入的差距在缩小，收入差距大比值是影响居民消费的强有力的因素。将城镇居民相对于农村居民的各种社会福利囊括其中，城乡居民的收入差距则会更加明显。

表 7－2　2005—2014 年北京市城乡人均收入对比

年份	2005	2006	2007	2008	2009	2010	2011	2012	2013	2014
城镇居民人均可支配收入（元）	17653.00	19977.50	21988.70	24724.90	26738.50	29072.90	32903.00	36468.80	40321.00	43910.00
农村居民家庭人均纯收入（元）	7346.30	8275.50	9439.60	10661.90	11668.60	13262.30	14735.70	16475.70	18337.00	20226.00
城乡居民收入差距比	2.40	2.41	2.33	2.32	2.29	2.19	2.23	2.21	2.20	2.17

数据来源：国家统计局分省年度数据，北京市统计局年度区县数据。城乡收入差距根据城镇居民人均可支配收入与农村居民可支配收入的比值得出。

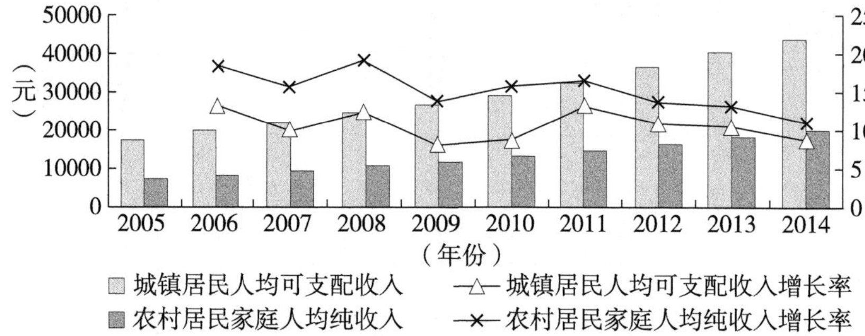

图 7－2　2005—2014 年北京市城乡居民收入对比

从城乡居民人均收入的增长率看，北京市农村居民人均收入的增长率和城镇居民的增长率趋势变动是一致的，在波动中趋于下降。其中，农村居民人均年纯收入的平均增长率为 15. 20%，城镇居民人均可支配收入的平均增长率只有 10. 67%。农村居民收入的增长率高于城镇居民，这也是城乡收入差距比值相对下降的原因。但是，从后期我们也可以发现，农村的增长率开始出现大幅下降，并未能一直保持高速增长态势。所以，这可能会为后期城乡居民收入差距的进一步扩大埋下伏笔。

（2）行业间内部收入差距日益突出。

行业收入差距一直是影响收入差距的重要因素之一，主要表现为所有制性质不同的职工工资之间存在的差距。随着各个行业职工平均各种水平的变化，行业之间的收入差距也逐渐扩大。北京市排名最高的行业和排名最低的行业的收入由 1985 年的 1. 39∶1 扩大到 2013 年的 4. 71∶1。表 7－3 显示，2013 年北京市人均工资最高的金融业的人均年工资为 206110 元，而最低的居民服务与其他服务业为 43754 元，两者的差距为 162356 元。

表 7－3　　2006—2013 年北京市城镇分行业居民年均工资　　单位：元

指标＼年份	2006	2007	2008	2009	2010	2011	2012	2013	平均值
平均工资	39684	45823	55844	57779	65158	75482	84742	93006	64689. 8
农、林、牧、渔	19147	22154	26114	27020	29889	34110	39334	48352	30765

续 表

指标＼年份	2006	2007	2008	2009	2010	2011	2012	2013	平均值
采矿业城镇单位	29887	40213	60057	57031	68514	74247	78381	82623	61369. 1
制造业城镇单位	29619	33964	39076	41595	48298	56742	64235	72915	48305. 5
电力、燃气及水的生产和供应业	55727	60679	72195	77875	85178	83059	91768	99743	78278
建筑业	26538	31668	37950	41981	46421	52455	61579	68501	45886. 6
交通运输、仓储和邮政业	33687	38426	45285	46087	51342	59540	65986	72006	51544. 9
信息传输、计算机服务和软件业	83394	77463	96963	100794	105560	116755	130154	136599	105960
批发和零售业	38446	47971	57768	57948	64150	70711	78945	86715	62831. 8
住宿和餐饮业	21698	24321	28379	28759	31978	37830	42016	45280	32532. 6
金融业	88408	97320	135192	143187	164643	172621	184612	206110	149012
房地产业	31180	36921	42923	44256	50814	57579	64295	72828	50099. 5
租赁和商务服务业	42522	46290	58327	56647	63794	83007	92736	99511	67854. 3
科学研究、技术服务和地质勘查业	50853	62230	71895	77632	88018	97658	106604	113206	83512
水利、环境和公共设施管理业	28427	32058	37207	37183	41376	47630	52647	57563	41761. 4
居民服务和其他服务业	19428	23521	24522	25006	27625	34498	38838	43754	29649

续 表

指标 \ 年份	2006	2007	2008	2009	2010	2011	2012	2013	平均值
教育城镇单位	40856	46503	52952	55420	65150	74161	83566	87820	63303.5
卫生、社会保障和社会福利业	46495	52698	60199	63081	70182	82308	97480	109940	72797.9
文化、体育和娱乐业	47028	56980	65056	67881	76415	92617	105785	112707	78058.6
公共管理和社会组织	45682	52668	57460	53529	55680	66038	70280	73563	59362.5

在北京，行业差距与单位所有制性质是密切相关的，国有企业多为垄断行业，其内部职工收入比较高，企业职工工资是全部平均工资水平的 3～4 倍，考虑到各种隐性收入，实际的差距可能更大。而非国有单位所处行业都是竞争性的，收入水平较低，这也从侧面反映出了北京日益突出的行业间收入差距。收入差距的扩大将会导致居民总体消费的不足。因为高收入阶层的必需品消费早已经满足，衣食住行也基本趋于饱和。对于他们来说，缺少的不是支付的能力，而是进一步刺激消费的意愿。而低收入群体却因为没有足够的支付能力来进行必要的消费，因此整体拉低了居民的消费率。

(3) 区域收入差距进一步扩大导致居民消费不均衡，从而降低居民消费。

根据不同的功能定位，将北京市各区县划分为四大类。

第一类：首都功能核心区，包括东城区与西城区；

第二类：城市功能核心区，包括朝阳区、丰台区、石景山区、海淀区；

第三类：城市发展区，包括房山区、通州区、顺义区、昌平区、大兴区；

第四类：生态涵养发展区，包括门头沟区、怀柔区、平谷区、密云区、延庆区。

通过表 7－4 我们发现，首都核心功能区和城市核心功能区的 6 个主城区无论在人均可支配收入、人均消费支出还是人均消费率上都远远高于城市发展区和生态涵养区。这也表明了北京市城区与城区之间，城区与近郊之间，近郊与远郊之间存在收入差距，居民收入的不均衡扩大，导致居民消费不均衡，从而整体降低了北京市居民的消费率。

表 7－4　　北京市城镇居民收支情况

区　县	人均可支配收入			人均消费性支出			2014 年人均消费占比（%）
	2014 年（元）	2013 年（元）	增长速度（%）	2014 年（元）	2013 年（元）	增长速度（%）	
全　市	43910	40321	8. 90	28009	26275	6. 60	63. 79
东城区	45052	41676	8. 10	28613	26994	6. 00	63. 51
西城区	47392	43479	9. 00	31921	29474	8. 30	67. 36
朝阳区	44646	41035	8. 80	30467	28315	7. 60	68. 24
丰台区	41334	37886	9. 10	26816	24783	8. 20	64. 88
石景山区	41943	38657	8. 50	23845	22411	6. 40	56. 85
海淀区	50088	45953	9. 00	31784	29430	8. 00	63. 46
房山区	35912	32886	9. 20	21181	20386	3. 90	58. 98
通州区	37095	33662	10. 20	23694	20604	15. 00	63. 87
顺义区	36428	33329	9. 30	20784	18895	10. 00	57. 06
昌平区	35517	32495	9. 30	21968	20322	8. 10	61. 85
大兴区	37131	34128	8. 80	24382	22126	10. 20	65. 66
门头沟区	38023	35141	8. 20	24053	22313	7. 80	63. 26
怀柔区	35771	32519	10. 00	21730	20083	8. 20	60. 75
平谷区	36226	32933	10. 00	22455	20966	7. 10	61. 99
密云区	35499	32538	9. 10	21120	19079	10. 70	59. 49
延庆区	33778	31132	8. 50	19808	18155	9. 10	58. 64

注：为便于分析，此表中的人均消费占比以人均消费支出除以人均可支配收入得出，与传统的人均消费支出占人均 GDP 的消费率计算口径不一致。

数据来源：北京市统计局 2014 年年度数据。

①城区之间的收入差距。这里主要对首都功能核心区与城市功能核心区的六大主城区之间的收入差距进行分析与比较。表 7－4 中，海淀区 2014 年以 50088 元的人均可支配收入位居第 1 名，丰台区却只有 41334 元，位于 6 大主城区的最后。而在人均消费支出中，西城区以 31921 元的绝对优势成为 6 个城区中消费支出最高的也是唯一超过 3 万元的城区。石景山区的消费支出只有 23845 元，位居末尾。在人均消费占比中，朝阳区高达 68. 24%，远高于

全北京市63.79%的平均水平，代表了北京居民的最高消费支出水平。石景山区的人均消费率只有56.85%，与6个主城区之间存在一定的差距。

②城区与近郊之间的差距。这里的城区是指6个主城区，近郊则指的是城市发展区。通过统计与计算可得，6大主城区人均可支配收入、人均消费支出、人均消费占比三项的平均值分别为45076元、28779元与64.01%。这三项指标的最大值分别为37131元、24382元和65.66%。除了最后一项消费支出占比比主城区的平均水平高了1.66个百分点以外，其他两项均低于主城区的平均水平。与主城区的平均水平相比较，两者在三个方面的差距进一步扩大。

③近郊与远郊之间的差距。这里远郊指的是生态涵养发展区。通过计算与分析，近郊与远郊之间也存在着一定的差距，但是小于城区与近郊的差距。其中，远郊的最高水平的门头沟区的三项指标分别为38023元、24053元和63.26%，超过了近郊区的平均水平。远郊区三项指标的平均数分别为35859元、21833元和60.83%，虽然也是低于近郊的平均水平，但是差距要小很多。

远郊中的密云区和延庆区无论在人均可支配收入、人均消费支出还是人均消费者占比中都远远低于全北京市的平均水平，因此这也大大拉低了北京市居民消费的整体水平。

综上所述，北京市现有的收入分配政策主要从两个大的方面影响了居民的消费水平。第一是初次分配的不合理，主要包括劳动者报酬占比不平衡与居民可支配收入占地区生产总值比重低。第二是收入分配导致的城乡、行业和区域居民收入差距大引起的居民消费不足。

3. 收入差距的扩大主要通过各个方面引起居民消费不足

（1）收入差距的扩大通过降低社会消费倾向引起消费不足。

通过上文的分析，收入差距主要体现在城乡、行业和区域三个方面。在这三个方面，收入高的人群基数小，财富基数大，而收入低的人群基数大，财富基数小。收入低的人群通过大基数的人口数量降低了整个社会的边际消费倾向，在全社会总收入一定的情况下，社会边际消费倾向的降低引起全社会居民消费水平的降低。

（2）收入差距的扩大通过提高社会储蓄率和流动性约束引起消费不足。

不同收入阶层的储蓄意愿和储蓄率是不同的。对于中等收入阶层来说，虽然其消费能力和消费意愿都比较强烈，但是由于风险的存在，人们的后顾之忧增多，或是对未来职业和收入的不确定性的忧虑增多，为了应付不可预知的突发事情，确保未来生活消费的正常开支，许多中等收入阶层居民仍趋向于节衣缩食，即使在存款利率下调时也会把剩余的钱存起来；对于低收入阶层居民来说，由于受到低收入水平的制约，尽管也有抵御风险的心理，但是当有了收入水平的改善时，首先还是会用于消费支出，而不是储蓄，也就是说这一阶层的储蓄率很低。这样一来，中高收入阶层的储蓄倾向高，必然会挤占消费，而低收入阶层虽然消费意愿高，但由于收入水平太低无力消费，若社会收入差距扩大，向高收入阶层倾斜，必然会导致储蓄挤占消费，社会消费不足的现象。再加上流动性约束，即经济活动主体（企业与居民）因其货币与资金量不足，且难以从外部得到，从而难以实现其预想的消费和投资量，造成经济中总需求不足的现象。在收入差距扩大的情况下，富者越富，穷者越穷，需要通过消费信贷等方式增加其消费的低收入阶层却由于流动性约束而无法实现，所以，收入差距扩大也通过流动性制约的加强而导致社会的消费不足。

（3）收入差距的扩大通过加强遗赠动机引起消费不足。

理性的消费者会对一生的收入做出预期，然后合理地安排每一期的消费活动，尽可能地使一生的消费活动平稳，实现效用最大化。实际生活中，消费者往往不仅注重自身的消费活动效用最大化，还会关心子孙后代的福利，这样就会产生遗赠动机。遗赠和储蓄一样，都是对于消费活动的一种挤出。虽然都有这一愿望，但我们可以明确推测，不同收入阶层，遗赠的动机强烈程度是不一样的。收入越高，遗赠越大；收入越低，遗赠越小。此时，若社会收入差距扩大，绝大部分收入集中于少数高收入阶层手中，必然会导致遗赠支出挤占消费支出，引起消费不足。

（4）收入差距的扩大通过供求结构矛盾引起消费不足。

供过于求，会造成消费不足，但并非所有的消费不足都是由于供过于求造成的，实际上，有效供给不足也会造成消费不足，这两种情况都可以归结为“供求结构”矛盾。首先，从供过于求的情况来分析，我们分别从行业和地域两方面看：从行业上来看，主要是日用品、一般家用电器、服装、食品等劳动密集型、技术含量不高的行业供过于求，有效需求不足；从地域上看，主要是城市的消费需求不旺，经历了从计划经济体制到市场经济体制改革初几年旺盛的“补偿性消费需求”阶段后，现在很难形成新的消费热点。其次，从供不应求的情况来分析，在行业上主要是信息产品、住房、医疗、社会保险和高等教育等价格偏高，人们想买而买不起，消费不足。从地域上看，广大农村在城市已经饱和的产品领域，还有无比广阔的市场空间，制约因素主要是农民的收入水平与城市居民相比过低，造成消费不足。根据以上分析，收入差距扩大会通过供求结构矛盾引起消费不足，因为收入差距扩大，有购买力的高收入阶层对供过于求的行业商品需求早已得到满足，房子、汽车等高档耐用消费品也已消费完毕，其消费必然会向更高层次看齐。但国内目前在奢侈品领域的发展仍显不足，未能有效满足有这一需求的消费者，这会迫使该阶层的消费者转向国外消费或不消费。其实，高收入阶层并非完全没有消费欲望，只是相对于其需求，国内的有效供给不足，才导致其消费不旺，而其又拥有国民收入的相当比例，这样就会拉低全社会的平均消费倾向，导致消费不足。与之相对的是低收入阶层，其边际消费倾向固然很高，对于很多行业的产品仍是供不应求，但其只有消费欲望而没有消费能力，随着社会收入差距扩大，低收入阶层所占收入份额越来越小，导致社会平均消费倾向下降，出现消费不足的现象。

（5）收入差距的扩大通过通货膨胀引起消费不足。

收入差距还可以通过通货膨胀导致消费不足。通货膨胀是指物价持续和显著地上升，其必然伴随着货币贬值，人们的购买力下降。在这种情况下，高收入阶层抵御通货膨胀的能力优于低收入阶层。因为通货膨胀本质上是对货币资产的强制征税，而穷人阶层的财富持有主要形式就是货币，其很难持有非货币的金融资产，所以难以通过金融资产组合投资来规避通货膨胀的风险。此外，在通货膨胀时期，即使低收入阶层的名义收入不变，但实际购买力却下降了，所以这一阶层的实际消费能力降低；而就高收入阶层而言，其抵御通货膨胀的能力较强，但这种能力并不会形成更多的消费行为。所以，收入差距的扩大也会通过通货膨胀引起消费不足。

7.1.2 北京市年龄结构对居民消费产生的影响

从20世纪70年代开始的计划生育政策，一方面导致北京市人口出生率下降、劳动年龄人口比重上升、人口总抚养比率下降，有利于储蓄和积累，但有可能降低了消费和储蓄；另一方面是人口老龄化的趋势，计划生育政策对传统的家庭养老模式形成了冲击，未来的不确定因素（如重大疾病等）使得人们被迫增加储蓄以自我养老。因此，人口年龄结构因素是影响居民消费的一个重要原因。

人口年龄结构通过人口出生率、劳动年龄人口比重变动和人口老龄化等方面影响居民消费。

1. 人口出生率变动对居民消费的影响

出生率变动会影响人口总量变动和人口年龄结构变动。出生率上升，会导致人口总量增加，居民消费增多。刚性的消费增加引起相对资本存量的减少，又会进一步抑制未来的消费。同时，出生率的上升还会引起少儿抚养比率的上升，进而增加消费。

如图7－3所示，2001—2014年，北京市人口的自然增长率与人口出生率同步呈现不断小幅上涨的趋势。受到全国计划生育的影响，从2001年以来，北京市人口出生率一直低于9.1‰且低于全国的平均水平，属于超低生育水平。与此同时，北京市人口死亡率呈现逐年下降趋势，从2002年的最高点5.7‰达到了2013年的最低点4.41‰。北京市已经完成了从高出生率到低出生率、低死亡率的转变，人口自然增长率处于较为平稳的状态，对居民的消费无法起到刺激作用。居民将手中持有货币用于投资，这在一定程度上削弱了当期的居民消费。

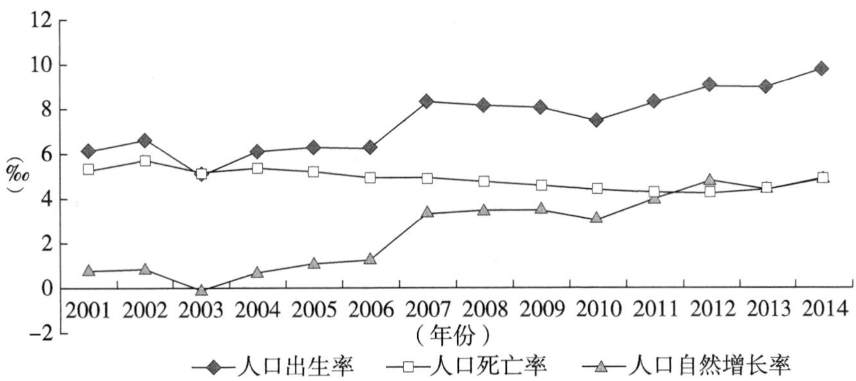

图7－3 2001—2014年北京市人口自然变动

2. 劳动人口比重变动

表7－5中，2014年北京市居民中15～59岁的有1617万人，占比高达75.2%。劳动人口比重变动对居民消费的作用方式分为直接和间接途径。

表 7－5 2014 年北京市居民人口结构

<table>
<tr><th colspan="2">指标</th><th>人数（万人）</th><th>比重（%）</th></tr>
<tr><td colspan="2">常住人口</td><td>2151.6</td><td>100</td></tr>
<tr><td rowspan="4">按年龄组分</td><td>0～14 岁</td><td>213.0</td><td>9.9</td></tr>
<tr><td>15～59 岁</td><td>1617.0</td><td>75.2</td></tr>
<tr><td>60 岁及以上</td><td>321.6</td><td>14.9</td></tr>
<tr><td>65 岁及以上</td><td>212.3</td><td>9.9</td></tr>
</table>

数据来源：北京市 2014 年统计年鉴。

劳动年龄人口比重上升对居民消费有直接影响。在总人口一定的情况下，高劳动年龄人口比意味着总抚养比的相对下降。在总产出一定的情况下，可以将更多的产出用于居民消费或储蓄和投资。如果直接用于增加消费，则会使居民短期消费增加；如果该消费用于投资，则会增加未来人均产出，从而使人均居民长期消费增加。需要指出的是，这里的短期和长期居民消费增加，都是假定劳动年龄人口比重上升时，少儿人口与劳动年龄人口的消费水平是相同的。实际上，两者在消费方面是存在一定差异的。

结合北京市乃至全中国居民的消费行为来看，居民消费行为向来具有“重小轻老”的倾向。面对高昂的教育费用和未成年人的生活成本，为了养育好未成年人口，居民宁可节衣缩食，减少当前支出。这也反映出北京市目前提供给未成年人的社会福利仍然很少，养育未成年人主要依靠家庭自身。未来支出的不确定性，使得劳动人口产生预防性动机和储蓄性动机来保障对于未来孩子的消费。因此，在考虑少儿人口和劳动年龄人口平均消费的情况下，劳动年龄人口比重上升既可能使短期居民消费增加，也可能使短期居民消费减少。

劳动年龄人口比重上升对居民消费有着间接影响：劳动年龄人口比重对社会投资有影响。当劳动年龄人口比重上升时，会稀释人均资本存量，进而会导致产出的下降，这会减少居民的未来消费。劳动年龄人口比重通过影响其实际工资水平对居民消费产生间接影响。劳动年龄人口比重上升意味着社会具有丰富的劳动力，从而使劳动市场产生激烈的竞争。当劳动力供过于求时，会导致劳动力长期均衡，从而引起工资水平的下降，实际工资水平的下降则会抑制居民消费的增长；同时，由于劳动年龄人口具有较高的边际消费倾向，长期工资水平的下降会阻碍其消费的增加。北京市统计局 2014 年统计年鉴数据表明，北京市目前劳动年龄人口比重高达75.2%，工资占GDP比重的下降，会加速居民消费率的下跌。

3. 人口老龄化使得居民消费进一步降低

通过表7-5，我们可以发现，北京市人口死亡率从2002年最高点的5.7%下降到2013年的最低点4.41%，呈现逐年下降的趋势。也表明北京市已经进入了人口老龄化社会。而由于老年人口有其自身的消费特点（如实用性消费，习惯性消费），人口老龄化会对居民消费产生显著的影响。

老年人口消费行为对居民消费有着直接影响。老年人口主要是消费年轻时的储蓄，因此，在北京人口整体呈现老龄化态势时，老年人比重的加大将会整体拉低北京市居民的消费水平。

首先，基于遗赠动机的老年人的储蓄率不降反升，而消费率不升反降，这会在一定程度上弱化消费。

其次，在社会保障并不完善的情况下，由于不确定因素的存在，基于预防性储蓄的动机将进一步弱化消费。

最后，长期来看，在既定的产出水平下，老年抚养比越高，社会用于老年人口的医疗、保健和娱乐等方面的消费支出越多，而用于储蓄和投资的产出会越少，这将导致长期人均资本存量下降，进而影响未来产出和抑制长期居民消费。

人口老龄化通过影响劳动力供给和劳动参与率而间接影响产出与居民消费。人口老龄化导致劳动年龄人口短缺，就可能成为产出增长的瓶颈；同时，人口老龄化程度加剧后，原本的“人口红利”不复存在，也会对产出造成负面影响。因此，长期来看，人口老龄化时代的消费会因产出的下降而降低。

综上所述，人口结构通过出生率、劳动人口占比和人口老龄化三个方面，不同程度地削弱了居民消费。

7.1.3　其他宏观政策因素影响居民消费

北京相对于中国其他城市来讲，有一些比较特殊的消费需求不能得到满足的情况。

首先是购车摇号。为了缓解交通压力，政府鼓励居民利用公共交通出行，2010年12月23日，北京宣布实施小客车数量调控措施，并不再增加公务车指标，2011年起实施车辆指标摇号制度。平均每个月两万个，其中个人占8%。伴随着这个政策的出台，许多对车辆有刚性消费需求的居民开始望号兴叹，因为供给出现了紧缺，消费者的需求没有得到满足，也就最终导致了居民消费的降低。

其次是就近入学。众所周知，北京市汇聚了全国最优秀的教育资源，而海淀区、西城区和东城区的教育资源尤为紧缺。随着北京市居民消费结构的升级，身为家长对于孩子的教育越来越舍得砸重金。按片区就近入学的政策也导致家长们为了让孩子的教育能赢在起跑线上，省吃俭用，努力为孩子争取学区房，获得更好的教育资源。因为孩子的教育而牺牲自我消费的城镇居民不在少数，而这也造成了城镇居民的消费不足。

最后是住房限购令。从 2011 年 2 月 17 日起，对已拥有 1 套住房的本市户籍居民家庭、持有北京市有效暂住证在本市没拥有住房且连续 5 年（含）以上在本市缴纳社会保险或个人所得税的非本市户籍居民家庭，限购 1 套住房（含新建商品住房和二手住房）；对已拥有 2 套及以上住房的本市户籍居民家庭、拥有 1 套及以上住房的非本市户籍居民家庭、无法提供本市有效暂住证和连续 5 年（含）以上在本市缴纳社会保险或个人所得税缴纳证明的非本市户籍居民家庭，暂停在本市向其售房。限购令的出台是为了限制北京市部分居民炒房，但是这也使得很大一部分刚性需求者的住房需求没有得到满足。面对北京居高不下的房价和限制条件，部分居民选择继续持币待购，这也从侧面减少了居民的消费。

7.2 影响北京市居民消费不足的微观因素

7.2.1 消费者习惯的改变

通过分析表 7 - 6 与图 7 - 4，可以发现，北京城镇居民消费结构都趋于稳定，其中现金支出的比例占 50%；食品支出以 16% 的份额紧随其后；交通和通信、文教娱乐分别以 8% 的占比紧随其后。这也反映了随着北京市经济发展和收入水平的提高以及收入差距的进一步扩大，部分高收入居民的消费结构正在开始寻求改变。北京城镇居民开始注重教育性、服务型与舒适性的消费，以购买轿车、继续教育为主。面对供需不平衡的大环境，比如北京城镇居民对于购车的需求巨大，但是因为北京有限的交通资源无法满足居民的消费需要，这也降低了居民的消费。

表 7 – 6　　2005—2013 年北京市城镇居民人均消费支出结构　　单位：元

类别＼年份	2005	2006	2007	2008	2009	2010	2011	2012	2013	平均值
现　金	13244. 2	14825. 4	15330. 4	16460. 3	17893. 3	19934. 5	21984. 4	24045. 9	26275. 0	18888. 2
食　品	4215. 6	4560. 5	4934. 1	5561. 5	5936. 1	6392. 9	6905. 5	7535. 3	8170. 0	6023. 5
衣　着	1184. 1	1442. 4	1512. 9	1571. 7	1795. 7	2087. 9	2265. 9	2638. 9	2795. 0	1921. 6
居　住	1039. 8	1212. 9	1246. 2	1286. 3	1290. 2	1577. 4	1923. 7	1970. 9	2126. 0	1519. 3
家庭设备及用品	852. 2	977. 5	981. 1	1096. 6	1225. 7	1377. 8	1562. 6	1610. 7	1974. 0	1295. 4
医疗保健	1295. 8	1322. 4	1294. 1	1563. 1	1389. 5	1327. 2	1523. 3	1658. 4	1718. 0	1454. 6
交通和通信	1943. 5	2173. 3	2328. 5	2293. 2	2767. 9	3420. 9	3521. 2	3781. 5	4106. 0	2926. 2
文教娱乐服务	2186. 6	2514. 8	2384	2383. 5	2655	2901. 9	3306. 8	3696. 0	3985. 0	2890. 4
其　他	526. 8	621. 7	649. 7	704. 2	833. 3	848. 5	975. 4	1154. 2	1401. 0	857. 2

数据来源：北京市 2014 年统计年鉴。

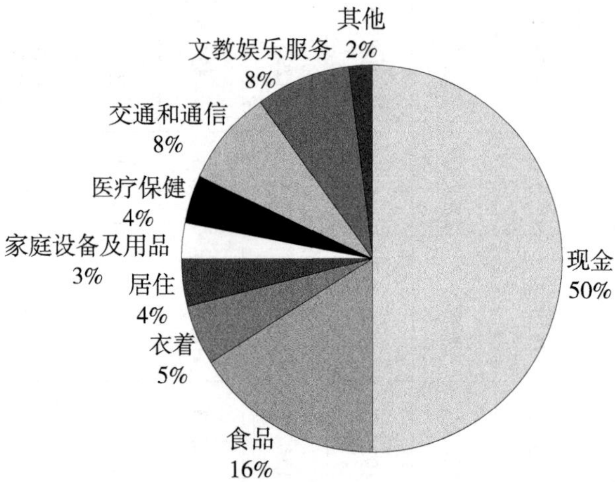

图 7－4　2005—2012 年北京市城镇居民人均消费支出结构

北京城镇居民的消费结构趋于稳定，没有比较特别的新的消费增长点。与此同时，新的消费结构尚未形成，现有的结构也不能够满足居民的消费需求。这使得部分居民开始出现持币待购、推迟消费或者到境外消费的现象。

7.2.2　居民消费者信心抑制居民消费

2013 年消费者信心指数如表 7－7 所示。

表 7－7　2013 年消费者信心指数

项目	第一季度	第二季度	第三季度	第四季度
消费者信心指数	108.9	103.4	105.5	104.6
消费者满意指数	105.7	102.4	104.7	102.9
就业状况满意指数	120.1	108.9	115.4	115.9
家庭收入状况满意指数	97.3	97.7	96.3	93.9
耐用消费品购买时机满意指数	99.7	100.6	102.3	99.0
消费者预期指数	111.1	104.1	106.0	105.8
就业状况预期指数	122.5	109.7	113.6	115.2
家庭收入状况预期指数	99.6	98.4	98.3	96.3

1. 收入预期谨慎压抑消费能力

当期收入和未来收入是决定消费者消费能力的最主要因素。在短期内，消费者的消费主要取决于收入的多少，随着收入的增加，人们的消费也会增加。从长期来看，决定居民消费支出的是其长期、持久的收入，而不是短期的可支配收入。为了实现效用最大化，人们实际上是根据他们在长期中能保持的收入水平来进行消费。而近年来，北京市居民的收入水平增长幅度不大，以2013年的消费者信心指数为例，居民的家庭收入状况满意指数从第一季度的97.3下降到第四季度的93.9。居民传统的保守的消费心理抑制居民在当期进行消费。

2. 通货膨胀非理性扰动居民消费水平

通货膨胀下，居民消费行为的变化，将直接影响即期消费需求的强弱。当消费者预期价格上升，“替代”效用机会变得很明显。对于正常消费品来说，在实际收入不变的情况下，商品相对价格上涨，消费者将主动寻求其他可以替代的商品，以降低消费成本。此时，居民对非生活必需品和车饰品的消费将会减少，消费规模将会缩小，这将加剧经济下滑的趋势。

3. 房地产价格预期失衡扼住消费咽喉

从2008年开始，北京市的房地产呈现井喷式的发展态势。在图7-5中，北京市房价也从2009年9月的15000元/平方米上升到了2015年6月的40000元/平方米。北京东城，西城，海淀的学区房高达七八万元每平方米。北京市的房价水平远高于全国的平均水平。

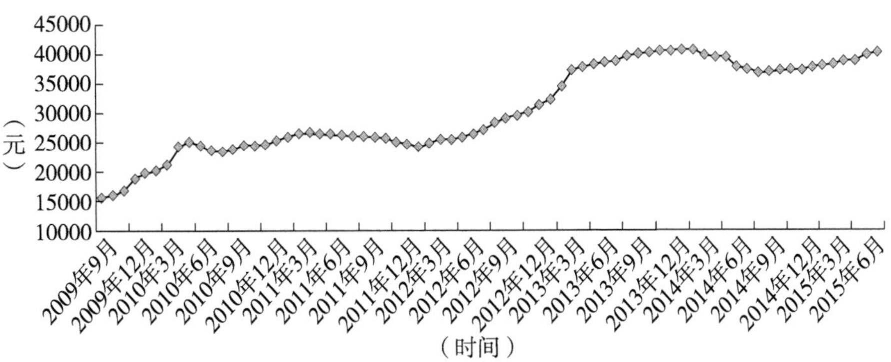

图7-5　2009—2015年北京市房价走势

一方面，北京市的高房价让许多居民沦为房奴，沉重的房贷压力对家庭的未来消费产生巨大的挤出效应。另一方面，高房价改变了人们的预期，增加了预防性储蓄需求，使许多人不敢消费，谨慎消费。房价的过度上涨，导致众多中低收入阶层，在城市住宅资源方面，逐渐边缘化，只能望房兴叹。因此，北京市高房价无疑成为阻碍居民扼住消费咽喉、阻碍消费升级的重要因素。

4. 未来支出预期降低当期消费

从经济学的角度来看，消费者行为的唯一目标是实现效用最大化。这样，理性的消费者将依据效用最大化的原则，根据其预期寿命来安排收入用于消费和储蓄的比例，即每个人都将根据他一生全部收入来安排他的消费支出。中国人常说“一防老、二防病、三防将来不稳定”，尤其是在中国养老制度、医疗制度和子女教育制度深化改革的今天，人们对未来消费预期的不稳定导致居民推迟消费。

综上，本章主要从收入分配对居民收入的影响、人口结构变化、消费者结构的升级换代和消费者消费信心四个方面对影响居民消费不足的因素做了具体的分析。现实生活中，影响居民消费的因素包括这些也不仅仅局限于这些，各种各样的因素都会对居民的消费产生一定的影响。

8 北京市增强消费、建立扩大消费需求长效机制的对策

按照“十二五”规划纲要的要求，中国要把扩大消费需求作为扩大内需的战略重点，在建立扩大需求长效机制上下更大功夫，进一步释放城乡居民消费潜力，为全面实现小康社会和中华民族伟大复兴创造条件。北京作为首都，要率先建立扩大消费需求的长效机制，这对于我国建立主要靠消费拉动经济发展的大国模式具有积极的示范作用。

8.1 北京市建立扩大消费需求长效机制的必要性

8.1.1 建立扩大消费需求的长效机制是社会再生产的必然要求

社会化大生产包括生产、分配、交换、消费四个环节，生产是起点，消费是目的和归宿，生产决定分配、交换、消费，而分配、交换也会影响消费。

马克思在论述生产与消费的关系时指出，消费是生产的动力，也是生产的目的。他说：“没有消费，也就没有生产，因为如果这样，生产就没有目的。”约翰·梅纳德·凯恩斯在20世纪30年代也谈到（Keynes，1936），“一切生产之最后目的，都在满足消费者”“消费乃是一切经济活动之唯一目的、唯一对象。消费在两个方面制约生产：一是消费使生产出来的产品得以最后完成其为商品，二是消费还为生产创造出动力。”因此，人们为了消费就必须进行生产。

分配的一头连接着生产，另一头连接着消费。分配的结果形成个人和家庭的收入，分配结构是否合理对消费结构至关重要。消费是生产的目的，也是交换的根本目的。交换不是为交换而交换，而是为消费服务的，因此，没有消费需求，也就没有交换的必要；消费的水平、结构决定着商品交换的规模和结构；消费方式的改变是交换方式改变的客观依据，而交换反作用于消费。在市场经济条件下，无论是生产资料还是消费资料，必须通过市场交换才能最终进入消费。在一定的消费水平条件下，消费的实现及其实现的程度

取决于交换发展的深度和广度。市场是交换关系的总和，消费对生产的引导和调节都要通过市场来实现，因此，市场的发育程度、商品流通体制机制对消费规模、消费结构、消费方式都会产生重大的影响。

总之，社会再生产的四个环节紧密联系、相互制约，只有各个环节相互协调，社会再生产才能顺利进行。因此，社会再生产的顺利进行要求建立扩大消费需求的长效机制。

8.1.2 建立扩大消费需求的长效机制是社会主义生产目的之所在

物质资料生产是人类社会存在和发展的基础，人类社会要生存和发展，就必然要进行物质资料的消费。社会主义的生产目的就是要不断满足人民群众日益增长的物质文化生活的需要。党的十一届三中全会提出，以经济建设为中心进行现代化建设，根本目的是为了不断满足人民群众日益增长的物质文化需要，提高人民的生活水平和生活质量。改革开放以来，中国经济一直保持平均8%的速度快速增长。而同期居民消费的增长速度并不快，居民的消费总量不足，消费率呈下降趋势。这说明经济增长的利益并未惠及大多数消费者，也与社会主义的生产目的和党中央提出的发展要依靠人民、发展的成果要更多地惠及人民的治国理念相去甚远。

8.1.3 扩大居民消费是转变发展方式、应对金融危机的必然选择

消费、投资和出口是拉动经济增长的“三驾马车”，但是，由于投资和出口的建设周期短、见效快，而消费受各种各样因素的制约，乘数效益不明显，地方政府更愿意扩大投资和出口，对扩大消费需求的积极性不高。改革开放以来，中国经济高速增长主要依靠投资和出口拉动，消费对经济增长的拉动作用不足。为此，“十二五”规划提出，必须积极有效地扩大居民消费需求，切实提高消费率和消费贡献率，逐步实现由投资主导的经济驱动向消费引导的发展路径转变。因此，扩大居民消费需求是经济发展方式转变的必由之路。尽快调整中国市场结构，努力以国内消费需求替代出口需求，势在必行。扩大消费需求的长效机制亟待建立。

8.2 北京市建立扩大消费需求长效机制的三大原则

8.2.1 遵循和利用经济规律原则

充分认识和利用经济规律，把握消费的变化趋势，是建立扩大消费需求

长效机制的关键。从社会再生产的角度来看，扩大消费需求的长效机制的构建必须以社会再生产各环节相互协调为原则。生产的目的是消费，而消费又能派生出投资需求，消费与交换、分配各环节紧密相连，只有生产、分配、交换、消费四个环节协调发展，扩大消费的长效机制才能真正建立起来。从收入与消费的关系来看，恩格尔定律刻画出收入变化与家庭消费的关系：当家庭收入增加时，多种消费的比例会相应增加，但用于购买食物支出的比例将会下降，而用于服装、交通、保健、文娱、教育的开支及储蓄的比例将上升。

从消费结构看，随着居民收入水平的提高，满足发展性需要和享受性需要的支出将增加，消费结构呈现高级化的趋势，为此，不断满足消费者的发展性需要和享受性需要，有利于促进消费结构升级。而消费结构的变化又能够引导产业结构、产品结构的变化和投资结构的变化。消费不仅反映着供求关系，更反映出投资与消费的比例，反映产业结构与产品结构，反映商品市场与要素市场的成熟程度。因此，扩大消费需求有利于优化经济结构。

从不同收入群体的消费来看，随着收入水平的提高，平均消费倾向和边际消费倾向呈递减趋势，因此，促进消费持续增长的重点是提高中低收入群体的收入水平。

8.2.2 坚持消费需求持续有效增长原则

消费是拉动经济增长的“三驾马车”之一，是推动经济增长的主要动力，保持消费持续有效增长有利于确保经济的持续增长，而有效消费必须具备两个条件：消费意愿和购买能力。因此，一是要通过多种宣传途径，改变传统消费观，形成新的消费理念，通过不断改善消费环境、提升消费品质、打造新的消费亮点，来激发消费意愿。二是要持续增加消费者的实际收入，尤其是要提高落后地区的居民和中低收入群体的收入水平。

8.2.3 多方并举整体推动原则

扩大消费需求是一项系统工程，也是个长期过程，需要多方力量共同推动。扩大消费的长效机制的构建，既要发挥政府的引导、协调、支持、推动、监督和保障作用，又要发挥市场的作用。市场是消费品的买卖场所和服务消费的场所，也是交换关系的总和，市场机制通过市场充分的竞争，优胜劣汰，通过供求双方力量的对比来确定市场价格，并由价格的波动来引导资源配置与消费，通过风险压力来促进企业改进技术、改善经营管理，实现资源的优化配置。市场机制的充分有效发挥作用，可以让消费者放心消费、舒心消费和大胆消费。既要发挥行业协会等中介组织、银行、生产企业、供应商、销售商的作用，又要充分发挥消费者的主导作用，消费者是消费的能动主体，消费行为最终决定于消费者，消费者的购买力、购买意愿，消费者的消费心理与预期、消费者的消费偏好对消费起着决定性作用。同时，还要注意发挥不同消费群体的优势，高收入阶层具有收入高、消费能力强的优势，中低收入阶层具有边际消费倾向较高的优势，城市消费群体具有消费量大的优势，农村居民具有消费潜力巨大的优势。

8.3 北京市建立扩大消费需求长效机制的内容

“机制”原指机器的结构构造和工作原理，后来被引入到经济学中，是指经济有机体的结构构成及其运行机理。扩大消费的长效机制是指保证消费需求长期、持续增长的路径选择及其运行的机理。北京市扩大消费需求的长效机制包括收入分配、财政引导、社会保障、区域倾斜、产业促进、强农益农、消费金融和消费环境优化八大机制，每个机制又由若干个子机制构成（见图 8－1）。

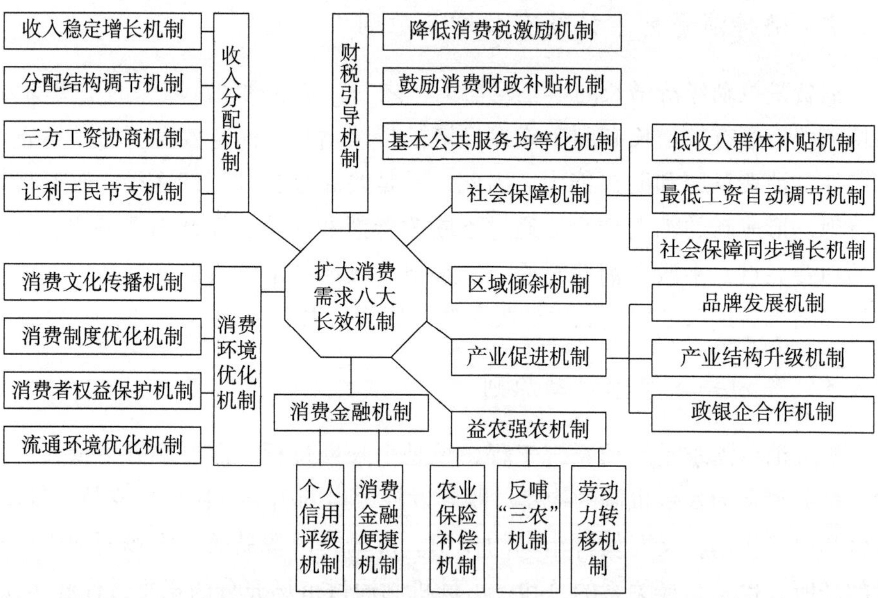

图 8－1　扩大消费需求的长效机制构成

8.3.1 “让利于民、受惠于民”的收入分配机制

收入是决定消费的最主要因素。不论是从绝对量（人均收入）来看，还是相对量（收入分配结构）来看，收入对消费都具有决定性的作用。因此，为确保收入绝对量的持续稳定增长和收入分配结构的合理，要建立“让利于民、受惠于民”的自动调节的收入分配机制。收入分配机制包括以下几点。

1. 居民收入稳定增长机制

居民收入稳定增长机制是确保居民收入持续稳定增长的机制。一方面，通过建立与经济发展和价格变动特点相适应、与市场调节和政府调控相结合的居民收入增长机制，实现居民收入增长和经济发展同步、劳动报酬增长和劳动生产率提高同步，让民众更多地享受经济发展成果，居民收入应与物价指数增长相关联，与提高居民消费能力相适应。另一方面，通过适当增加财政转移支付的比例，通过建立稳定的职工、公务员、离退休人员等各类群体的收入增长机制，不断提高中、低收入人群的收入水平。

2. 收入分配结构自动调节机制

收入分配结构自动调节机制的作用在于自动调节不同收入主体、不同收入阶层的收入，使比例关系合理。首先，调节居民、企业、国家收入的合理比例关系。目前，我国居民的收入在初次分配中所占的比例偏低，阻碍了居民的消费增长。1992—2007 年，国民收入初次分配中政府部门收入（不包括各种非预算收入）增长了 9.36 倍，企业部门收入增长了 10.36 倍，居民收入仅增长了 7.66 倍。劳动者报酬在初次分配中的比重只占 40% 左右，比国际水平的 60% 低 20 个百分点。其次，在中国目前 115.6 万亿元资产存量中，其中 75% 以上的资产由政府拥有，在民间只有不到 1/4 的资产。而美国，目前资产存量为 73 万亿美元，其中 80% 以上资产在民间个人和家庭手中（国家发改委投资研究所课题组，2008）。最后，调节高收入阶层和中、低收入阶层的分配关系。根据 2009 年 10 月 26 日《中国经济周刊》援引的世界银行报告数据，中国收入最高的 20% 人口的平均收入与收入最低的 20% 人口的平均收入之比是 11.37 倍，远高于印度、印尼的 5.52 倍和菲律宾的 9.11 倍。高收入阶层的边际消费倾向低，而中低收入阶层的边际收入倾向较高，收入分配的高度不平衡，使社会平均消费倾向走低。2010 年花旗银行公布的《2010 年财富报告》指出，中国目前有 34.3 万名“合格富豪”，数量排名全球第四。高收入阶层主要靠非劳动要素收入，而中低收入阶层主要是工薪阶层，靠劳动收

入，因此，提高劳动所得的比重，能够抑制收入差距拉大的趋势，能够提高中低收入阶层的收入，有利于提高社会平均消费倾向。

3. 三方工资协商机制

由于非公有制企业中劳动者的组织程度低，力量分散，在与厂商的博弈中缺少话语权和讨价还价能力，形成了“强资本、弱劳动”、工资被人为压低在劳动力价值以下的态势。我国工资收入占企业运营成本的比例不到10%，而美国是50%左右，因此，积极推行工资集体谈判制度，建立政府、工会、厂商三方协商机制，促使工资的市场定价趋于合理。在非公有制企业中要加强工会组织建设，明确工会作为劳动者集体利益代表的角色定位，充分发挥其维护劳动者权益的作用。

4. 让利于民的节支机制

由于我国现行的个人所得税制度忽视了纳税人在负担上的差异，因此，为保证中低收入家庭和个人的生活水平不会因纳税过多而下降，我国应借鉴国际经验，实施以家庭为单位的所得税抵扣制度。在个人所得税中扣除合理数额的家庭生活费用支出、老人和未成年人的赡养费用、慈善捐助和个人职业发展费用等项目，从源头上强化个人所得税的二次分配功能，不仅能缩小贫富差距，维护社会公平，而且有利于保障消费倾向较高的中低收入阶层扩大消费（赵萍，2011）。

8.3.2 财税引导机制

财税政策不仅可以调节收入的公平分配，而且可以发挥财税对消费的引导作用。财税引导机制包括以下几点。

1. 降低消费税激励机制

随着居民收入水平的不断提高和购买能力的增强，居民对高档消费品的需求逐步增加，但是，我国于1994年开征的消费税经过十多年的运行，逐渐暴露出不容忽视的问题，妨碍了消费税功能作用的正常发挥，有必要进一步改革和完善，如我国部分高档消费品税率偏高和部分商品（如小汽车、摩托车、三轮车、宝玉石、护肤护发用品、化妆品等）逐渐成为大众化消费的现实，因此应该尽快降低高档消费品的进口税，降低和取消除了烟、酒以外商品的消费税。

2. 鼓励消费财政补贴机制

为鼓励居民低碳消费、绿色消费，促进消费结构升级，提高消费质量，政府应建立对节能、环保、循环利用、健康产品消费的长期补贴机制，加大财政补贴力度，鼓励居民合理的消费行为。

3. 基本公共服务均等化机制

基本公共服务均等化是指政府要为社会成员提供基本的、与经济社会发展水平相适应的、能够体现公平正义原则的大致均等的公共产品和服务，使人们生存和发展最基本的条件均等。基本公共服务均等化的内容主要包括基本民生性服务均等化，如就业服务、社会救助、养老保障等；公共事业性服务均等化，如公共教育、公共卫生、公共文化、科学技术、人口控制等；公益基础性服务均等化，如公共设施、生态维护、环境保护等；公共安全性服务均等化，如社会治安、生产安全、消费安全、国防安全等。享受均等化的基本公共服务是每位中国公民应有的权利，为此，政府应增加改善民生的支出，并通过财政支付转移，实现城乡之间、东中西部之间、不同收入群体之间基本公共服务的均等化，从而解除低收入人群消费的后顾之忧，促使居民形成良好的消费预期。

8.3.3 社会保障机制

社会保障作为一项基本制度，是经济发展与运行的“安全阀”“减震器”和“调节器”。社会保障的重要功能是调节收入分配、保障居民的基本消费和基本福利，分散意外灾害风险，确保居民正常的生活。社会保障机制包括以下几点。

1. 低收入群体规范化、定期化补贴机制

低收入群体抗通胀能力弱，因此，要建立物价等消费成本上升和收入增加直接挂钩的补贴机制，通过规范化、定期化的补贴，弥补物价上涨对低收入群体消费能力降低的影响。

2. 最低工资自动调节机制

制定最低工资标准的意义在于确保劳动力市场中最弱势的劳动者能够得到满足其家庭成员基本生存需要的收入。按照国际惯例，最低工资标准占平均工资的40%～60%，但我国绝大部分省市区的最低工资标准低于当地平均工资的40%。针对我国最低工资标准长期偏低的现实，应建立最低工资标准与人均GDP水平相适应，并随着人均GDP的增长而提高的最低工资自动增长机制。政府要加强对企业执行最低工资标准的监管，加大违反最低工资法的企业的查处力度。

3. 社会保障同步增长机制

社会保障同步增长机制是确保保障水平与经济增长、物价水平和综合国力相适应的机制。为此，要按照广覆盖、保基本、多层次、可持续的原则，建立覆盖城乡全体居民的与经济增长、物价水平变动同步和与综合国力相适应的社会保险、社会福利、社会救济、优抚安置的定期调节机制。国家应增加财政支出，提高保障水平，让更多的民众享受到经济发展的成果。

8.3.4 区域倾斜机制

改革开放以来，由于我国实行非均衡区域经济发展战略，加上各区域的资源条件、历史背景的差异，造成各区域间经济发展不平衡，不仅东、中、西部和东北地区之间居民的收入差别较大，在城市与农村之间居民的收入差别也较大，因此，必须建立区域倾斜机制，根据城乡地区物价和收入水平，采取差异性的消费政策和措施，创造新的消费增长点。

一般来说，居民收入差距是影响消费的主要因素，城乡之间，由于城镇居民与农村居民的平均消费倾向不同，城乡居民之间的消费支出也有区别。因此，政府应针对不同区域实行差异化的倾斜机制，鼓励低收入地区和低消费倾向的居民增加消费。

8.3.5 消费需求导向的产业促进机制

产业为消费者提供消费品，也为消费者提供消费场所，因此，建立以消费需求为导向的产业促进机制，有助于拓展消费领域、提升消费层次、扩大消费规模，进而推动产业持续发展与消费长期增长的良性互动。以消费为导向的产业促进机制包括以下几点。

1. 品牌发展机制

品牌有利于提高产品的识别程度，有利于保证消费品的品质和消费质量，保护消费者利益和方便消费；对企业来说，品牌有利于持续提升企业的竞争力、销量和增加附加值，有利于提高消费者的忠诚度。可以说，品牌对消费者、生产商和经销商都有益，发展品牌是多赢的举措。品牌包括企业层面的产品品牌和产业层面的集群品牌。品牌的发展，一方面要发挥企业作为品牌创建者的能动作用，大力发展名牌产品，尤其是要大力创建国际名牌产品和中国名牌产品；另一方面行业协会要积极推动企业创建集群品牌，国家在企业创建名牌过程中，要给予资金支持和政策引导，使名牌产品不断涌现。

2. 产业结构升级机制

从生产与消费的关系来看，产业结构的升级有利于消费结构的升级，有利于挖掘潜在的消费需求，不断提高消费品质。产业结构的升级有两个途径：一是通过技术创新来提升产品质量、降低能耗物耗从而提升竞争力；二是通过新兴产业的形成、发展壮大和传统产业的转移、淘汰与改造从而实现产业结构升级。为此，政府一方面要用财政政策、金融政策和产业政策的有效结合，大力推动企业技术创新，尤其是大力推动具有自主知识产权的技术创新；另一方面要大力扶持新兴产业的发展与壮大，并着力推动传统产业的改造升级或者产业转移，形成产业结构升级的良性机制。当前，应着力推动传统服务业的改造升级和现代服务业的发展，大力发展现代物流业，降低物流成本。

3. 政银企合作机制

按照工业和信息化部、国家统计局、国家发展和改革委员会、财政部于2011年6月18日联合印发的《中小企业划型标准规定》，从业人员300人及以上，且营业收入2000万元及以上的为中型企业；从业人员20人及以上，且营业收入300万元及以上的为小型企业；从业人员20人以下或营业收入300万元以下的为微型企业。目前中国企业中小微型企业在数量上占96%～98%。小微型企业提供大部分商品零售、服务和物流运输，在吸纳就业、活跃市场、改善民生等方面做出了重大贡献。由于小微型企业出现生存困难，国家大幅提升小微型企业的增值税营业税起征点，为小微型企业减轻了负担，但是，长期以来小微型企业融资难的问题仍没有得到根本解决，为此，需要建立政府、银行与小微型企业的合作机制。政银企合作机制是政府的财政扶持、银行的贷款倾斜和小微型企业的联合担保相结合的机制，通过小微型企业之间的联合担保获得银行的贷款支持，而在财政的扶持下，银行采取特殊的倾斜政策向小微型企业提供贷款支持。

8.3.6 益农强农机制

新中国成立以后，由于资源匮乏，加上外部封锁，国家采取了倾斜政策，以牺牲农民的利益、农村与农业的发展来建立独立的工业体系和城市体系，却遗留下来“三农”问题。然而，拥有7亿多人口的中国农村消费市场具有巨大的发展空间，是未来消费发展的潜力之所在。因此，以益农强农为目标，加速城市化和工业化进程，增加农民收入，扶持农业和农村发展，是当仁不让的重任。益农强农机制包括以下几点。

1. 创新农业保险补偿机制

农业是靠天吃饭的产业，自然因素对农业的收成影响很大。自然因素的不确定性导致农业生产经营的巨大风险，因此，通过农户联保、政府补贴、商业保险等，建立多层次的农业保险体系；通过与气象部门、通信部门合作建立信息共享平台，减少农业经营风险；通过与农技部门加强联系，将农作物种植选择与减少农业风险结合起来，将保险的经济补偿与农技部门的技术服务有机结合起来。

2. 反哺“三农”机制

农业是弱质产业、农民是弱势群体、农村是落后地区，建立“反哺”机制的目的在于以工业反哺农业，扶持农业的发展；以城市反哺农村，支持农村的发展；以财政转移支付和农村生态环境改造、基础设施建设、农业水利设施建设结合起来，农民通过参与建设来增加收入。

3. 劳动力转移机制

当前，我国正处在工业化中期，城市化率不高，为到2020年实现全面建设小康社会目标，需要加速工业化和城市化进程，为此，需要进一步转移农村剩余劳动力。转移农村剩余劳动力到城镇，会明显提高农民的收入水平，消费品支出和服务支出会增加，有利于扩大这部分居民的消费。但是，将劳动力转移到城市，使其适应城市生活与工作，是个复杂的过程，需要改变农民消费文化观念与消费模式；需要提升农民的工作技能和素质；需要增加就业机会，增加住房、消费品以及公共产品的供给，同时还需要大力发展中介服务机构，而这些都有助于增加消费。

8.3.7 “服务于民”的消费金融机制

消费金融是指在消费者自有资金不足的情况下，商业银行或金融公司等金融机构对申请购买个人消费产品和服务（如轿车、住房、信用卡等）的借款人发放担保贷款的行为。消费金融的作用是刺激有稳定收入的中低收入群体提高生活水平，促进消费结构升级。消费金融机制包括以下几点。

1. 个人信用评级机制

个人信用评级机制是指由专门的信用评级机构对消费金融产品的潜在消费者进行评级，以降低商业金融机构提供消费金融产品的风险，增加消费金融产品供给。

2. 消费金融便捷机制

消费金融便捷机制是指金融机构为消费者的消费信贷提供便捷服务的机制。商业金融机构通过开发多元化的消费信贷产品，简化贷款手续，吸引更多的消费者利用信贷进行消费；通过发挥消费金融单笔授信额度小、审批速度快、无须抵押担保、服务方式灵活、贷款期限短等独特优势，不断提高服务质量，让更多的消费者充分利用消费金融。

8.3.8 消费环境优化机制

所谓消费环境，主要是指影响消费行为的各种因素，包括消费文化、消费制度、消费供给和消费设施等多个方面。消费环境对扩大消费需求起着很重要的作用。建立消费环境优化机制的目的就是要解决居民敢于消费、便于消费、乐于消费、放心消费的问题。消费环境优化机制包括以下几点。

1. 消费文化传播机制

通过消费文化的传播，培育民众健康的消费心理，积极引导消费者树立健康消费、安全消费、绿色消费、环保消费、科学消费、可持续消费的消费观念，鼓励信贷消费、刷卡消费、延期付款消费、租赁消费等，促进消费途径的多元化和多层次化，不断扩大消费领域和提高消费水平。引导和倡导与中国国情相适应的文明、节约、绿色、低碳的消费模式，加快形成资源节约、环境友好型的生活方式。

2. 消费制度优化机制

制度是一种行为规则，消费制度的作用在于规范消费行为，因此，要从消费法律和消费政策两个方面不断完善有利于民众消费的法律环境和政策环境。

3. 消费者权益保护机制

市场经济条件下，由于信息不对称，消费者永远是消费的弱方，因此，建立健全消费者权益保护法规和消费者权益保护机构，增加信息披露，加强消费者维权和消费领域的安全监管，对消费者放心消费、安心消费起着很重要的保障作用。

4. 流通环境优化机制

流通环境的改善可以为消费者提供便捷条件以及价廉物美的商品，因此，加强市场基础设施建设，加快物流设施建设，降低流通成本，有利于形成能够扩大消费需求的便捷、高效、廉价的流通环境。

8.4 北京市建立扩大消费需求长效机制的路径

8.4.1 明确政府在扩大消费需求中的角色定位

政府是推动扩大消费需求的长效机制实施的主导力量。政府在构建扩大消费需求的长效机制中的这一重要角色，是其他任何市场主体无法替代的。第一，政府是促进长期消费的引导者，不仅可以通过财政政策引导和激励居民的消费行为和促进消费结构升级，而且可以充分利用舆论宣传工具，引导消费者形成良好消费预期和健康消费心理。第二，政府有能力确保收入分配的公平性。收入公平合理是确保劳动者保持长期持续的工作积极性与热情以及有效的消费能力的关键，政府要让更多民众享受经济的发展成果，在确保经济又好又快增长的同时，使居民的收入持续稳定增长。要通过税收等手段，调节收入分配结构，让低收入阶层、经济落后地区的居民收入有较快的增长。第三，政府要为城乡居民的消费建立良好的消费环境，包括良好的购物环境、顺畅的流通渠道、安全消费的监督机制和消费者权益保护制度等，确保消费者“有钱能花”。第四，政府要确保居民的基本生存权利，解决居民的后顾之忧，为居民提供良好的社会保障。一句话，政府要确保居民“有钱可花”“有钱敢花”。第五，政府要加大宣传力度，传播健康的消费文化，逐步引导消费者形成适度消费、绿色消费、低碳消费、健康消费的理念。

扩大消费的长效机制的建设是一项重大工程，任务艰巨、时间长久，不可能一蹴而就。一是由于这是一项复杂工程，需要收入分配、财政引导、社会保障、区域倾斜、产业促进、强农益农、消费金融和消费环境优化八大机制紧密配合，协同作用，需要政府、企业、中介组织和消费者共同努力，才能形成扩大消费需求的长效机制。二是由于改革开放以来，中国的经济一直是依靠扩大投资和对外出口来拉动经济增长，而要转变经济发展方式，变依靠扩大投资和对外出口来拉动经济增长为出口、投资和消费“三驾马车”共同拉动经济增长，不是短期内能够解决的问题，需要长期的努力。

8.4.2 建立消费促进基金

从扩大消费的长效机制的构成来看，收入分配机制、财税引导机制、社会保障机制、区域倾斜机制、产业促进机制、强农益农机制的实施，都需要财政资金的大力支持。政府财政资金的支持既要发挥引导、激励作用，引导合理消费、绿色消费、健康消费、安全消费，鼓励环保、节能、循环再利用以及新能源等新兴产业的发展，推动品牌建设、产业结构升级、政银企合作，又要遵循非均衡原则，扶持弱者，使低收入群体获得基本生活来源，能够享受基本的公共服务和社会保障权益。

要落实扩大消费的长效机制，政府的消费促进基金的建立是关键。消费促进基金可由中央政府和地方政府按 5∶5 的出资比例共同设立。

8.4.3 完善扩大消费的长效机制的制度安排

建立扩大消费的长效机制，需要一系列的制度安排。自 20 世纪 90 年代末我国第一次实施扩大内需的政策以来，中央和地方各级政府相继出台了鼓励扩大消费的政策措施，也发挥了重要作用，但是，这些制度措施尚未形成长期有效扩大消费的制度体系，因此，需要从系统整合的高度来完善扩大消费的长效机制的制度安排。首先，进一步完善有利于建立消费品市场良好秩序的公开交易、公平交易规则、平等竞争规则、市场进入与退出规则，改革不利于加快消费品流通和降低消费品价格的制度障碍。其次，进一步完善鼓励消费和保护消费者合法权益的政策措施，包括中央政府财政政策、货币政策、外贸政策、收入政策、价格政策、就业政策以及地方政府的各项配套措施。最后，大力实施扶持新型消费业态、新型消费品产业发展的政策措施。四是继续实施促进经济又好又快长期持续增长的政策。经济增长与消费需求之间是相辅相成、相互促进的关系，消费需求增加可以拉动经济增长，经济增长又可以进一步扩大消费需求，因此需要经济长期又好又快增长，用增长来解决消费需求不足问题。

8.4.4 大胆改革与创新

改革不仅是经济发展的动力，也是建立扩大消费需求长效机制的动力。收入分配结构的调整，三方工资协商机制、让利于民的节支机制、基本公共服务均等化机制和政银企合作机制的建立，以及消费税的降低等都需要大胆改革的魄力，而农业保险补偿机制、反哺“三农”机制的建立，则需要大胆的创新。因此，要通过大胆的改革和创新，形成有利于长期扩大消费的良性机制。改革创新，要本着系统协同、整体推进的原则，紧紧围绕扩大消费的主线，以扩大长期消费为目的，着眼于经济关系的理顺和长期消费增长点的建立。

9 北京市供给侧改革促进新消费拉动经济发展的对策建议

近年来，北京市经济社会发展进入新的发展阶段，服务业主体地位不断提升，消费需求占比逐步提高，资本、劳动力等生产要素的投入客观上受到资源环境条件制约，人口结构趋向老龄化，经济结构转型升级需求迫切，总体经济增速率先进入中高速发展阶段，经济新常态发展特征已然十分明显。通过供给侧改革促进新消费发展回答了当前关系到北京市经济社会发展大局的发展动力、政策方向、发展目标等的核心问题，是经济新常态下北京市经济社会发展的重要战略抉择。

9.1 北京市供给侧改革促进新消费拉动经济发展的总体思路和基本原则

9.1.1 北京市供给侧改革促进新消费拉动经济发展的总体思路

当前和未来一个时期，北京市通过供给侧改革促进新消费发展的总体思路可以表述为："全面贯彻党的十八大和十八届二中、三中、四中、五中全会精神，按照市委市政府部署，紧抓首都城市发展战略定位和发展目标，深入研究北京市消费特点和新消费发展趋势，系统识别北京市新消费发展的重点领域，以供给侧改革为根本手段、新消费发展为主要目标，通过创新体制机制创新、改善消费环境和规范市场秩序、扩大有效供给和提升消费品质等举措，充分发挥新消费新需求对新投资新供给的引领作用，激发新消费发展的新活力，着力发挥流通连接和带动消费和生产的产业功能，充分释放新消费发展的新空间，精准满足广大市民和游客的新需求，加快推动产业结构转型升级和'高精尖'经济结构构建，逐步形成北京市中长期经济发展的持久动力。"对上述总体思路的详尽说明如下。

1. 紧抓首都城市发展战略定位和发展目标

近年来，随着北京市城市发展规模的不断壮大，城市功能面临精简和取舍，城市发展方向也面临抉择。按照京津冀协同发展的战略定位，京津冀地区将建成以首都为核心的世界级城市群、区域整体协同发展改革引领区、全国创新驱动经济增长新引擎、生态修复环境改善示范区。在京津冀协同发展的大背景下，北京市首都城市战略定位确立为“全国政治中心、文化中心、国际交往中心、科技创新中心”，并且以建设“国际一流的和谐宜居之都”为发展目标。

当前首都城市发展战略和发展目标的确立是新时期推动北京城市发展的重要战略选择。北京市新消费新需求的发展也应该以首都城市发展战略定位和发展目标为根本依据，在产业识别过程中应该坚持以首都城市发展战略定位和发展目标为基准，保证供给侧改革发展方向与首都城市发展战略定位和发展目标的一致性。

新消费的识别必须要紧抓首都城市发展战略定位和发展目标，按照北京市非首都功能疏解和产业发展布局调整的要求，对新消费进行准确识别。具体而言，有以下几个方面：适应全国政治中心职能完善的需要，应该加强会务组织、餐饮住宿、安保等领域的消费服务能力；适应全国文化中心建设的需要，应该提升文化建设水平，着力加强博物馆、展览馆、剧场、主体公园等文化设施建设，加快文化产品和服务市场的开发，提升文化演艺活动组织和服务能力；适应国际交往中心建设需要，应该加快发展国际旅游消费、国际会展流通消费等消费领域的发展；适应全国科技创新中心建设需要，应该加快构建“产学研”良性互动合作的创新驱动发展机制，提升创新和成果应用能力；适应非首都功能疏解的需要，应该对部分批发物流流通消费通过产业疏解进行转移；适应宜居城市建设的需要，应该对传统汽车消费进行适当限制，同时大力促进电动汽车消费，并且大力推动公用事业领域的节能减排工作，积极促进绿色产品的推广和消费。

2. 深入研究北京市消费特点和新消费发展趋势

北京市是我国人均收入水平最高的地区之一，其经济结构与北京市现有经济社会发展阶段高度一致，也与现有城市功能高度吻合，经济社会发展的特点和特色非常突出。2015 年，北京市居民人均地区生产总值已经超过 17000 美元，收入水平已经步入与发达国家相当的行列。近年来，随着北京市经济新常态特征的日益清晰，消费特点和消费发展趋势的规律性也日益明显。

从产业结构看，2015 年北京市服务业增加值占地区生产总值的比重达到 79.7%，大幅高于 50.5% 的全国平均水平，与国际交往中心地位相适应的金融、商务、商贸流通、旅游等服务业发展程度较高，同时与全国科技创新中心、文化中心地位相适应的教科文卫等服务业发展水平位居全国前列。从需求结构看，2015 年北京市最终消费率达到 63.0%，大幅高于 50.6% 的 2014 年全国平均水平，消费需求在经济中的能动作用非常突出；政府消费率达到 26.0%，大幅高于 13.2% 的 2014 年全国平均水平，与全国政治中心地位相一致。从对外经济看，2015 年北京市含中央单位的进出口总值达到 3194.2 亿美元，对外贸易依存度达到 86.4%，大幅高于 36.3% 的全国平均水平，经济的外向型程度非常高；实际利用外商直接投资额达到 130.0 亿美元，占全国实际利用外商直接投资额的比重达到 10.3%，而北京市地区生产总值占全国国内生产总值的比重仅为 3.4%，吸引外商投资的能力非常突出。从常住和流动人口结构看，2015 年北京市常住人口为 2170.5 万人，而旅游人数达到 2.73 亿人次（其中入境 420 万人次，外地来京 1.63 亿人次，本地在京 1.06 亿人次）。以入境和外地来京旅游人员每人次平均逗留 1.9 天计算[①]，平均每天在京的入境和外地来京旅游人员达到 86.9 万人，从总体数量和消费特点来看也是北京市非常重要的生活和消费群体。从人口年龄结构看，2015 年北京市 65 岁以上老龄人口占总人口的比例已经达到 10.3%，预计未来 10 年北京市老龄人口比例还将加快增长。

总的来看，当前北京市消费具有消费率逐步提高、服务消费占比不断提升、休闲、养老等消费需求发展缺口大、消费市场秩序仍然有待规范、各领域消费品质有待提升等重要特点。

3. 系统识别北京市新消费发展的重点领域

为了增强供给侧改革措施的针对性，应该通过对消费和需求的系统研究，重点识别和发展通过供给侧改革促进新消费发展的重点领域。

北京市新消费的发展与其人口结构、收入水平、国内外发展形势以及首都城市战略定位和发展目标紧密联系。通过供给侧改革促进新消费发展能否成功的关键点在于是否能够对北京市新消费发展的重点领域进行科学系统的识别。在国内外新技术新产业发展的带动下，新消费领域众多，发展内容复杂多变，且部分新兴消费形式和内容都有待规范。进一步考虑到北京市人口

① 以 2015 年北京市星级饭店接待入住人次和人天数两个指标推算。数据来源：北京市统计局官网。

老龄化程度较高的人口结构以及位于全国前列的收入水平以及首都城市发展战略定位和发展目标，北京市新消费必然具有较大的独特性，需要结合当前和未来一段时间北京市经济社会发展的实际进行科学研判和系统研究。唯有在正确识别新消费发展特点、趋势和规律的基础上，供给侧改革举措才能具有针对性，起到事半功倍的作用。

总的来看，随着居民收入增加、闲暇时间延长，以及人口深度老年化的到来，消费需求升级加速，消费者对消费产品的品质需求不断提升，旅游、休闲、健身、家庭服务、养老、医疗等现代服务性消费产品成为新的需求热点，为全面提升生产、流通和消费服务等相关产业的发展都带来广阔的发展空间。

4. 以供给侧改革为根本手段、新消费发展为主要目标

在以往的北京市消费流通工作的经验中，促进新消费新需求的发展以促进销售、促进消费的手段为主，消费促进政策的着力点主要在需求侧，供给侧政策不多，手段不足。经济新常态下，特别是考虑到在新兴科技、移动互联网、网络流通和电子商务快速发展的条件下，新消费新需求的变化十分迅速，传统的促销手段、促进消费政策面临边际收益递减、成效有限的境遇。当前，应该着力从供给侧改革着手，通过体制机制改革优化、技术和产品创新以及新消费新需求引领作用的发挥，更好地促进新消费新需求的发展。

供给侧改革重点在改革。党的十八大以来，全面深化改革开放是推动经济社会发展的四大战略之一，而供给侧改革是现阶段全面深化改革开放的重要内容。正如习近平总书记所言："从国内看，经济发展面临'四降一升'，即经济增速下降、工业品价格下降、实体企业盈利下降、财政收入下降、经济风险发生概率上升。这些问题的主要矛盾不是周期性的，而是结构性的，供给结构错配问题严重，需求管理边际效益不断递减，单纯依靠刺激内需难以解决产能过剩等结构性矛盾。因此，必须把改善供给结构作为主攻方向，实现由低水平供需平衡向高水平供需平衡跃升。"供给侧改革是在当前需求侧管理政策无法解决经济发展中存在结构性问题的情况下的必然选择。考虑到当前我国经济发展中存在的结构性问题，主要表现为部分体制机制与市场需求变化和消费升级趋势不相适应、束缚了新投资新供给发展的情况，北京市通过供给侧改革促进新消费发展应该把重点放在体制机制改革上，特别是通过体制机制创新适应新投资新供给的发展要求，释放新消费发展的新空间，增强新投资新供给发展的新活力，形成经济发展的新动力。

通过供给侧改革促进新消费发展需要特别明确的是：供给侧改革是手段，新消费是目的。供给侧改革应服务于新消费，尊重新消费新需求的特点、发展趋势和规律，实施的措施应该建立在对新消费新需求进行充分研究和准确判断的基础之上。因此，供给侧改革并不是替代市场进行供给决策，对新消费领域的识别和研究也不是为了增加相应领域的政府干预，而是致力于通过体制机制深层次问题的解决来提升供给活力，增强供给对需求变化的适应性和灵活性，真正发挥市场在资源配置中的决定性作用。

政府在依靠供给侧改革促进新消费发展的过程中，尤其应该明确供给侧改革的中长期特性，增强决策定力，着眼于构建扩大消费和提升经济发展水平的长效机制；应该明确政府政策的市场边界，将政策中心和着力点放在体制机制改革优化、消费环境改善、有效供给引导和促进方面，避免以供给侧改革为名对新消费领域进行过度干预。

5. 充分发挥流通连接和带动消费和生产的产业功能

在通过供给侧改革促进新消费发展的过程中，应该特别注意发挥流通连接消费和生产、带动消费和生产的产业功能。具体而言，应该通过推动商贸流通产业的供给侧改革，大力促进流通产业的发展，增强流通产业的发展活力，以充分发挥流通产业功能，增强通过供给侧改革促进新消费新需求发展的成效。

流通服务业是国民经济发展的重要基础性和先导性行业。近年来，作为维系民生、拉动首都经济发展和推动城市建设的重要产业，北京市流通服务业同时面临着转型升级的压力和加快创新发展的机遇。进入“十二五”时期以来，北京市流通服务业在促进生产、扩大消费、吸纳就业、改善民生，促进经济增长，推动经济结构调整和经济发展方式转变等方面发挥了明显的作用，其产业功能的充分发挥对于经济发展竞争力和效率的提升具有至关重要的意义。

在通过供给侧改革促进新消费发展的过程中，应该特别注意发挥流通连接消费和生产、带动消费和生产的产业功能。通过促进流通产业的发展，确保流通产业成为衔接生产和消费、企业和消费者的有效中间环节，起到促进产业发展的润滑作用。具体而言，应该通过推动商贸流通产业的供给侧改革，大力促进流通产业的发展，增强流通产业的发展活力，以充分发挥流通产业功能，增强通过供给侧改革促进新消费新需求发展的成效。

6. 加快推动产业结构转型升级和“高精尖”经济结构构建

从产业发展角度来看，供给侧改革促进新消费应该以产业结构的转型升级和“高精尖”经济结构的构建为目标。也就是说，从经济发展的角度而言，供给侧改革促进新消费发展、促进经济社会发展的路径在于最终实现产业结构的优化升级、形成持久的产业竞争优势。

近年来，以城市功能定位为指针，以产业发展和结构调整的基本规律为依据，北京市率先实施主动调控，经济产业结构持续优化。2015 年，北京市第三产业占比已经接近 80%，服务业主体地位进一步强化。六大高端产业功能区以全市 7% 的土地面积、20% 的能耗，创造了超过 40% 的地区生产总值、收入、利润和税金，吸纳了全市 30% 以上的就业。经济增长对传统产业的依赖进一步减弱，经济高端引领、创新驱动、内需拉动的发展格局开始逐步形成，在提升创新能力的同时，产业结构也持续调整，产业融合趋势明显，“高精尖”经济结构初见端倪。

从产业发展角度来看，供给侧改革促进新消费也应该以产业结构的转型升级和“高精尖”经济结构的构建为目标。供给侧改革促进经济发展的立足点在于通过结构性改革促进产业结构乃至经济结构的优化。也就是说，从经济发展的角度而言，供给侧改革促进新消费发展、促进经济社会发展的路径在于最终实现产业结构的优化升级、形成持久的产业竞争优势。

9.1.2　北京市供给侧改革促进新消费拉动经济发展的基本原则

1. 坚持发展定位，分阶段推进发展目标的实现

当前，北京市通过供给侧改革促进新消费发展应该服从京津冀协同发展的战略大局，按照北京市城市功能发展、人口和产业布局、广大市民和游客需求的实际情况，有所为有所不为，以供给侧结构改革为主要手段，精心设计、细致谋划，分阶段推进短、中、长期发展目标的实现，增强北京市城市竞争力和吸引力，为最终将北京市建成国际一流的和谐宜居城市而努力。

短期来看，北京市应该以释放新消费发展空间和促进新消费的快速发展为目标，精准定位新消费发展内容及其相关产业领域，分类确定不同产业领域的发展需求，积极出台通过供给侧改革促进新消费发展的产业政策，层层细化和精密部署产业政策的实施，适时调整政策实施力度和方向，加快促进新消费的发展壮大，力争在较短的时间内就能够收到新消费增速明显加快的政策成效。特别是，短期内应该致力于解决北京市城市发展过程中所面临的

一系列急需解决的紧迫问题，包括环境污染问题、交通拥堵问题、入托入学难问题等。

中期来看，北京市应该以增强消费对经济增长的拉动作用，推动消费成为中长期发展动力为目标，通过扫除阻碍消费和生产之间、需求和供给之间良性联动关系的体制机制障碍，增强消费发展的活力，强化企业对市场消费需求的前瞻性和适应性，畅通经济发展中生产、分配、流通、消费等各环节之间的传导渠道，加快形成消费升级拉动产业升级、产业升级促进消费发展的良性循环和互动发展机制。

长期来看，在形成生产和消费之间良性循环发展机制的基础上，北京市应该以新消费发展为契机，补齐供给不适应消费发展的短板领域，加快新消费领域的培育，促进消费特别是服务消费的发展，提升消费和服务消费品质，提高城市服务水平，提升城市竞争力和吸引力，加快建设国际一流的和谐宜居城市。

2. 坚持市场的主体地位，精准发挥政府引导作用

当前，通过供给侧改革促进新消费的发展从具体实现方式上应该特别注意处理好政府与市场之间的关系，具体而言就是要始终坚持市场的主体地位，为提升企业市场竞争活力和发挥企业市场竞争作用创造条件，并以此为基础强化政策制定的科学性和可操作性，以划定市场边界以及市场规则和市场机制为主要着力点，精准发挥政府对企业等市场主体的引导作用。

为发挥市场的主体作用，应该加快垄断行业改革，重点推动金融、信息等领域的改革发展，提升教育、医疗等公共事业领域的对外开放水平，提高政府采购、招标的透明度，增强市场竞争活力；应该按照加快全国统一市场建设的要求，加快推进京津冀统一市场建设，清除区域市场发展壁垒，维护商品和服务市场秩序，促进商品和要素区域间的自由流动、平等交换，资源和要素高效配置；应该强化企业的市场主体地位和主体责任，完善市场监管，保护消费者合法权益，实现消费者自由选择、自主消费、安全消费，企业诚信守法、自主经营、公平竞争，最大限度地激发市场主体创新创造活力。

政府引导作用主要体现在对市场边界的划定以及市场规则和市场机制的建设等方面，应该按照京津冀协同发展、城市功能定位、产业发展布局、资源环境承载能力等方面的要求，明确不同产业和市场发展的边界，有所为有所不为，确保市场在城市总体发展规划的框架之内发展，不突破发展底线、不踩上发展红线；特别是要加快供给侧促进新消费发展的政策研究，改变以往主要从需求侧促进消费增长的政策思路，从打通供需之间的互动机制和渠道着手，加快地方和行业产品和服务标准体系建设，重点提升产品质量和市场秩序监督管理水平，为市场主体立规成习，保障市场主体合法利益，减少不当竞争行为对市场发育和产业发展的危害。

3. 坚持分类推进的政策思路，精心谋划各行业的发展路径

考虑到新消费领域涉及产业部门多，不同部门的实际发展需求客观上也存在差别，当前北京市应该按照分类推进的政策思路，根据新消费需求的不同特点，将需要通过供给侧改革推动改革发展的产业部门进行相应分类，并分类施策，针对不同行业细化供给侧改革措施，精心规划和有效实施发展政策。

针对需要补齐缺口的消费领域，相关产业领域应该将政策重点放在简化行政审批、放宽市场准入、清理和整合产业发展政策文件、扩大对外开放等方面，致力于为已有的企业创造更加宽松有利的营商环境，促进已有企业发展壮大，同时增强该类产业领域对新投资的吸引力，加快市场供给的扩大。

针对需要提升品质的消费领域，相关产业领域应该将政策重点放在强化地方和行业标准体系建设、改善和加强产品质量和服务品质的市场监督管理方面，通过市场标准体系建设和市场监管，提高市场和消费者对产品质量和服务品质的甄别能力，形成该类产业领域各企业强化优胜劣汰意识、竞相提升产品质量和服务品质、靠质量口碑和服务品质取胜的良性竞争格局。

针对需要扩大发展的消费领域，相关产业领域除了应该简化行政审批、放宽市场准入、清理和整合产业发展政策文件、扩大对外开放以外，还应该适当出台土地、税收、金融等方面的优惠政策，鼓励企业创新生产和服务技术，促进已有企业发展壮大，增强该类产业领域对新投资的吸引力，积极培育企业规模壮大、扩大市场有效供给。

针对需要创新创造的消费领域，相关产业领域应该将政策重点放在制订产业发展指导目录、加大政策倾斜促进创新创业发展的力度、扩大发展试点支持、提升产品和服务技术、经营模式的推广力度等方面，通过激发市场创新发展活力，积极推动新产品、新经营模式培育和发展。

4. 坚持改革创新的政策方向，不断夯实中长期发展基础

当前北京市通过供给侧改革促进新消费发展还应该把握准改革创新这一供给侧改革的政策精髓，把新消费培育和促进的政策立足点放在改革和创新上，主要依靠改革和创新来解决新消费培育和发展中面临的各种瓶颈问题，摆脱仅仅从需求侧发力的政策短视观念和做法，致力于从根本和源头上解决制约消费和生产之间良性互动机制形成的各种体制机制障碍，真正从根本上释放企业面向市场创新发展的市场活力。

改革方面，应该着力统筹推进体制机制和政策体系的系统性优化，着力加强供给侧结构性改革，以更加完善的体制机制引导和规范市场主体行为，推动形成节约、理性、绿色、健康的现代生产消费方式，努力构建新消费引领新投资、形成新供给新动力的良好环境和长效机制。实施更加积极主动的开放战略，学习和吸收国外城市发展的先进成果，更好地利用全球要素和全球市场推动北京市产业升级，更好地利用全球商品和服务满足国内多元化、高品质的消费需求。

创新发展方面，营造有利于大众创业、万众创新的良好市场环境，以科技创新为核心引领全面创新，推动科技成果转化应用，培育形成更多新技术、新产业、新业态、新模式，以花色品种多样、服务品质提升为导向，增加优质新型产品和生活服务等有效供给，满足不同群体不断升级的多样化消费需求。

5. 坚持适当超前发展的战略导向，以全球视野提升新消费发展的前瞻性和示范性

北京既是首都、特大城市，又是全国科技文化发展最为发达的地区，北京市的发展对于全国各地发展和城市建设来说都具有独特的前沿地位和示范作用，在通过供给侧改革促进新消费发展的过程中，北京市应该积极开拓、努力进取，按照适当超前发展的理念，以全球视野提升北京市新消费的发展活力，强化新消费发展的前瞻性和示范性。

以全球视野引进先进技术和管理经验，应该积极发挥北京市全国科技创新中心的优势，通过扩大科技科研领域的改革开放，加强对前沿技术和管理经验的研究，通过增进国际科技合作和学术交往等举措，加强北京市在科学技术和管理方法等方面的国际交流和合作，增加北京市新消费发展过程中对先进技术和管理经验的包容性，增强国际先进技术和管理经验对新消费发展的引领和推动作用。

以全球视野追赶科学技术、企业和社会管理的发展前沿，应该增强发展自信、敢于追赶发展前沿，加快高校和科研机构、企业科研机制创新改革以及扩大高校和科研机构、企业的对外开放，通过提升引进海外引智力度、扩大国际合作研究领域和投入、推动企业“走出去”、建立海外研发中心等方式，提升北京市高校和科研机构、企业在国际科技进步和管理变革中的话语权，逐步掌握部分领域科技进步和管理变革中的主导地位，逐步将北京建设成新科技的汇聚地和新消费的发源地。

以全球视野广泛学习、吸收和利用世界范围内城市发展的先进经验，应该根据国内城市化建设的实际需要和北京市城市发展的实际情况，以解决北京市城市发展中面临的各种实际问题为契机，以广大市民和游客的生活需要和消费需求为根本出发点，增强对国际先进经验的学习和吸收利用能力，避免和摒弃国内外城市发展中存在的问题，积极探索国际一流和谐宜居城市的建设路径和发展经验，为国内城市化建设提供具有前瞻性的发展示范。

9.2　北京市供给侧改革促进新消费拉动经济发展的主要措施建议

根据首都城市发展战略定位和居民消费发展趋势，北京市供给侧改革将主要面向服务业，特别是生活性服务业。通过推动服务业创新发展，扩大有效供给和新供给，促进新消费发展，推动城乡居民消费结构升级和生活品质提升。北京市服务业的创新发展，要以树立“北京服务”整体品牌形象为出发点，以“服务+互联网”为主线，以不同产业的融合发展和产业链拓展延伸为主要路径。

生活性服务业是为城乡居民提供日常生活所需各种服务的各类服务行业的总称，主要包括零售业、餐饮业、文化教育产业、体育服务业、休闲旅游业、健康服务业、家政服务业、养老服务业等。这些行业的发展状况关系到稳增长、调结构、扩内需、惠民生的大局。目前，首都生活性服务业正处于转型升级的关键时期，面临转变发展方式、调整业态结构、提高组织化程度和优化营商环境等艰巨任务。“十二五”期间，首都生活服务业得到快速发展，在带动经济、促进就业、扩大消费、保障民生等方面发挥着日益重要的作用。2015 年，生活性服务业实现增加值占全市第三产业增加值的比重达 42%，占全市生产总值的比重达 33%，生活性服务业已经成为首都经济发展的支柱产业。但从总体看，生活服务业的传统发展模式与首都功能定位和未来发展已不相适应，与首都市民生活方式和消费需求不相匹配，生活服务业发展层次和水平仍有较大提升空间。

生活服务业创新发展，要紧紧围绕北京建设“四个中心”和国际一流和谐宜居之都的总体部署，以增强服务首都功能和改善居民生活品质为出发点，依托优势产业资源，以“服务 + 互联网”为主线，以不同产业的融合发展和产业链拓展延伸为路径，加快创新商业模式和服务模式，促进业态转型升级，实现产业发展从要素驱动转向创新驱动，推进生活性服务业规范化、连锁化、便利化、品牌化、特色化、品质化发展，不断提升服务企业经营管理水平和服务品质，扩大有效服务供给和新供给，满足人民群众日益增长的个性化、多样化生活服务需求。

“十三五”时期，北京市应重点发展贴近人民群众生活、需求潜力大、带动作用强、创新空间大且有助于提升首都居民生活品质的生活性服务领域，推动首都居民生活消费方式由生存型、传统型、物质型向发展型、现代型、体验型、环保型转变，促进和带动其他生活性服务业领域发展（见图 9 - 1）。

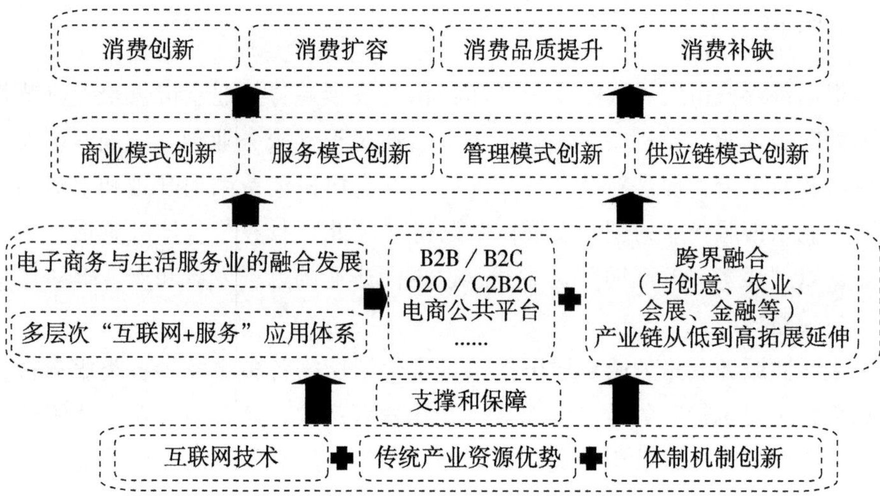

图 9 - 1　生活性服务业创新发展思路

9.2.1　推动批发零售业转型升级

1. 思路

根据《京津冀协同发展规划纲要》，在保障民生消费的基础上，加快推进专业市场疏解和改造升级工程，推动农产品、花卉、服装等商品交易市场从传统的商品集散中心向城市共同配送、商品展示、品牌培育、电子商务中心转型，支持建设农产品 B2B（企业对企业）电子商务平台。提前规划疏解后腾退的空间资源，优先发展生活性服务业和公共服务设施。

顺应城乡居民消费结构调整和购买行为变化趋势，以“互联网 + 商业”和产业融合为基本路径，围绕业态创新、全渠道建设、商品结构调整、零售氛围改善、供应链优化等，推动零售企业转型升级和创新发展，促进线上线下融合、商品服务融合、内贸外贸融合和供应链生态再造，增强企业顾客经营能力和商品经营能力，提升顾客购物消费体验，促进服务消费、品质消费、个性化消费、绿色消费和信息消费等（见表 9－1）。

表 9－1 批发零售业转型升级与新消费

序号	促进批发零售业转型升级的举措	新消费
1	加快推进专业市场疏解工程；提前规划疏解后腾退的空间资源，优先发展生活性服务业和公共服务设施	保障民生消费；促进公共产品消费和品质消费
2	支持农产品、花卉、服装布艺等商品交易市场从传统的商品集散中心向城市共同配送、商品展示、品牌培育、电子商务等中心转型	促进品质消费、时尚消费、信息消费
3	支持农贸市场向规范化社区菜市场转型，向超市化升级，并逐步搭载便民服务功能	保障和促进民生消费
4	支持商超、百货等实体零售企业自建电商平台或利用第三方平台，开展移动 O2O（线上到线下）运营支持农产品 B2C（企业对消费者）、C2B2C（顾客与企业、顾客与顾客）电商平台建设	促进品质消费、O2O 消费、信息消费和个性化消费
5	支持电商企业建设线下社区服务站或体验店	促进 O2O 消费和信息消费
6	支持全渠道零售企业基于 O2O 运营，发展定制包销或深度联营	促进个性化、差异化消费
7	支持零售企业源头采购，开发自有品牌，建设共同采购联盟	促进个性化、差异化消费
8	支持百货、购物中心等企业发展体验型业态	促进时尚消费、体验消费
9	支持大型超市企业深入社区，开发中小型门店，并搭载便民服务	促进服务消费、休闲消费和民生消费
10	支持冷链物流体系建设	促进民生消费
11	推动社区商业品牌化、连锁化发展	促进服务消费和品质消费
12	加快畅通绿色产品流通渠道	促进绿色消费

续 表

序号	促进批发零售业转型升级的举措	新消费
13	推动特色商业街向商业、文化、休闲旅游三位一体升级改造	促进服务消费、文化旅游消费
14	鼓励国内企业与境外电子商务企业强强联合，完善跨国供应链体系；支持发展“直采 + 保税进口”模式的跨境进口电商；支持发展跨境直购 O2O 体验店；加快推进天竺综合保税区等跨境电商产业园区建设；鼓励跨境电子商务相关金融服务创新	引导境外消费回流，促进时尚消费和品质消费

2. 主要措施建议

（1）加快推进专业市场疏解工程，保障民生消费和公共产品消费。

根据《京津冀协同发展规划纲要》，专业市场和物流基地属于要疏解的第一类“非首都功能”，具体表述为“重点引导和推动农副产品、基础原料等大宗商品的仓储物流功能外迁，促进服装、小商品、建材等区域性专业市场加快向北京周边已有较好集聚基础的地区整体迁出”。北京市各区县存在大量的区域性专业市场，占商品交易市场总数超过 50%，动员组织这些市场整体迁出或关闭或转型的任务十分艰巨。

①分类指导，严控增量。对于农产品批发交易市场，事关居民生活的供给、保障，只谈升级改造，不谈疏解。对于各类专业市场，要按照“疏解转移一批、关闭撤并一批、转型升级一批”的原则，区分情况，加快推进专业市场疏解工程。其中，升级改造的市场应主要是服务于北京市民的生活性消费品交易市场，调整外迁的市场主要是服务于外埠的生产资料批发市场及仓储物流业态，关停拆除的则主要是经营无品牌、业态低端、合规性差、不符合城市规划的市场。严禁新建和扩建除满足市民基本需求的零售网点以外的商品交易市场设施，严禁新建和扩建未列入规划的区域性物流中心和批发市场。

②加强区域合作。积极推进服装、小商品、建材、汽车等区域性批发市场加快向周边有较好集聚基础的地区疏解。鼓励北京市农产品流通企业在本市周边农产品主产区建设仓储及加工设施，鼓励农产品批发市场在京外主产地建设产地批发市场。

③要提前规划疏解后腾退的空间资源，优先发展生活性服务业和各类公

共服务设施，集聚高端商务、展览展示、居民服务、文化创意等元素，服务首都居民，达到便民利民、产业优化、提高品质的目的。

（2）加快推进商品交易市场升级改造工程，促进时尚消费、品质消费和信息消费。

①支持农产品、花卉等商品交易市场从传统的商品集散中心向城市共同配送、商品展示、品牌培育、电子商务中心转型。支持新发地农副产品批发市场增强城市共同配送服务能力，提高农副产品城市物流配送效率。

支持建设开放性的农产品 B2B 电子商务平台。例如，以新发地农产品批发市场为投资和运营主体，对接银行、电信、IT（互联网技术）、物流配送、信息咨询等服务提供商，打造开放性农产品 B2B 电子商务平台，为供应链上下游商户提供商品展示、在线交易、资金结算、信息发布、信用管理和在线交流等服务，提升农产品流通效率。

②支持以零售为主的农贸市场向规范化社区菜市场转型，向超市化升级，并逐步搭载家政服务、洗染、美容美发、社区维修等本地生活服务功能，进而促进民生消费。

③支持大红门、雅宝路等服装批发市场向购物中心化转型，即成为拥有商品展示、交易、购物、休闲、娱乐、餐饮等功能的商业集合体；或向商业综合体转型，即逐步发展成为拥有展示展览、购物游览、休闲娱乐、企业孵化、信息交流、交易结算等功能的商业综合体，进而推动时尚消费、品质消费和体验消费。

④以大红门服装布艺商业圈为重点，推进时尚类电子商务平台发展，带动线下实体体验业态建设，加快设计、展示、交易等高端产业链条与电子商务融合发展，助推产业疏解和转型升级。支持开发大红门信息网络数据中心、大红门门户网站和多媒体信息发布系统，建设“大红门”国际流行时尚发布平台和信息交流平台，与国内外服装协会、科研院所、商业机构加强交流合作，逐步形成有影响力的时尚流行趋势发布基地。

（3）推动零售业转型升级，促进时尚消费、品质消费、信息消费和绿色消费等。

①支持商超、百货等零售企业自建电商平台或利用第三方平台，拓展销售渠道，加强用户互动沟通，开展移动 O2O 服务（手机应用程序订购 + 门店组配 + 快速送货上门），提升用户服务能力和用户消费体验，进而推动 O2O 消费、信息消费和个性化消费。

支持发展生鲜B2C电商平台和O2O运营模式，促进生鲜O2O消费。支持“新发地生鲜”B2C电商平台建设，并将生鲜冷链屋（社区店）建立在需求量大的社区内，进而形成“网订店取”的生鲜O2O运营模式。

支持发展农产品C2B2C电商，为居民提供果蔬、禽蛋、海鲜等农副产品预售、切洗加工、精选组合等个性化定制服务，培育农副产品自有品牌，促进农副产品的个性化消费和品质消费。

②鼓励电商企业开设线下社区服务站或体验店，促进O2O消费和信息消费。鼓励京东、1号店、我买网等电商合作建立网购社区服务站，开展“网订站取”的服务模式，并为老年人提供信息查询、网上下单等网购服务，使老年居民足不出小区就能买到日常生活所需商品。鼓励租房、租车、装修、娱乐等线上服务平台建设线下体验店，方便居民生活。

③支持全渠道零售企业基于O2O运营，发展定制包销或深度联营，满足个性化、差异化消费。零售商利用线上线下各种数据资源，细分市场并挖掘差异化市场需求；在此基础上，一方面实现精准信息推送，另一方面定义新产品概念，主导新产品开发，进而获得新产品包销权，实现差异化竞争。

④支持超市、便利店、百货等零售商发展源头采购、买断经营、自有品牌，支持建设企业间的联合采购平台，提高商品经营能力和自营比例，培育差异化竞争优势，满足生鲜食品、服装、家居等领域的差异化、个性化消费。

⑤支持百货店或购物中心发展品牌集合店、主题概念店、会员制商店、个人定制商店等具有市场潜力的体验型业态。引导零售企业在商品陈列、商场装饰、环境营造等方面突出创意特色，增加商业设施的文化底蕴，推动现代商业与民族文化融合创新，提升顾客体验。统筹北京市及周边区域的奥特莱斯①数量及分布，做好长期发展规划引导，推动奥特莱斯规范有序发展，突出奥特莱斯经营特色，进而推动品牌消费。

⑥鼓励大型超市企业进一步深入社区，发展便利店、食品超市、生活超市、O2O会员店等小型零售业态，并搭载维修、代收代寄、代收费、代售票等增值服务，满足便民生活消费需求。

⑦加快畅通绿色产品流通渠道，促进绿色产品消费。支持建立一批集门店节能改造、绿色产品销售和废弃物回收于一体的绿色建材市场、绿色商场、

---

① OUT LETS的音译，零售业中专指由销售过季、下架、断码名牌商品的商店组成的购物中心，也叫品牌直销购物中心。

节能超市、节水超市等绿色流通主体。支持商场、超市、旅游商品专卖店等企业在显著位置开设绿色产品销售专区。组织流通企业与绿色产品提供商开展对接，促进绿色产品销售。

⑧大力发展第三方物流和智慧物流，鼓励物联网等技术在仓储物流体系中的应用；支持建设物流信息服务平台，促进车源、货源和物流服务等信息高效匹配；支持农产品冷链物流体系建设，提高物流社会化、标准化、信息化、专业化水平。

⑨融合京商传统文化内涵，继续推进北京特色商业街建设。完善特色商业街评价标准，健全评价体系，加强对街区基础设施、经营业态、商业环境、服务水平的引导和规范，推动特色商业街向商业、文化、休闲旅游三位一体升级改造，实现品质化发展。加快整合区域资源，丰富文化内涵，增强体验式服务功能，推进文化体验型、休闲消费型等特色商业街区的形成。

（4）推动社区商业品牌化连锁化发展，促进便民消费和品质消费。

①降低品牌连锁企业新开店成本。通过提供租房补贴等措施，引导品牌连锁经营企业，特别是全聚德、华天、京客隆、超市发等北京市国有连锁商业企业参与社区商业建设，到社区设立超市、便利店、标准化菜店、餐饮店、洗衣店、美容美发等各类服务网点，并逐步搭载其他便民服务功能，满足社区居民多样化、个性化的消费需求。

落实连锁企业总部统一纳税政策，促进连锁企业跨地区发展。

②推动解决新开店场地问题。对于新建社区（含廉租房、公租房等保障性住房小区，棚户区改造和旧城改造安置住房小区），严格贯彻落实“新建社区商业和综合服务设施面积占社区总建筑面积的比例不得低于10%”的规定，完善社区商业网点配置。

利用锅炉房、车棚、人防工程等闲置国有资产，或通过置换、资源整合等方式，为品牌连锁企业开设社区连锁店解决房源问题。

政府可以选择购买一定的社区商业网点，然后以公开招标方式对外统一租赁，进而吸引有实力的连锁企业参与社区菜店、便利店、早餐店、家政服务中心等便民商业网点建设。

③鼓励通过收购兼并、众筹等方式整合社会资源。鼓励品牌连锁经营企业、电商企业通过收购、兼并、直营连锁或特许加盟等方式，整合分散的社区商业资源，促进社区商业品牌化连锁化发展。鼓励连锁企业到乡镇农村开

新店或发展加盟店。利用“京东金融”“人人投”等股权众筹平台，开展私募股权融资，整合社会分散资源，实现品牌连锁扩张和投资人利益共享。

（5）支持发展跨境电商，促进时尚消费和品质消费。

①支持跨境电子商务出口企业加强与境外企业的合作，建设规范的“海外仓”、体验店和配送网络等，以融入境外零售体系。鼓励国内企业与境外电子商务企业、国内零售企业与进出口贸易企业强强联合，完善跨国供应链体系。

②支持发展“直采+保税进口”模式的跨境进口电商，即跨境电商基于对市场需求的预测提前批量从海外采购并以海运或空运方式将商品运至海关保税区内的保税仓免税备货，收到消费者订单后再从保税仓经报关报检后发货。

③支持发展跨境电商保税进口商品展览展示中心，支持在重点商圈设立跨境O2O直购体验店，组织开展“跨境电商消费体验季”活动，引导境外消费回流。

④加快推进“天竺综合保税区”等跨境电商产业园区建设，对接公共服务平台功能，培育和集聚跨境电子商务、跨境金融、跨境物流及其他相关服务企业，形成具有国际竞争力的跨境电子商务产业集群。

⑤鼓励跨境电子商务相关金融服务创新，利用跨境电子商务信息为跨境电子商务交易提供在线支付结算、在线融资、在线保险等金融服务。支持境内银行卡清算机构拓展境外业务。

9.2.2 推动健康养老服务业创新发展，满足城乡居民健身、养生、养老、在线医疗等新消费

1. 思路

立足群众健康、养生、养老、医护、情感关怀等服务需求，加快建立覆盖全生命周期、内涵丰富、结构合理的健康服务体系和以居家养老为基础、社区为依托、机构为补充、社会保障为支撑、物质养老和精神养老并重的养老服务体系。推进公办养老机构社会化运作，增强医疗卫生机构医养结合服务能力。大力发展基于互联网、大数据、移动技术的康复理疗、老年护理、养生保健等服务业，促进健康养老服务业与电子商务、休闲旅游、体育、教育、地产、医疗、金融等产业融合发展，打造宜居、宜养、宜医的新型养老社区和新型健康养老产业链（见表9-2）。

表9-2　　健康养老服务业改革创新与新消费

序号	促进改革创新的举措	新消费
1	推进公办养老机构社会化运作	促进养老消费和品质消费
2	贯彻落实土地、税收、养老服务补贴等政策，吸引社会资本兴办社区养老机构或服务组织	促进养老消费和品质消费
3	支持建设健康养老O2O平台	促进健康养老O2O消费、教育培训消费、信息消费
4	支持发展健康医疗大数据产业	促进医疗O2O消费、信息消费
5	提升医疗卫生机构的医养结合服务能力	促进医疗便民消费
6	推广科学规范的中医保健知识及产品；增强中医康健服务能力	促进中医健康消费
7	推动健康养老与旅游、休闲、娱乐融合发展	促进旅游休闲娱乐消费

2. 主要措施建议

（1）推进公办养老机构社会化运作。

采用承包、租赁、股份制等形式，推动区县、乡镇（或街道）政府投资建设或购置的养老服务设施实现“公建民营”、转企改制，开展社会化运作，降低民营养老机构运营成本，提升养老服务品质。进一步加大公办养老机构实行“公建民营”试点的工作力度。

（2）支持社会资本兴办社区居家养老机构和养老服务组织。

贯彻落实土地、税收等优惠政策和养老服务补贴制度，营造平等参与、公平竞争的市场环境，调动社会力量兴办持有型养老公寓、社区康复护理中心、日间照护中心等社区养老机构和护理、养生、助浴、助餐、文化娱乐等养老服务组织，为社区老年人提供多样化、定制化专业服务，提升老年人生活质量，支持发展连锁化经营管理的社区居家养老服务机构。

支持新建社区在规划时预留足够的社区养老中心的建设空间，并保障该空间不被其他设施占用。街道和社区居委会应加强对社区养老机构建设、运行及养老服务质量的监督。

（3）支持建设社区养老O2O平台和社区养老服务中心。

支持建设社区养老O2O平台和社区养老服务中心，整合社区养老服务提供商及其他社区服务网点资源，为社区居家老人提供方便、周到、专业的生活照料、医疗护理、老年餐饮、精神慰藉、文化娱乐、健康教育等服务，满足不同层次、个性化的养老服务需求。

支持互联网公司、医药企业和房地产开发商加强战略合作，利用各自在互联网技术、医疗健康服务和社区服务等领域的资源优势，建设移动健康管理大平台和“互联网+”社区健康服务中心，提供符合社区居民实际需求的线上线下结合、覆盖全生命周期的互联网医疗服务和健康管理服务，包括健康知识教育、健康体检、健康档案管理、慢性病管理等。

（4）支持发展健康医疗大数据产业。

以服务百姓健康医疗需求为目的，依托北京大学附属医院、首都医科大学附属医院等先进健康医疗信息系统的经验，快速建立健康医疗大数据标准，并出台政策鼓励大型医院采用规定的数据标准。推广智能化医疗设备，促进健康医疗大数据采集和应用。集成大数据资源，重点推进网上预约分诊、检查检验结果共享互认等便民惠民应用。严格大数据应用准入机制，建设实名认证等控制系统，保护个人隐私和信息安全，支持建设互联互通的市、区（县）两级人口健康信息平台。

（5）提升医疗卫生机构的医养结合服务能力。

统筹养老服务与医疗服务资源，合理布局养老机构和老年病医院、康复医院、护理院、综合医院老年病科等机构。鼓励医疗机构将护理服务延伸至社区和家庭，规范基层医疗卫生机构为养老机构、居家老年人提供上门服务的医疗和护理服务项目，增加基层医疗卫生机构的康复、护理床位。鼓励开通养老机构与医疗机构的预约就诊绿色通道，协同做好老年人慢性病管理和康复护理，并将符合规定的医疗费用纳入医保支付范围。

（6）支持发展中医医疗保健服务。

①提升中医健康服务能力。充分发挥中医医疗预防保健特色优势，提升基层中医药服务能力，力争使城乡社区卫生服务机构、乡镇卫生院具备中医药服务能力。推动医疗机构开展中医医疗预防保健服务，鼓励零售药店提供中医坐堂诊疗服务。

②推广科学规范的中医保健知识及产品。宣传普及中医药养生保健知识，推广科学有效的中医药养生、保健服务，鼓励有资质的中医师在养生保健机构提供保健咨询和调理等服务。

（7）推动健康养老与旅游、休闲、娱乐融合发展。

结合“永定河生态走廊”和“长辛店生态城”建设，发展休闲体育、高端养老等绿色环保的健康产业，开发滨水娱乐、康健、养生服务项目。充分利用郊区山地的生态、温泉、农业等特色资源和南宫、北宫、鹰山、千灵山等生态公园景点，开发健康养老设施，发展老年旅游休闲项目，打造“河西山丘健康养身基地”。

9.2.3 推动休闲旅游服务业提质升级，促进旅游、休闲、娱乐等新消费

1. 思路

立足群众旅游、休闲、娱乐消费需求，依托自然、文化、古村落、创意农业等旅游资源，大力发展文化旅游、生态旅游业，推动旅游服务从以观光为主向观光、休闲、度假、学习并重转型。整合优势资源，推进休闲旅游与文化创意、时尚设计、戏曲演艺、会展、创意农业、体育、教育等产业融合发展，形成历史文化旅游线、休闲旅游线、研学旅游线、创意农业体验区、浅山丘陵生态观光区、民俗风情体验区、戏曲文化体验区等相结合的旅游业新格局，培育更多休闲旅游品牌项目。加强区域统筹规划，推动无景区化旅游目的地体系建设。支持旅游景区互联网化改造，建设智慧景区（见表9－3）。

表9－3 休闲旅游业改革创新与新消费

序号	促进改革创新的举措	新消费
1	推动京郊古村落旅游发展	促进传统文化体验、休闲旅游消费
2	建设丰台戏曲演艺小镇	促进戏曲文化旅游消费
3	支持发展乡村旅游新业态和特色乡村生态体验区	促进乡村旅游消费
4	支持发展商务旅游、会展旅游、研学旅游、房车露营等融入时尚元素的现代旅游	促进时尚旅游消费
5	支持全域景区化建设	促进自驾游消费、休闲旅游消费
6	支持旅游服务O2O运营和旅游景点网络化、智能化建设	促进旅游消费和信息消费
7	支持智慧旅游乡村建设	促进乡村旅游消费、农产品消费和信息消费

2. 主要措施建议

（1）推动京郊古村落旅游发展。

在全面评估北京古村落资源的基础上，结合国家的传统村落保护与北京新农村建设，充分挖掘边塞关城、古商道、护陵、耕读等古村落传统文化资源，充分利用生态环境资源，发展传统文化体验休闲旅游。分批、分级逐步完善北京古村落旅游设施，制作京郊古村落导游手册、专题纪录片等宣传品，并通过整体的营销打造“京郊古村落”旅游品牌，实现传统民俗旅游、度假休闲旅游、文化旅游一体化的古村落旅游发展体系，促进传统文化体验休闲旅游消费。

（2）建设丰台戏曲演艺小镇。

以中国戏曲学院、中国评剧院、北京京剧院等时尚文化艺术资源为核心，结合大红门时尚创意产业集聚区建设，挖掘国粹艺术资源，融入旅游元素，配套建设演艺小镇、剧场、戏曲艺术品专业店等旅游服务设施，搭建戏曲文化艺术与旅游协同发展平台，开发戏曲文化创意旅游产品。

（3）支持发展乡村生态体验旅游新业态。

支持发展民俗风苑、休闲农庄、采摘篱园、山水人家、养生山吧、葡萄酒庄、汽车露营等乡村旅游新业态，推动建设集农园观光、民俗体验、休闲养生、农家餐饮等服务内容为一体，规模化经营、高质量服务、体验功能齐全的大型度假村与特色鲜明的小型“农家乐”相结合的乡村生态体验区。发展创意农产品生产，打造生态环境优美、田园特色鲜明、乡土文化繁荣、生活休闲宜居的创意农业名镇（乡）和创意农业示范区。

（4）支持发展融入时尚元素的现代旅游服务项目。

支持发展商务旅游、会展旅游、研学旅游、都市休闲、房车营地等融入时尚元素的现代旅游服务项目。针对不同年龄段的青少年，围绕精品文博、名校交流、中医养生、科技创新、老字号传统工艺等，不断丰富、优化研学旅游内容体系。支持建设集户外教育、休闲娱乐、健身养生等功能为一体的房车露营。

在靠近北京新机场、京沪高铁、京津冀交界的位置，建设大型展馆，吸引更多品牌展会，服务京津冀区域会展业发展，促进会展旅游消费。推动京津冀会展企业合作，增强会展运营能力，将一些有潜力的会展项目做大做强。

(5) 支持全域景区化建设。

树立“文化引领、文游合一、农游合一、康游合一、多规合一”新理念，依托各类优势资源，开展景区组团建设，优化软硬件设施，促进昌平、延庆、密云、怀柔等区县全域景区化建设，并通过一体化营销，打造区县整体旅游品牌。

促进多规合一。加强部门之间的沟通协调，实现多规合一，即旅游规划、城乡规划、土地利用规划、文保规划等多规合一，停止空间分割的低效使用。

选择试点区县，依托“山”“水”“文”“林”“田”等空间资源，规划休闲旅游步道线路，制定步道及配套设施建设标准，加快京郊休闲旅游步道建设。

(6) 加快推进“互联网 + 旅游”服务创新。

①支持旅行社或旅游景点企业或其他投资者开发线上线下有机结合的旅游服务产品，推动旅游定制服务，满足居民个性化休闲旅游需求。积极推动在线旅游平台企业的发展壮大，整合上下游及平行企业资源、要素和技术。

②支持旅游景区（项目）互联网化改造，加快形成在线购票、WiFi（无线连接）覆盖、二维码闸机验票、智能语音导览、定位导航、720 度全漫游、景区人流监测预警、微信公众号营销等全方位服务能力，提升旅游消费体验。

③推动智慧旅游乡村建设，运用互联网技术，全面提升乡村旅游的服务、管理、营销水平。支持社会资本发展乡村旅游电子商务平台，推动更多优质农副土特产品实现电子商务平台交易，带动农民增收和脱贫致富。支持有条件的地方通过乡村旅游 APP、微信等社交新媒体手段宣传推广乡村旅游特色产品。鼓励各区县建设集旅游咨询、展示、预订、交易于一体的智慧旅游乡村服务平台。

9.2.4 推动体育服务业创新发展，促进健身、娱乐、体育培训等新消费

1. 思路

大力推动大众体育、职业体育与竞技体育协同发展，促进体育市场繁荣有序，加速形成门类齐全、结构合理的体育服务体系。坚持市场导向，完善配套政策，激发社会资本积极参与体育健身场馆建设、赛事举办和体育发展，重点培育健身休闲、竞赛表演、场馆运营、中介培训等体育服务业，促进康体结合，推动体育与休闲、旅游、传媒、会展、教育、金融保险等相关产业融合发展，促进康体健身、观赏娱乐、体育培训等消费（见表 9-4）。

表 9-4 体育服务业改革创新与新消费

序号	促进改革创新的措施	新消费
1	加强足球、网球、台球、冰雪等项目领域的基础设施建设；建设“京津冀足球圈”	促进体育娱乐消费、健身消费和体育培训消费
2	引入社会资本，促进职业体育发展；推进国有体育场馆所有权与运营权分离改革试点工作	促进体育休闲娱乐消费
3	支持国际性、全国性品牌赛事发展；鼓励举办群众性体育赛事；支持组建体育表演团队	促进体育休闲娱乐消费
4	支持发展体育健身场馆品牌连锁经营	促进健身消费和体育娱乐消费
5	在中心城区、郊区县和津冀重点区域，打造不同层次、多种形式的健身休闲主题旅游景区、景点和旅游线路	促进健身消费和休闲旅游消费
6	鼓励发展高水平专业体育培训机构	促进体育培训消费
7	支持发展综合性的O2O体育服务平台	促进大众体育消费和信息消费

2. 主要措施建议

（1）支持发展足球、篮球、排球以及冰雪运动等项目和相关设施建设。

以足球、篮球、排球三大球为基础，加快发展网球、台球、乒乓球等关注度高、市场空间大的运动项目；以举办2022年冬奥会为契机，全面提升冰雪运动普及度和产业发展水平，促进体育娱乐消费、健身消费和体育培训消费，加快建设“京津冀足球圈”。

通过民办公助、PPP①、公办民营等模式，鼓励社会资本参与滑雪场、足球场、篮球馆、乒羽球馆、游泳馆、健身中心等体育健身场馆建设和运营。对符合条件的由社会资本投资运营的面向公众开放的室内滑冰、室内外滑雪场地给予资金支持，降低建设和运营成本。

（2）推动体育俱乐部和体育场馆的社会化运作。

①鼓励社会资本参与组建职业体育俱乐部和专业体育表演团队，支持职业体育俱乐部实行会员制。推进国有体育场馆所有权与运营权分离改革试点工作，探索以场馆资源作价投资入股职业体育俱乐部。打造体育场馆联盟，加快推动场馆设施开放利用。

① Public-Private Partnership，即政府与社会资本合作。

②支持综合性O2O体育服务平台建设。以整合体育场馆为基础，围绕大众健身运动需求，建设O2O体育服务平台，加快发展体育场馆、用户、周边产业有机结合的体育产业生态链，进而在促进全民健身运动的同时，提高体育场馆使用效率，推动体育场馆服务多样化。O2O平台不仅可以提供场馆预订服务，还可以提供赛事组织、球友交流、同城约战、健身培训、健康管理、体育商城等多样化服务，并可利用大数据提供定制服务和信息服务。

（3）支持发展商业性和群众性品牌赛事和体育表演。

①推动品牌专业赛事发展，探索完善赛事市场开发和运作模式，打造一批国际性、全国性品牌赛事。加强与国际体育组织和国家体育主管部门的合作，积极引进和申办高级别重大国际国内体育赛事。提升中国网球公开赛、北京马拉松等专业赛事的运作水平。结合城市定位，在足球、篮球、排球、马术、冰雪、户外和极限运动等项目上再创办几项自主品牌赛事。

②鼓励举办群众性健身体育赛事。鼓励社会力量投资组建体育赛事企业，举办城市联赛、社区联赛、行业联赛、学校联赛等群众性体育赛事，加强对赛事的技术指导和运营监管。

③搞活体育表演市场。鼓励社会力量、现役和退役运动员组建专业体育表演团队，加强与文化、广电、旅游等行业的合作，依托体育场馆和运动休闲景区，发展驻场演出，搞活北京体育表演市场。

（4）支持发展体育健身场馆品牌连锁经营。

鼓励具有品牌影响力的体育场馆运营管理企业通过品牌输出、管理输出、专业技术和人才输出等形式实现规模化、专业化、连锁化发展。采用政府购买、委托运营等方式，鼓励和引导有实力的品牌体育企业进入社区开展连锁经营，提高群众性体育健身设施的运营效率和效益。

探索将国有单位的体育场馆运营管理权交由第三方运营机构经营管理的方式，激发体育场馆活力。鼓励体育场馆充分挖掘利用资源，采用多种方式，加强冠名、场地广告位等无形资产开发。

（5）支持发展健身休闲主题旅游。

推动体育健身与休闲旅游相结合，在中心城区、郊区县和资源优势突出的津冀重点区域，着力打造不同层次、多种形式的健身休闲主题旅游景区、景点和旅游线路。重点发展中心城区的体育赛事观赏体验旅游、北部冰雪运动休闲旅游、东部水上运动休闲旅游、西部山地户外运动休闲旅游、南部时尚运动休闲旅游。

利用举办2022年冬奥会的契机，与河北张家口合作开发冰雪运动休闲旅游项目，与秦皇岛、天津滨海新区合作开发滨海运动旅游休闲项目，与河北沧州、天津西青区合作开发传统武术主题旅游休闲项目。加强跨区、跨省的体育旅游基础设施建设，鼓励和引导旅行机构串联多种运动休闲旅游项目，推出各具特色的体育健身主题旅游线路和产品，发展京津冀一体化的健身休闲主题旅游。

（6）支持发展体育培训、体育经纪等中介服务。

①鼓励发展各类运动项目的培训市场，培育一批专业体育培训机构，促进体育培训消费。鼓励开展国际合作，创办一批高水平的国际体育学校。加强体育经纪人规范化培训，实行体育经纪人资格和再培训制度。鼓励学校与专业体育培训机构合作，加强青少年体育爱好和运动技能的培养，组织学生开展课外健身活动。

②推动体育经纪服务。加快运动员管理模式改革，通过在职业化运动项目中引入经纪服务，推动体育竞赛表演市场发展，促进竞技体育职业化。加强体育经纪人规范化培训，实行体育经纪人资格和再培训制度。

9.2.5 推动文化教育产业转型创新，促进文化、旅游、娱乐、教育培训等领域的新消费

1. 思路

大力推进文化教育服务业与电子商务、创意设计、戏曲演艺、出版、动漫、金融等产业的融合发展，满足人民群众日益增长的文化消费需求。积极发展移动多媒体广播电视、网络广播电视等新媒体、新业态，推动传统媒体与新兴媒体融合发展，提升先进文化的互联网传播吸引力。积极发展具有民族特色和地方特色的传统文化艺术，鼓励创造兼具思想性、艺术性、观赏性及人民群众喜闻乐见的优秀文化服务产品，广泛开展社区文化教育（见表9-5）。

表9-5　文化教育产业转型创新与新消费

序号	促进文化教育产业转型创新的措施	新消费
1	与腾讯等互联网平台合作，更大范围发放“文惠卡”；加强“文惠卡”与电商平台合作	促进电影、戏曲、旅游、培训、博物馆等文化艺术消费
2	鼓励发展创意型花卉园艺文化产业，包括家庭环境设计、花卉创意设计、花卉展览等	促进花卉园艺消费

续　表

序号	促进文化教育产业转型创新的措施	新消费
3	支持建设北京·丰台演艺小镇、北京·丰台戏曲艺术节；支持建设天桥传统特色演艺基地	促进戏曲文化消费和戏曲文化旅游消费
4	支持发展艺术品交易市场和传统工艺美术基地	促进艺术消费
5	鼓励发展社区文化教育	促进教育培训消费
6	支持普惠型民办幼儿园发展	促进学前教育消费
7	支持在线教育平台、教学资源建设；制订在线课程的教学效果评价办法和学分认定办法	促进在线教育消费、信息消费

2. 主要措施建议

（1）充分发挥“文惠卡”惠民惠企作用。

更大范围发放“文惠卡”，发挥“文惠卡”惠民、惠企两方面作用，一方面吸引更多优质文化企业加盟“文惠卡”平台，推动首都文化产业发展；另一方面引领和激发首都居民的文化消费行为。与腾讯开展深度合作，通过将“文惠卡”放入微信卡包、丰富“文惠卡”服务号功能等措施，为首都市民提供更加方便、优惠的优质服务。加强“文惠卡”与京东、微票儿、优酷、大麦、永乐票务网等电商平台的合作。

（2）鼓励发展创意型花卉园艺文化产业。

鼓励发展创意型花卉园艺文化产业（丰台），促进居民和社会团体的花卉园艺消费。与市民生活、风俗习惯相结合，赋予传统花卉文化新的创意内涵，积极发展高品质、个性化的家庭环境设计服务；与星级酒店租摆、婚庆、纪念性活动、文化活动相结合，大力发展花卉创意设计产业。结合春节、中秋节等传统节日，举办花卉展览、园艺设计大赛等活动。

（3）促进戏曲文化产业集聚发展。

①支持建设集演出、创作、排练、办公、生活于一体的北京·丰台演艺小镇，促进戏曲文化产业集聚发展，促进戏曲文化消费和文化旅游消费。支持建设戏曲文化公共服务平台，促进院团、剧场、创作高效对接。打造北京·丰台戏曲艺术节。

②在天桥、天坛地区，利用南城特色戏楼、剧场、茶馆、会馆等场所，规划建设北京传统特色演艺集聚区；以北京奥林匹克公园为中心，利用奥运场馆，规划建设北京现代特色演艺群落。

（4）支持发展艺术品交易市场和传统工艺美术基地。

①引导北京古玩城、潘家园、琉璃厂、报国寺等古玩艺术品交易市场的品牌化发展，强化北京的中国艺术品交易中心地位，促进文化艺术消费。引导社会力量投资建设美术馆、画廊、拍卖中心等文化设施，提高服务质量和水平。

②建设北京传统工艺美术基地，促进文化艺术消费。以中国美术馆现址为核心，建立综合性的艺术博物馆，规划建设北京美术中心区。在奥林匹克公园建设北京工艺美术博物馆、中国工艺美术馆、中国非物质文化遗产展示馆、国家美术馆、中国国学中心，打造综合性艺术博物馆群。

（5）鼓励发展社区文化教育和普惠型民办幼儿园。

①鼓励开展社区文化教育，整合各类社区教育培训资源，引入行业组织、社会资本等参与开发社区教育项目，为社区居民提供人文艺术、科学技术、幼儿教育、养老保健、休闲娱乐、职业技能等方面的教育培训服务，扩大教育培训消费。

②支持普惠型民办幼儿园发展，促进学前教育消费。明确普惠型民办幼儿园界定标准，在用地、租金减免、教师培训等方面对普惠型民办幼儿园提供财政支持；安排普惠性民办幼儿园与省优质幼儿园进行结对帮扶。

（6）鼓励发展在线教育。

鼓励互联网企业、高等院校和社会教育培训机构加强合作，开发具有互动性、实时性、智能化的B2C、O2O、C2C、MOOC（慕课网）等在线教育平台，支持开发优质的视频公开课、MOOC等教学资源，促进在线教育教学人才交流，鼓励高校制订在线开放课程教学质量认定标准，将通过本校认定的在线课程纳入培养方案和教学计划，并制订在线课程的教学效果评价办法和学生修读在线课程的学分认定办法，进而促进在线教育消费和信息消费。

9.2.6 积极推动农村消费提质升级，释放农村消费能力

1. 思路

以改善基础设施、满足农民需求为重点，鼓励城镇生活性服务业网络向农村延伸，加快农村宽带、无线网络等信息基础设施建设步伐，推动电子商务和快递服务下乡进村入户，以城带乡，尽快改变农村生活性服务业“不方便、不安全和不实惠”的落后面貌，加快缩小城乡消费差距（见表9-6）。

表 9-6 供给侧改革与农村消费的提质升级

序号	促进农村服务业改革创新的措施	新消费
1	推进连锁经营、电子商务等现代流通方式向农村延伸；支持有实力的电商企业建设具有双向流通功能的村镇服务站	促进农村品质消费、O2O 消费、信息消费
2	支持农村互联网/电子商务实用人才培养	促进农村信息消费和教育培训消费
3	鼓励金融机构发展农村消费信贷业务	促进品质消费、绿色消费、家电/汽车消费
4	加强乡村旅游基础设施建设，促进农业休闲观光功能开发，建设乡村旅游特色村	提升农民收入和消费能力，促进农民消费升级
5	支持文艺团体创作面向农村、农民的文艺作品；继续实施文化体育惠农工程	促进农民的文化消费、体育消费
6	支持乡镇养老服务中心建设	促进农村健康养老服务消费

2. 主要措施建议

（1）推进连锁经营、电子商务等现代流通方式向农村延伸。

①鼓励连锁零售企业到乡镇农村开设超市、便利店、专卖店、专业店等新型零售业态，提高农村日用消费品零售网络的连锁化、品牌化程度。

②鼓励大型流通企业或其他投资人建设面向农村的 B2B 电子商务平台（如京东新通路），整合乡镇中小零售门店和村口店资源，发展以集中采购、统一配送为核心的新型流通体系，提高农村流通效率，降低采购成本和农民消费成本，如图 9-2 所示。

③畅通城乡双向联动流通渠道。支持京东、苏宁、阿里等电子商务企业以自营、加盟、合伙等方式建设具有双向流通功能的乡镇服务站甚至村级服务站，增强针对农民消费者的售前、售中、售后服务能力，实现快递下乡镇，提升农民 O2O 消费体验。

④利用“万村千乡”网点作为配送节点，与龙头电商企业对接，提供末梢配送服务。

（2）发展农村新型消费模式和形式。

①充分利用各种金融产品，拓宽农村消费信贷领域，提高农民的即期和预期消费能力，进而扩大农村消费市场规模。

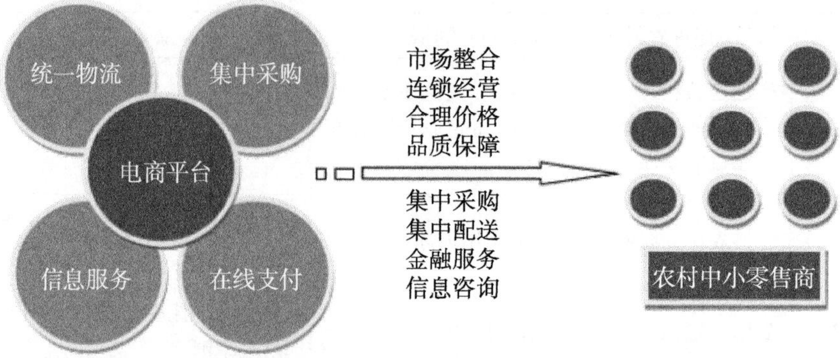

图 9-2　B2B 电商平台对于农村小型零售商的价值

②鼓励农资经营企业把农资经营与农村科技服务结合起来，指导农民科学合理施肥用药，促进农民技术服务消费。

③进一步推动旅游和农村、农业的深度融合，开发农业的休闲观光功能，加大对乡村旅游基础设施的投入，推出系列乡村休闲游的品牌活动，提供更多旅游消费服务品牌，支持乡村旅游特色村建设，进而在扩大农村旅游消费市场的同时，提高农村居民收入和生活品质，促进消费水平的提高。

④努力提高农村居民文化消费水平。支持文艺团体创作农村居民喜闻乐见的富有地域文化、民俗文化的文艺作品。针对留守儿童成长发展，鼓励儿童图书下乡、儿童剧下乡和体育器材设施下乡。深入实施乡镇综合文化站、农村文化广场、农村电影院、农家书屋、农村体育场等文化体育惠民工程。支持农村群众文化队伍建设和“农村艺术节”“农村大舞台”等品牌活动的开展。

⑤加强农村社区养老社会化服务体系建设，促进农民健康养老服务消费。进一步健全农村养老保障制度，扩大覆盖面，提高保障水平。加快乡镇综合型养老服务中心和村级养老服务站建设。

（3）加强农村基础设施建设。

①为推动农村电子商务的发展，应着重解决好三个方面的问题：提高农村宽带普及率，加强农村公路建设，加强农村互联网人才培养等。在互联网基础设施建设方面，通过建立电信普遍服务补偿机制，支持电信企业在农村建设更多互联网基站。在农村互联网人才培养方面，鼓励相关企业到农村办培训班；或由政府提供补贴，支持农民自己找培训机构进行培训。

②以社会主义新农村（美好乡村）建设为重要抓手，整合相关项目和资金，整体推进水、电、路、气和通信等基础设施建设，逐步推进农村垃圾处理和污水处理设施建设。

③整合利用现有邮政、供销、交通等物流资源，加强村镇末端物流配送设施建设，健全农村物流网络体系。

10 研究结论与展望

10.1 研究结论

本书基于居民消费的视角，对北京市率先形成消费拉动型经济发展模式的理论与实践进行了深入分析、系统研究与新的探索，取得了积极的成果。现将各部分内容总结如下。

1. 第1章分析了课题研究理论基础并对相关文献进行综述

关于理论基础，本书高度概括了马克思的消费理论及其对课题研究的指导意义；系统分析了西方消费理论，认为古典消费理论对于现代西方消费经济理论的形成、发展和完善奠定了基础，绝对收入假说、相对收入假说、生命周期消费理论、持久收入消费理论、消费的随机游走假说、预防性储蓄理论和缓冲存货储蓄理论、流动性约束消费理论、消费决策影响收入假说，丰富与发展了现代西方消费经济理论。

关于文献综述，国外学者从宏观或微观视角出发对消费理论进行了广泛的探索，这些理论为我们从多个角度对我国消费经济进行全面分析具有一定的借鉴作用。国内学者多是在传统的西方消费和经济增长理论的基础上，分别从不同角度进行实证检验。此外，国内外学者多从消费函数、消费结构、消费率、消费与经济增长的关系、消费政策等方面分别对居民消费展开研究，全面的、系统的研究比较少；分析居民消费对经济增长的影响的研究较多，研究居民消费结构变动对经济增长影响的文献较少；对城镇或农村居民消费独立研究的文献较多，综合研究较少。

最后对课题的研究内容、研究思路及研究方法、技术路线进行了说明，为课题研究设计了总体框架。

2. 第2章分析了北京市率先形成消费拉动型经济模式的必要性和可能性

本书界定了消费拉动型经济发展模式的内涵、特征，指出消费拉动型经济发展模式是指经济增长主要依靠消费拉动的增长模式，投资、出口在经济增长中所占比重相对较小，其主要特征包括如下几个：消费水平对 GDP 贡献率高，对经济的拉动作用明显；消费率较高，对经济增长率有明显的影响；消费结构不断优化，对国民经济的健康发展有着重要作用；消费环境完善，对消费促进作用明显。

论述了北京率先形成消费拉动型经济模式的必要性，认为消费需求是拉动北京经济增长的根本动力，扩大消费是北京结构性调整的主要任务，投资拉动型经济增长模式不可持续；北京在全国率先形成消费拉动型经济发展模式，对于北京建设中国特色世界城市和国际商贸中心、发挥首都经济对全国经济的示范作用、优化产业结构和功能布局、建设宜居城市、提高居民生活质量具有重要作用。

分析了北京市率先形成消费拉动型经济模式的可能性，认为北京市加快转变经济发展方式，推动产业结构优化升级，消费拉动经济增长的能力持续增强；城乡居民收入增长加快，消费能力提升；消费增长速度相对较快，消费结构不断优化；消费环境日趋完善，促进消费持续快速增长，提升消费对经济的拉动作用。从北京市经济发展趋势来看，全市经济持续发展，人均收入不断提高，居民消费结构不断优化，消费需求向多元化、高端化、品质化发展，促成消费拉动经济模式的内外部客观因素具有持续性和稳定性。

3. 第 3 章研究了北京市居民消费总量、结构和消费率的现状与变动

关于北京市居民消费总量的现状与变动的研究表明，随着社会经济的发展，北京市城乡居民的消费总量（消费总额）在 1978—2013 年呈逐年增长走势，全市居民消费的总额呈逐年增长走势，年均增速达到 17%；全市居民消费总额的年增速波动较大。关于北京市居民消费结构的现状与变动状况的研究表明：

（1）城镇居民家庭恩格尔系数总体呈下降后保持相对稳定的态势，农村居民家庭恩格尔系数总体也呈下降后保持相对稳定的态势。

（2）2000—2013 年，北京市城镇居民家庭人均消费性支出构成中，用于食品方面的支出比例虽总体呈下降走势，但仍占三成以上且一直位居首位；交通和通信方面的支出占比总体呈上升走势，近几年达到 15% 以上且排名升至第二位；教育文化娱乐服务方面的支出占比总体呈“之”字形走势且波动幅度不大，基本保持在 15% 左右但排名下降一位至第三位；衣着方面的支出占比总体呈上升走势，近几年达到一成以上且排名升至第四位；居住方面的支出占比总体也呈上升走势且排名升至第五位，但一直不足一成；医疗保健方面的支出占比总体呈倒“V”形走势且排名也降回至倒数第二位；家庭设备用品及服务方面的支出占比总体呈“L”形走势且排名基本降至倒数第二、三位；其他商品和服务方面的支出占比总体呈“V”形下降走势且一直位居末位。

（3）2000—2013 年，北京市农村居民家庭的人均消费性支出构成中，用于食品方面的支出比例虽总体呈波浪式下降走势，但仍占三成以上且一直位居首位；居住方面的支出占比总体呈“M”形微幅上升走势，一直在一成五以上且位居第二位；交通和通信方面的支出占比总体也呈“M”形小幅上升走势，近些年均在一成以上且排名升至第三位；教育文化娱乐服务方面的支出占比总体呈“之”字形下降走势，近几年降至不足一成且排名下降一位至第四位；医疗保健方面的支出占比总体呈波浪形微幅上升走势，排名基本维持在第五位左右；衣着方面的支出占比总体呈微幅上升走势，排名基本保持在倒数第三位；家庭设备用品及服务方面的支出占比总体呈微幅下降走势且排名基本保持在倒数第二位；其他商品和服务方面的支出占比总体呈“V”形下降走势且一直位居末位。

关于北京市居民消费率的现状与变动状况的研究表明，在 1978—2013 年北京市的最终消费率总体呈波浪状上升走势，居民消费率总体呈“N”形上升走势，政府消费率总体呈“W”形上升走势。关于北京市最终消费支出对地区生产总值增长的贡献状况的研究表明，在 2001—2013 年，北京市的最终消费支出对地区生产总值增长的贡献率总体呈波浪状上升走势且波动幅度较大；北京市的最终消费支出、资本形成总额、货物和服务净流出这三大需求对地区生产总值增长的贡献中，最终消费支出的贡献率的均值水平也超过了 60%，比同期的资本形成总额的贡献率的均值水平也高出了 20 多个百分点，更比同期的货物和服务净流出的贡献率的均值水平高出了 60 多个百分点。因此，北京市的最终消费支出对地区生产总值增长的贡献占据主要“地位”。

4. 第 4 章研究了北京市居民消费总量在拉动经济增长中的作用

对居民最终消费与经济增长（GDP）之间的关系进行一般研究，包括概念的界定和阐述两者之间存在的关系，确定指标变量。

采用 1978—2013 年北京市居民消费总量与全市生产总值的数据，通过计量分析方法进行数据处理和实证分析，主要包括：①运用单位根检验和协整检验研究北京居民消费总量与经济增长之间的长期关系；在此基础上，进一步进行格兰杰因果关系检验。②建立向量自回归（VAR）模型，验证居民消费总量与GDP关系的稳定性，在此基础上，运用脉冲响应函数和方差分解来研究两者的动态和短期相互影响关系。③将国民收入和消费的长期均衡和短期波动共同引入模型建立向量误差修正模型，根据模型的参数估计量，短期居民消费水平波动的变化会引起国内生产总值波动的同方向变化，如果短期居民消费波动变化1%，将引起国内生产总值波动变化0.505822%。

通过检验发现，北京市居民消费总量与经济增长GDP均为非平稳经济变量，具有一阶单整性。就长期而言，经过协整检验可知，居民消费总量与经济增长GDP的线性组合却是平稳的，两者之间存在长期均衡的协整关系，并且居民消费总量的变化对经济增长具有正向带动作用，即消费总量的增加能促进经济的增长，两者之间存在动态均衡机制，因此促进居民消费总量的提升对拉动经济增长有着重要作用。

5. 第5章研究了北京市居民消费结构在拉动经济增长中的作用

阐释了消费结构的内涵，指出消费结构是在一定的社会经济条件下，居民在消费过程中所消费的各种不同类型的消费资料（包括劳务）的比例关系。消费结构应包括质与量两个方面的统一，消费结构从质与量的规定性出发可定义为：人们在生活消费过程中所耗费的各种消费对象的构成及其协调程度。影响消费结构变动的因素有多种，依据研究目的不同可以将消费结构进行分类。考察消费结构，目的在于掌握和探索消费的变动趋势，及时调整产业结构和产品结构，衔接好产需关系；同时，可以借此剖析和评价一定的产业系统的经济效率以及衡量与检验人们的需求获得满足的状况。

阐释了产业结构的内涵，指出产业结构是指各产业的构成及各产业之间的联系和比例关系。各产业部门的构成及相互之间的联系、比例关系不尽相同，对经济增长的贡献大小也不同。因此，把包括产业的构成、各产业之间的相互关系在内的结构特征概括为产业结构。认为产业结构高度化往往具体反映在各产业部门之间产值、就业人员、国民收入比例变动的过程上。一切决定和影响经济增长的因素都会不同程度上对产业结构的变动产生直接的或间接的影响。我国产业结构矛盾体现在第一产业耕地、水等资源相对短缺和劳动力严重过剩；第二产业供给能力大、需求相对不足，城市化的程度与经济发展的程度不相适应；第三产业比重过低。指出了我国调整产业结构的方向以及采取的有效措施。

采用北京市1995—2013年的数据，运用单位根检验、协整检验、格兰杰因果检验、VAR模型、脉冲响应函数、方差分解和误差修正模型，实证分析了北京市居民消费结构对经济增长的影响，构建模型研究了北京市居民消费结构对第一产业、第二产业、第三产业的影响。

6. 第6章揭示了北京市居民消费需求不足的微观形成机制

①通过对居民消费率、消费倾向的横向和纵向比较，指出北京市居民消费需求不足的现状；②通过构建一个包含不确定性和流动性约束在内的居民消费决策行为模型，从微观角度考察北京市消费决策的约束因素；③运用误差调整修正模型，选择1995—2013年宏观经济数据，采用工具变量法对北京市居民消费函数进行实证研究，分析收入、不确定性、流动性约束以及收入差距四个因素对北京居民消费的影响。

7. 第7章分析了北京市居民消费不足的影响因素

从北京市居民收入增长和收入分配政策、社会保障和公共服务、支持消费的财政和金融政策、服务产业发展、消费结构升级和消费环境等方面，分析导致北京市居民消费需求不足的宏观影响因素和微观影响因素。

8. 第8章研究了北京市增强消费、建立扩大消费需求长效机制的对策

从分析北京市建立扩大消费需求长效机制的必要性入手，提出北京建立扩大消费需求长效机制的原则，论述扩大消费需求长效机制的内容，指出北京建立扩大消费需求长效机制的路径。

9. 第9章研究了北京市供给侧改革促进新消费拉动经济发展的对策建议

分析北京市供给侧改革促进新消费拉动经济发展的总体思路和基本原则，研究北京市供给侧改革促进新消费形成消费拉动型经济发展模式的对策建议。

总之，本书的研究成果将有助于促进区域消费经济理论体系的发展与完善；同时，对于北京市加快供给侧改革，促进消费拉动经济发展，也将发挥积极的推动作用。

10.2 主要创新点

本书的主要创新点有以下几个方面。

第一，基于居民消费的视角对北京市率先形成消费拉动型经济发展模式的理论与实践进行了深入分析、系统研究与新的探索，在区域消费经济理论研究上取得了新的、积极的成果。

第二，对居民最终消费与经济增长之间的关系进行研究，通过计量分析方法进行数据处理和实证分析，主要包括：①运用单位根检验和协整检验研究北京居民消费总量与经济增长之间的长期关系；在此基础上，进一步进行格兰杰因果关系检验。②建立向量自回归（VAR）模型，验证居民消费总量与 GDP 关系的稳定性，在此基础上，运用脉冲响应函数和方差分解来研究两者的动态和短期相互影响关系。③将国民收入和消费的长期均衡和短期波动共同引入模型建立了向量误差修正模型。研究结果表明，促进居民消费总量的提升对拉动经济增长有着重要作用。

第三，研究了北京市居民消费结构在拉动经济增长中的作用。运用单位根检验、协整检验、格兰杰因果检验、VAR 模型、脉冲响应函数、方差分解和误差修正模型，实证分析了北京市居民消费结构对经济增长的影响，构建模型研究了北京市居民消费结构对第一产业、第二产业、第三产业的影响。

第四，通过构建一个包含不确定性和流动性约束在内的居民消费决策行为模型，从微观角度考察北京市消费决策的约束因素；再次运用误差调整修正模型，采用工具变量法对北京市居民消费函数进行实证研究，分析收入、不确定性、流动性约束以及收入差距四个因素对北京居民消费的影响，揭示了北京市居民消费需求不足的微观形成机制。

第五，提出了北京市增强消费、建立扩大消费需求长效机制的对策，特别是从北京市供给侧改革促进新消费拉动经济发展方面提出了对策建议。

10.3　研究展望

本课题在消费拉动型经济发展模式的理论与实践研究方面还存在着一些不足与缺陷，主要表现在以下两个方面。

10.3.1　理论支持方面

国内外学者关于消费理论的研究虽然已经有不少成果，但多是从消费函数、消费结构、消费率、消费与经济增长的关系、消费政策等方面分别对居民消费展开研究，全面的、系统的研究比较少；分析居民消费对经济增长的影响的研究较多，研究居民消费结构变动对经济增长影响的文献较少；对城镇或农村居民消费独立研究的文献较多，综合研究较少。因此，从当前我国消费拉动区域经济发展的理论需求来看，有很多问题需要解决。例如，如何界定消费拉动型经济模式的内涵？消费拉动型经济发展模式的内生动力是什么？政府推动消费拉动型经济发展模式应进行怎样的理念变革、遵循什么样的原则、做出什么样的制度安排？如何有效地规范市场运行机制，提高居民消费率？这些问题是我们深入研究消费拉动型经济发展模式必须正视的现实。因此，针对我国国情和促进居民消费的实际要求，加强消费理论探索与研究，完善消费拉动区域经济发展的理论体系，将是今后的主要研究方向之一。

10.3.2 制度供给方面

当前消费发展有五大新特点：一是从空间看，城乡区域消费市场差距巨大，农村消费结构升级具有较大潜力，市场投资和增长空间巨大。二是从内容看，从排浪式的大众商品消费向个性化、虚拟化、服务化的健康、精神层面的发展型、服务型、享受型消费转变。三是从方式看，移动互联网的广泛运用，使得消费方式更多的以场景消费、线上消费、线下体验的方式实现，大型卖场、商贸综合体等传统消费业态面临严峻挑战，数据消费成为新时期的突出亮点。四是从动力看，消费增长的根本动力不仅取决于消费者的持久性收入预期，在很大程度上也来自生产者对消费的引领。五是从分工看，政府和中介组织在促进消费中的作用更加突出，如何发挥政府有为之手促进收入分配、消费环境、信用构建乃至消费规则的公平性，加强民生、教育和人力资源培育的支出有效性，与市场的决定性作用一样重要。

消费是经济循环的终点，也是经济循环的起点，关系国家，亦联系每一个家庭。从宏观来看，过度消费影响积累，但消费抑制也将造成经济循环难以闭环，扭曲发展。近十年来，需求端管理操作最终是通过政府投资消费来拉动增长，挤压居民消费，亟须破解。要促进消费内需，必须大力推动我国的制度优化：一是必须改革和完善收入分配制度；二是必须打破经济领域资源垄断和市场垄断的制度安排；三是必须确立有效的社会保护机制政策。

消费增长与 GDP 增速无论是上台阶还是下台阶都基本同步，且互为因果关系，互相作用。经济稳，消费繁荣；消费稳，则经济稳定。因此，持续扩大消费需求是稳定经济、促进投资的关键举措。制定促进消费的政策和制度，要考虑以下几个方面：一要正确把握当前消费发展的阶段性特征；二要把持续扩大消费增长作为中长期战略；三要推动全体居民收入持续较快增长；四要提高社保资金统筹效率和增值效益；五要促进区域性资本市场健康发展，进一步完善创业创新发展环境；六要多措并举积极稳定住房消费；七要改善农村居民和农产品消费设施和流通环境；八要强化服务供给，积极培育新型消费热点；九要发挥政府和中介组织在促进消费中的关键作用；十要进一步优化中央、省和地方的事权与财权结构，保障地方民生和公益类消费政府性支出稳定增长。因此，关于加强政府促进消费的制度供给和监管机制问题的研究，也是今后研究的一个重要方向。

参考文献

［1］大卫·李嘉图．李嘉图著作和通信集（第六卷）［M］．胡世凯，译．北京：商务印书馆，1980.

［2］魁奈．魁奈经济著作选集［M］．北京：商务印书馆，1979.

［3］贺菊煌．消费函数研究［M］．北京：社会科学文献出版社，1998.

［4］霍利勒·钱纳里，莫尔塞斯·塞尔昆．发展的格局［M］．李小青，等，译．北京：中国财政经济出版社，1989.

［5］龚志民．消费经济学前沿［M］．北京：经济科学出版社，2002.

［6］林白鹏．中国消费结构学［M］．北京：经济科学出版社，1987.

［7］林白鹏．中国消费结构和产业结构关联研究［M］．北京：中国财政经济出版社，1993.

［8］刘晓路．中国扩大内需的财政政策：一个长期视角［M］．北京：中国人民大学出版社，2007.

［9］卢嘉瑞．消费经济理论与实践研究［M］．石家庄：河北人民出版社，2007.

［10］W. W. 罗斯托．经济成长阶段：非共产主义宣言［M］．郭熙保，王松茂，译．北京：中国社会科学出版社，2001.

［11］马克思，恩格斯．马克思恩格斯选集（第二卷）［M］．北京：人民出版社，1995.

［12］马克思，恩格斯．马克思恩格斯全集（中文版第12卷）［M］．北京：人民出版社，1962.

［13］威廉·配第．赋税论［M］．陈冬野，译．北京：商务印书馆，1978.

［14］西斯蒙第．政治经济学新原理［M］．何钦，译．北京：商务印书馆，1964.

［15］田晖．消费经济学［M］．2版．上海：同济大学出版社，2006：48.

[16] 许永兵．消费行为与经济增长：以中国城镇居民为例的实证研究［M］．北京：中国社会科学出版社，2007.

[17] 亚当·斯密．国富论（下卷）［M］．郭大力，王亚南，译．北京：商务印书馆，1972.

[18] 尹世杰．社会主义消费经济学［M］．上海：上海人民出版社，1983.

[19] 尹世杰．中国消费结构研究［M］．上海：上海人民出版社，1988.

[20] 尹世杰．消费经济学［M］．北京：高等教育出版社，2003.

[21] 袁志刚．中国居民消费前沿问题研究［M］．上海：复旦大学出版社，2011.

[22] 约翰·梅纳德·凯恩斯．就业、利息和货币通论［M］．徐毓枬，译．北京：商务印书馆，1983.

[23] 臧旭恒．中国消费函数分析［M］．上海：上海三联书店，上海人民出版社，1994.

[24] 艾春荣，汪伟．非农就业与持久收入假说：理论和实证［J］．管理世界，2010（1）：8－22.

[25] 蔡方，都阳．加快城市化进程启动城乡消费［J］．会计之友，1999（12）：12－13.

[26] 蔡跃洲．经济刺激计划与农村消费启动——基于我国农村居民收入分解的实证分析［J］．财经研究，2009，35（7）：4－12.

[27] 曹颖琦，史岩．河北省城乡居民消费结构差异动态研究［J］．安徽农业科学，2011（36）：3－5.

[28] 常永伟．北京市人口年龄结构变动对居民消费的影响［D］．首都经济贸易大学，2014.

[29] 陈斌开．收入分配与中国居民消费——理论和基于中国的实证研究［J］．南开经济研究，2012（1）：33－49.

[30] 陈冲．人口结构变动与农村居民消费——基于生命周期假说理论［J］．农业技术经济，2011（4）：25－32.

[31] 陈亮，朱琛．我国农村居民消费对经济增长拉动作用的实证分析及对策［J］．经济纵横，2010（2）：50－54.

[32] 陈少强．构建扩大国内消费需求长效机制的思考［J］．中央财经大学学报，2011（4）：14－19.

[33] 陈通，侯立坤．提高居民消费率——稳健财政政策下中国经济持续增长的重要途径 [J]．天津社会科学，2005 (35)：84 - 87.

[34] 陈文玲．我国消费需求发展趋势及特点 [J]．商业研究，2008 (2)：1 - 3.

[35] 陈玉和，催鸿雁，李果．中国居民消费结构与产业结构的关系研究 [J]．中国外资，2011 (251)：162 - 164.

[36] 储德银．财政政策促进居民消费的作用机理与影响效应研究 [D]．东北财经大学，2011.

[37] 从日玉．消费和投资与经济增长关系的实证分析 [J]．改革与战略，2010 (28)：26 - 28.

[38] 戴卫东．我国社会保障制度改革与消费结构的优化 [J]．软科学，2006 (2)：76 - 78，83.

[39] 丁建勋．城市化率与我国居民消费率的关系研究 [J]．消费经济，2014 (4)：25 - 29.

[40] 丁俊发．关于中国消费的几个问题（上） [J]．中国流通经济，2010 (9)：4 - 7，29.

[41] 方福前．中国居民消费需求不足原因研究——基于中国城乡分省数据 [J]．中国社会科学，2009 (2)：68 - 82.

[42] 方臻旻，徐水清．我国居民收入分配差距对居民消费倾向影响的研究 [J]．江西财经大学学报，2014 (4)：39 - 45.

[43] 国家发改委投资研究所课题组．促进消费、投资、出口协调拉动经济发展的思路和对策研究 [J]．中国投资，2008 (9)：84 - 89.

[44] 国家统计局《居民消费增长因素分析》课题组．居民消费增长因素分析 [J]．金融与经济，2004 (11)：3 - 5.

[45] 公茂刚，王学真．山东农村居民收入结构与性质对其消费的影响 [J]．山东社会科学，2012 (2)：163 - 166.

[46] 谷亚光．我国居民消费需求不足的成因分析与政策选择 [J]．学习与探索，2011 (2)：154 - 157.

[47] 郭振宗．我国居民消费需求不足：一个消费函数两因素解释及其对策 [J]．商业研究，2004 (1)：106 - 108.

[48] 贺铿．中国投资、消费比例关系与经济发展政策 [J]．数量经济技术经济研究，2006 (5)：3 - 10.

[49] 胡丹丹．中国城镇居民消费结构变动趋势与经济增长质量研究[D]．湘潭大学，2012.

[50] 江林，马椿荣，康俊．我国与世界各国最终消费率的比较分析[J]．消费经济，2009（2）：35－38

[51] 蒋南平，朱琛，王向南．中国城镇化与农村消费启动——基于1978—2009年数据的实证检验[J]．消费经济，2011（1）：23－26.

[52] 姜涛，臧旭恒．中国居民最终消费与经济增长关系的协整分析[J]．管理现代化，2008（5）：49－51.

[53] 金三林．我国投资消费关系的变动特点及发展趋势[J]．发展研究，2009（10）：52－57.

[54] 荆林波．我国“消费率偏低”观点的分析及研究建议[J]．南京社会科学，2011（10）：17－21.

[55] 李春琦．中国人口结构变动对农村居民消费的影响研究[J]．中国人口科学，2009（4）：14－22.

[56] 李广泳．收入分配、公共支出与居民消费：理论分析与实证检验[D]．南开大学，2013.

[57] 黎红霞．中国农村居民消费特征及影响因素实证分析[D]．哈尔滨商业大学，2011.

[58] 李洪英．农村居民消费对经济增长影响效应的区域差异研究[D]．宁波大学，2011.

[59] 李键．论建立和完善扩大消费需求的长效机制[J]．经济与社会发展，2011（8）：1－3.

[60] 李锦．消费主导理论对于转变国家经济发展战略的意义[A/OL]．2012. http：//www. cnleaders. net/newsshow. asp？id＝1065&big＝15.

[61] 李腊生，关敏芳，李萍．消费跨期替代中的财富传承偏好—理论模型与中国的证券[J]．经济学家，2011（3）：33－41.

[62] 李明峰．消费—经济增长的新引擎[J]．统计与决策，2005（06S）：111－112.

[63] 李时华．我国农村居民消费结构优化问题[D]．湖南师范大学，2012.

[64] 李姝．我国当前消费率偏低的成因及对策分析[J]．财经问题研究，2002（4）：49－51.

［65］李永友，钟晓敏．财政政策与城乡居民边际消费倾向［J］．中国社会科学，2012（12）：63－83.

［66］梁俊伟，范金．福建农村居民消费行为的地区差异和结构分析——基于 AIDS 模型的实证研究［J］．福建行政学院经济管理干部学院学报，2006（2）：85－89.

［67］刘国光．促进消费需求 提高消费率是扩大内需的必由之路［J］．经济参考研究，2002（55）：77－82.

［68］刘海云．我国城乡居民消费结构与产业升级、经济增长［J］．经济问题，2011（11）：18－21.

［69］刘惠田，崔秀红．经济运行缓中趋稳　物价保持平稳波动——对北京市 2014 年价格运行态势的分析与预测［J］．价格理论与实践，2014（8）：81－82.

［70］刘灵芝，陈正飞．收入差异对中国农村居民消费结构的影响［J］．统计与决策，2012（1）：104－107.

［71］刘灵芝，马小辉．农村居民收入分配结构对总消费的影响分析［J］．中国农村经济，2010（11）：26－31.

［72］刘梅英．北京市消费拉动经济增长的分析［J］．北京财贸职业学院学报，2010（9）：9－11.

［73］刘雯．湖南人口年龄结构对居民消费率的影响——基于 1988—2007 年省内数据的实证研究［J］．消费经济，2009（3）：18－20，75.

［74］刘颐权．中国城镇居民消费结构演进［J］．北京工商大学学报（社会科学版），2005（3）：15－20.

［75］刘艺容，蔡伟．中国 31 个地区城镇居民消费结构比较研究［J］．消费经济，2014（3）：35－41.

［76］卢方元，鲁敏．中国农村居民消费结构的 Panel Data 模型分析［J］．数理统计与管理，2009（1）：122－127.

［77］陆芳．湖北省居民消费对经济增长的推动作用研究［J］．当代经济，2009（11）：93－95.

［78］鲁吟华，马俊炯，刘强．北京市居民消费与经济增长关系研究［C］．北京市第十六次统计科学讨论会获奖论文集．

［79］罗楚亮．经济转轨、不确定性与城镇居民消费行为［J］．经济研究，2004（4）：100－106.

［80］马成文，张志平．居民消费对我国经济发展影响效应分析［J］．财贸研究，2007（4）：6－11.

［81］毛盛勇．我国居民消费需求分析［J］．统计研究，2007（6）：48－52.

［82］孟范昆，刘东皇．消费结构升级与产业结构升级互动关系实证研究［J］．商业经济，2012（32）：8－11.

［83］聂正彦，苗红川．劳动力流动影响农村居民消费的路径分析［J］．消费经济，2014（4）：16－19.

［84］牛华．河北省与东部省市农村居民消费结构差异的因子分析［J］．商业文化，2012（2）：115－116.

［85］潘成夫．我国最终消费率与收入分配的实证分析［J］．现代财经：天津财经大学学报，2006（7）：10－14.

［86］乔为国，潘必胜．我国经济增长中合理投资率的确定［J］．中国软科学，2005（7）：76－82.

［87］阙澄宇，马斌．基于 VAR 模型的中国居民消费与经济增长的关系［J］．大连海事大学学报，2010（4）：68－73.

［88］孙豪．消费主导型大国：特征、测度及政策［J］．社会科学，2015（10）：36－46.

［89］孙文章，李延喜，陈克兢．消费金融公司与地区居民消费的关系研究——基于双重差分模型的估计［J］．中国软科学，2014（7）：115－127.

［90］田卫民．基于经济增长的中国最优消费规模：1978—2006［J］．财贸研究，2008（6）：1－7.

［91］王健宇，徐会奇．收入性质对农民消费的影响分析［J］．中国农村经济，2010（4）：38－47.

［92］王宁，陈琛，焦亚飞．我国居民消费需求不足的原因分析［J］．制度建设学术论丛，2009（18）：59－61.

［93］王双，余孝军．基于分位数回归的消费结构与产业结构实证研究［J］．统计与决策，2014（23）：107－110.

［94］王宋涛，吴超林．收入分配对我国居民总消费的影响分析［J］．经济评论，2012（6）：44－53.

［95］汪伟，艾春荣、曹晖．税费改革对农村居民消费的影响研究［J］．管理世界，2013（1）：89－100.

［96］王文晶．教育卫生及社会保障公共支出对居民消费率的影响研究

[D]．哈尔滨工业大学，2011.

[97] 王选选，刘娟英．中国农村居民省际间消费结构差异分析 [J]．数理统计与管理，2007（5）：846－851.

[98] 王怡，李树民．城镇居民消费结构与经济增长关系的实证研究 [J]．统计与决策，2012（10）：133－135.

[99] 王玉霞，罗晰文．古典经济学消费思想的演化与成果 [J]．上海财经大学学报，2013（5）：18－23.

[100] 王振国．我国扩大内需的社会政策研究——基于改善消费环境的视角 [J]．商业经济，2013（5）：30－34.

[101] 文晓巍．扩大农村消费需求与农村流通体系的完善 [J]．学术研究，2011（8）：85－89，16.

[102] 吴迪．中国居民消费需求影响因素的回归分析 [J]．哈尔滨金融学院学报，2014（4）：49－56.

[103] 吴瑾，张红伟．消费结构与经济增长相互影响机制研究 [J]．现代经济探讨，2010（10）：30－34.

[104] 吴石磊，赵鑫，许家云．农村居民食物消费对农村贫困的影响研究 [J]．山西财经大学学报，2013（4）：1－8.

[105] 吴先满，蔡笑和，徐春铭．中外消费对经济增长拉动作用的比较研究 [J]．世界经济与政治论坛，2007（3）：119－122.

[106] 吴忠群．中国经济增长中消费和投资的确定 [J]．中国社会科学，2002（3）：49－62.

[107] 吴忠群．最优消费率的存在性及其相关问题 [C]．第七届中国软科学年会，2009.

[108] 吴晓明，吴栋．我国城镇居民平均消费倾向与收入分配状况关系的实证研究 [J]．数量经济技术经济研究，2007（5）：22－32.

[109] 辛大楞，熊学．金融发展与居民消费——来自中国 249 个城市的最新证据 [J]．产业经济评论，2014（2）.

[110] 邢志平．中国居民储蓄率持续下降的研究 [J]．重庆科技学院学报，2011（2）：23－32.

[111] 徐小鹰．城乡居民消费和政府消费对经济增长影响的实证分析 [J]．统计与决策，2011（20）：87－89.

[112] 许永兵．消费需求影响经济的实证研究 [J]．经济与管理，2006

(5)：5 – 8.

[113] 徐永新．构建扩大消费需求的长效机制［J］．中国经贸导刊，2011（14）：80 – 81.

[114] 帷剑平．我国城乡居民消费结构的变化趋势［J］．宏观经济管理，2000（7）：7 – 1.

[115] 闫新华．内、外部习惯形成及居民消费结构——基于中国农村居民的实证研究［J］．统计研究，2010（5）：32 – 40.

[116] 杨辉，李翠霞．通过提高农村社会保障水平促进农民消费结构升级［J］．经济纵横，2014（2）：73 – 77.

[117] 叶宗裕．我国城镇居民边际消费倾向的实证研究［J］．经济经纬，2007（6）：64 – 66.

[118] 尹世杰．关于优化消费结构的几个问题［J］．上海商业，2001（6）：6 – 9.

[119] 尹世杰．消费需求与经济增长［J］．消费经济，2004（5）：3 – 7.

[120] 尹世杰．优化消费结构与全面建设小康社会［J］．贵州财经学院学报，2004（1）：6 – 9.

[121] 尹宗成，张士云，李冬嵬．中国农村居民消费的影响因素——基于省际动态面板数据分析［J］．消费经济，2009（2）：29 – 32.

[122] 于慎澄．当前消费不足的因素分析与扩大消费需求长效机制的建立［J］．甘肃理论学刊，2012（2）：32 – 34.

[123] 余永定，李军．中国居民消费函数的理论与验证［J］．中国社会科学，2000（1）：123 – 133.

[124] 袁霓．我国城镇居民收入与消费关系的协整研究［J］．技术经济与管理研究，2005（5）：55 – 56.

[125] 臧旭恒，裴春霞．转轨时期中国城乡居民消费行为比较研究［J］．数量经济技术经济研究，2007（1）：65 – 72.

[126] 臧旭恒，张继海．收入分配对中国城镇居民消费需求影响的实证分析［J］．经济理论与经济管理，2005（6）：5 – 10.

[127] 詹锦华．中国城镇居民收入和消费的灰色预测［J］．重庆工商大学学报（社会科学版），2009（2）：42 – 46.

[128] 赵萍．收入提升与环境改善并举　建立我国扩大消费的长效机制［J］．时代经贸，2011（3）：50 – 56.

［129］赵振全，袁锐．消费和投资变动对我国经济增长的动态影响［J］．吉林大学社会科学学报，2009（6）：48 - 54.

［130］张继海，臧旭恒．中国城镇居民收入和消费的协整分析［J］．消费经济，2005（2）：16 - 19.

［131］张晓峒，徐索菲．中国经济平稳增长的内需结构分析［J］．理论探讨，2011（1）：79 - 83.

［132］张秀敏．消费结构优化与税收政策调整［J］．企业经济，2004（8）：182 - 184.

［133］张雪玲．我国居民消费与经济增长的实证分析［J］．长春金融高等专科学校学报，2010（3）：32 - 35.

［134］张增臣，吴新元．基于 ELES 模型的河北城镇居民消费结构现状及变动趋势分析［J］．特区经济，2014（10）：38 - 39.

［135］张召．改革开放以来中国消费文化变化研究——以北京市为例［D］．北京交通大学，2013.

［136］周发明，杨婧．基于 ELES 模型的中国城乡居民消费结构实证研究［J］．江西农业大学学报，2010（3）：84 - 90.

［137］朱锡平，唐英．我国的消费指标分析［J］．当代财经，2004（2）：12 - 16.

［138］DUESENBERRY J S. Income：Saving，and the Theory of Consumer Behavior［J］. Harvard University Press，1949.

［139］FRIDEMAN M. A Theory of the Consumption［J］. Princeton University Press. 1957.

［140］MICHAEL P MURRAY. Econometrics：A Modern Introduction［J］. Pearson，2006.

［141］MODIGLIANI F，BRUMBERG R. Utility Analysis and the Consumption Function：An Interpretation of Cross - Section Date［J］. Rutgers University Press，1954.

［142］ANDO A，MODIGLIANI F. The "Life Cycle" hypothesisof saving：Aggregate implications and tests publication［J］. American Economic Review，1963，53（1）：55 - 84.

［143］CABALLERO R J. Consumption puzzles and precautionary savings［J］. Journal of Monetary Economics，1990，25（1）：113 - 136

[144] CAMPBELL J Y, MANKIW N G. Permanent income, current income and consumption [J]. Journal of Business and Economic Statistics, 1990 (8): 265 - 279.

[145] CARROLL C, KIMBALL M. On the concavity of the consumption function [J]. Econometrica, 1996, 64 (4): 981 - 992.

[146] ELSEVIER B V. Structural Change, Engel's consumption cycles and Kaldor's facts of economic growth [J]. Journal of Monetary Economics, 2008 (55): 1317 - 1328.

[147] HALL R. Stochastic Implications of the life cycle - permenant income hypothesis: Theory and evidence [J]. Journal of Political Economics, 1978, 86 (6): 971 - 978.

[148] PHELPS E. The golden rule of accumulation: A Fable for growth [J]. The American Economic Review, 1961, 51 (4): 638 - 643.

[149] PISCHKE J S. Individual income, incomplete information, and aggregate consumption [J]. Econometrica, 1995 (4): 805 - 840.

[150] ROBERT E HALL. Stochastic implications of the life-cycle permanent income hypothesis [J]. Journal of political economy, 1978 (86): 971 - 987.

[151] SOLOW R. A contribution to the theory of economic growth [J]. The Quarterly Journal of Economics, 1956, 70 (1): 65 - 94.

[152] ZELDES S P. Optimal consumption with stochastic income: Deviations from certainty equivalence [J]. Quarterly Journal of Economics, 1989, 104 (2): 275 - 298.

[153] LELAND H E. Saving and uncertainty: the precautionary demand for saving [J]. Quarterly Journal of Economics, 1968, 82 (4).